“十四五”时期国家重点出版物出版专项规划项目

高速铁路基础研究与技术创新丛书

工程施工与组织系列

高速铁路箱梁钢筋骨架智能建造方法与实践

本丛书编委会　总主编
郑贺民　著
杜彦良　主　审

中国铁道出版社有限公司

2025年·北　京

内 容 简 介

本书为“高速铁路基础研究与技术创新丛书”之一。全书全面论述了我国高速铁路箱梁钢筋工程智能化研究过程，并结合世界首条高速铁路简支箱梁钢筋骨架自动化生产线全过程，论述了我国高速铁路简支箱梁钢筋骨架一体化设计理论与方法。本书从铁路建设全产业链角度，对新时代下钢筋骨架自动化加工设备、装配拼装工艺、质量检测与管理、智能化生产与管控等方面进行了系统分析，并以广湛高铁茂名梁场预制箱梁钢筋骨架智能生产线生产实例为依托，系统介绍了钢筋骨架智能建造工程的应用实践。

本书凝结了著者多年的专业研究成果和实践经验，可为高速铁路桥梁专业人员提供参考，也可作为高等院校相关专业研究生、本科生教学参考书。

图书在版编目(CIP)数据

高速铁路箱梁钢筋骨架智能建造方法与实践 / 郑贺民著. -- 北京 : 中国铁道出版社有限公司，2025. 6.
(高速铁路基础研究与技术创新丛书). -- ISBN 978-7-113-32157-4

Ⅰ. U448.21

中国国家版本馆 CIP 数据核字第 20253U0Y83 号

书　　名： 高速铁路箱梁钢筋骨架智能建造方法与实践
作　　者： 郑贺民

策　　划： 刘　霞
责任编辑： 刘　霞　　**编辑部电话：**(010)51873405　　**电子邮箱：**604105550@qq.com.
封面设计： 高博越　刘　莎　　**丛书标识设计：** 崔丽芳
责任校对： 安海燕
责任印制： 高春晓

出版发行： 中国铁道出版社有限公司(100054，北京市西城区右安门西街 8 号)
网　　址： https://www.tdpress.com
印　　刷： 北京联兴盛业印刷股份有限公司
版　　次： 2025 年 6 月第 1 版　2025 年 6 月第 1 次印刷
开　　本： 787 mm×1 092 mm 1/16　**印张：** 15　**字数：** 315 千
书　　号： ISBN 978-7-113-32157-4
定　　价： 178.00 元

《高速铁路箱梁钢筋骨架智能建造方法与实践》

编 委 会

序

我国高速铁路起步晚、发展快、后劲足，经过几代人的不懈努力，通过原始创新、集成创新、引进消化吸收再创新，成功地走出了一条符合中国国情路情、具有中国特色的自主创新之路。我国已系统掌握各种复杂地质和气候条件下高速铁路建造成套技术；在工务工程、列车运行控制、牵引供电、动车组等高速铁路核心技术方面实现自主化；形成了复杂路网条件下处理跨线运行的运营管理成套技术，构建了人防、物防、技防三位一体的主动安全保障机制。我国已成为全球高速铁路运营里程最长、在建规模最大、运营速度最快、技术体系最全、运营和管理经验最丰富的国家。我国高速铁路技术已走在世界前列，成为推动世界高速铁路发展的重要力量。

为贯彻落实中共中央、国务院《交通强国建设纲要》，推进国铁集团《新时代交通强国铁路先行规划纲要》的落地，系统总结、梳理我国高速铁路各领域前沿理论和技术，向我国乃至世界高速铁路科研工作者和工程技术人员提供一套前沿性的参考书，中国国家铁路集团有限公司铁道出版社公司特组织编著出版“高速铁路基础研究与技术创新丛书”。

丛书以习近平新时代中国特色社会主义思想为指导，以国家自然科学基金课题、国家基金委-国铁集团高铁联合基金课题、国家“973”课题、国家重点研发计划课题等科研成果为支撑，从高速铁路前沿研究、补短板技术、核心技术、技术发展趋势等方向组织选题，涵盖动车组、供电、通信与信号、列控与检测、工程勘察与设计、智能建造、运营与管理、现代信息技术、安全和维护等领域，规模为100册，是全面系统论述我国高速铁路基础研究与技术创新成就的大型系列原创性科技著作。

丛书力求突出制高点、原创性、权威性、全覆盖特色。丛书各册内容以作者团队长期从事高速铁路科学研究的成果为依托，多数成果居于国内领先水平甚至世界先进水平，多种成果荣获国家科学技术奖一等奖、二等奖，国家技术发明奖一等奖、二等奖，茅以升科学技术奖，詹天佑铁道科学技术奖，铁道科技进步奖等奖项，丛书内容体现了我国当今最新、最前沿以及展现未来发展趋势的高速铁路相关研究成果和应用技术。丛书包括动车组、供电、工程施工与组织等十个系列，基本实现高速铁路各领域全覆盖。

丛书由编委会总负责。编委会阵容强大，认真负责。编委会各成员都是长期从事我国高速铁路科研、技术、生产和管理的一流专家学者，是所从事领域的翘楚，其中包括高速铁路及其相关领域的四位院士。编委会多次开会商讨丛书的体系、内容特色、作者条件及质量保障机制；分工负责，精心审订和修改各册编写提纲；多次遴选选题，先从150多个选题意向中遴选出100个选题，后又剔除了内容特色不太鲜明的8个选题，还对10多个选题提出了较大的改进意见，补充了8个关键技术和弥补技术空白的选题；最后邀请专人对各册内容进行审定，从而保证了各册内容的正确性和先进性。

2021年年底，国家新闻出版署经过严格评审，"高速铁路基础研究与技术创新丛书"(100册)成功入选"'十四五'时期国家重点出版物出版专项规划——重大出版工程"。这是对本丛书项目的认可，也是对编委会、作者和编辑等人员前期工作的认可，更是一种鞭策。我们相信，本丛书的出版，将助力于《交通强国建设纲要》的贯彻落实，推动我国乃至世界高速铁路事业的发展，也将为铁路领域的科研工作者、工程技术人员、管理人员，以及高校相关专业师生提供一套高水平、原创性、权威性、全覆盖的大型高铁科技精品著作。

中国工程院院士
"高速铁路基础研究与技术创新丛书"编委会主任

2022年2月

前　　言

本书为“高速铁路基础研究与技术创新丛书”之分册，按照丛书要求，力求体现高速铁路箱梁钢筋骨架智能建造技术研究制高点、前沿性、原创性特色。

随着科技的不断进步和建筑行业的飞速发展，智能建造已成为现代工程领域的重要趋势。在高速铁路建设中，箱梁钢筋骨架的制造与安装是确保线路安全与质量的关键环节。高速铁路箱梁钢筋骨架智能建造技术的应用，不仅可提高施工效率，保证工程的精度与可靠性，还能减少人力成本和安全隐患，为我国高速铁路网络的建设和完善提供坚实的技术支撑。

本书旨在全面介绍中国铁路设计集团有限公司在高速铁路箱梁钢筋骨架智能建造的技术与应用，从钢筋骨架的设计、加工到智能安装，全方位展示这一领域的最新成果与未来发展方向。通过丰富的案例与翔实的数据，读者将深入了解智能建造如何推动高速铁路建设迈向新的高度，为未来的交通建设提供宝贵的经验与借鉴。

在撰写过程中，著者力求内容系统全面、深入浅出，既有理论知识的论述，也有实际操作的指导。希望本书能够帮助读者掌握高速铁路箱梁钢筋骨架智能建造的核心技术，推动智能建造技术在高速铁路建设中的广泛应用，为我国高速铁路事业的持续发展贡献一份力量。期待更多的读者通过本书了解并关注智能建造这一前沿领域，共同见证中国高速铁路建设的辉煌成就。

由于智能建造技术日新月异，书中难免存在不足之处，恳请读者批评指正。未来著者将继续关注该领域的最新进展，不断完善和更新本书内容，以适应行业的发展需求。

希望本书能成为您了解和学习高速铁路箱梁钢筋骨架智能建造的良师益友，为您的工作与实践提供有益的指导和帮助。

著　者

2025 年 2 月

目　　录

第1章 简支箱梁钢筋骨架智能建造研究背景

云计算、大数据、物联网、人工智能、北斗导航、BIM、5G等信息技术在铁路规划设计、建造及运营中的应用越来越广泛。中国高速铁路在勘察设计、工程施工、建设管理三个方向持续向智能建造转型，其中高铁简支箱梁智能梁场为典型代表之一，取得了一定突破。本章从国内外智能建造发展及内涵、高铁梁场智能建造发展历程、高速铁路箱梁钢筋骨架智能建造技术等方面，系统梳理高速铁路箱梁钢筋骨架数智化转型与智能建造背景与意义。

1.1 国内外智能建造发展与内涵

1.1.1 国内外智能建造发展历程

智能建造涉及规划、设计、施工、运维等阶段实现建筑物全生命期的智能化，以及工程建造理论、项目管理理论等，将工程建造相关理论与新一代信息技术相结合，指导新一代信息技术为土木工程建设服务，为土木工程的发展带来新的机遇。

美国、英国、德国、日本等发达国家先后出台新一代国家制造业战略政策。美国早在2007年就开始要求所有重大工程采用建筑信息模型（BIM）技术进行空间规划，并在2017年发布《美国基础设施重建战略规划》，重点强调建造过程中的技术创新。英国提出建造发展战略，发展目标是降成本、提效率、减排放、增出口。德国于2015年发布《数字化设计与建造发展路线图》，提出工程建造领域的数字化设计、施工和运营的变革途径，推行工业4.0体系，以服务机器人为重点加快智能机器人开发和应用，促进工业化与信息化深度融合。日本提出《建设工地生产力革命》战略（i-Construction），旨在提升建筑业整体竞争力，推动建筑业转型升级，促进绿色建筑发展。

我国尽管已是世界制造大国，但仍不是世界制造强国，为推动智能建造与建筑工业化协同发展，我国政府及相关部门出台一系列政策文件，明确智能制造发展战略和目标。2015年，提出信息化与工业化“两化融合”，智能建造作为重要组成部分被纳入其中；2020年，住房和城乡建设部等13部门联合印发《关于推动智能建造与建筑工业化协同发展的指导意见》，旨在推进建筑工业化、数字化、智能化升级，推动建筑业高质量发展，提出我国智能建造的发展路径和目标;2022年,住房和城乡建设部发布《“十四五”建筑业发展规划》,智能建造被赋予重要的战略地位和发展目标,强调加快智能建造与新型建筑工业化协同发展、推广数字化协同设计、深化BIM技术应用、推动装配式建筑与智能建造的深度融合,以及建设建筑产业互联网平台等。

1.1.2 智能建造概念及内涵

智能建造是信息化、智能化与工程建设相结合的新型建造方式,其融合了BIM、GIS、IOT、互联网、云计算、大数据、人工智能等信息技术,互相独立又互相联系,共同构成智能建造的技术体系,是智能建造的技术基础。《中国大百科全书》提出的定义为,现代信息技术、自动化装备与以工业化为主导的先进技术的高度融合,在建造过程中实现与人类相似的自感知、自学习、自决策和自控制,并以人机共融协作完成复杂建造任务的新型建造模式。

具体到各工程领域,肖绪文院士在建筑领域提出建筑业可对标制造业,建造就是建设工程项目的“制造过程”,智能建造是面向工程产品全生命期,实现泛在感知条件下建造生产水平提升和现场作业赋能的高级阶段;根据工程建造要求,通过智能化感知、人机交互、决策实施,实现工程立项过程、设计过程和施工过程中信息、传感、机器人和建造技术的深度融合,基于互联网信息化工作平台的管控下,按照数字化设计要求,在既定的时空范围内,通过功能互补的机器人完成各种工艺操作的建造方式。智能建造技术覆盖建筑工程设计、施工、运维等建筑物全生命周期各阶段,以土木工程建造技术为基础,以现代信息技术和智能技术为支撑,以项目管理理论为指导,以智能化管理信息系统为表现形式,通过构建现实世界与虚拟世界的孪生模型和双向映射,对建造过程和建筑物进行感知、分析和控制,实现建造过程精细化、高品质、高效率的一种土木工程建设模式。

公路系统主要以丁烈云院士提出的定义为代表。智能建造利用以数字化、网络化、智能化和算据、算法、算力为特征的新一代信息技术,以建设要素数字化为基础,以规范化建模、网络化交互、可视化认知、高性能计算、智能化决策为支撑,实现基于数字链的工程决策、设计、施工、运维各阶段的集成和协同,以实现工程建设价值链的拓展、产业形态和产业结构的改造、交付以人为本和环保可持续的智能化的土木工程产品和服务的目的,是土木工程建造与新一代信息技术相结合的工程建设新模式。丁烈云院士指出,智能建造的本质是数据知识驱动工程,相对经验驱动和流程驱动,数据驱动是大量积累后,通过人工智能的深度学习,找到规律并应用,其中数据是基础,模型是核心,软件是载体,机器是支撑。

铁路系统主要以何华武院士、田红旗院士等依托智能高速铁路发展战略研究提出的定义为代表。综合应用云大物移智等新一代信息技术,与先进的工程建造技术相融合,通过自动感知、智能诊断、协同互动、主动学习和智能决策等手段,进行工程设计及仿真、数字化工厂、精密测控、自动化安装、动态监测等工程化应用,构建勘察、设计、施工、验收、安质、监督全寿命可追溯的闭环体系,围绕桥梁、隧道、路基、轨道及车站,实现建设过程中进度、质量、安全、投资的精细化和智能化管理，形成和谐共生的工程建设产业生态环境，使复杂的建造过程透明化、可视化，推动铁路建设从信息化、数字化走向智能化。

1.1.3　智能高速铁路发展路径及体系

在科技创新的支撑和带动下，我国铁路建设发展取得历史性成就、发生历史性变革。截至 2024 年底，全国铁路营业里程达到 16.2 万 km，其中，高铁 4.8 万 km。铁路运输安全保持稳定，客货运输均创历史新高，服务保障国家重大战略成效显著。

2018 年，中国工程院启动重大咨询研究项目《智能高速铁路战略研究(2035)》(何华武、田红旗、王同军，等)，在时间维度将中国智能高速铁路建设划分为三步走阶段：第一阶段为创新示范阶段(2018—2020 年)，研究提出智能高速铁路顶层设计和技术标准体系，围绕智能京张、智能京雄等开展创新实践，攻克智能建造、智能装备、智能运营领域的核心关键技术，大数据资源湖建成，智能高速铁路创新应用格局初步形成，即智能高速铁路 V1.0 版本；第二阶段为加速突破阶段(2021—2025 年)，突破基于 BIM 的全生命周期体系、自学习及自适应的谱系化智能动车组、全面感知的列车自动驾驶、融合多种交通方式的全程畅行、复杂路网综合协同指挥的智能调度、旅客智能出行服务体系、大脑平台智能决策等重大智能高速铁路理论与技术，全面形成智能高速铁路设计、建造到运营全产业链成套技术，即智能高速铁路 V2.0 版本；第三阶段为全面提升阶段(2026—2035 年)，广泛应用智能建造技术，研制自修复型智能动车组，探索全自动无人驾驶，突破极端复杂情况下高铁智能容错理论与技术，构建基于量子、区块链等新技术的智能安全体系，即智能高速铁路 V3.0 版本。

2020 年，中国国家铁路集团有限公司在系统总结京张高铁、京雄城际铁路智能化实践的基础上发布《智能高速铁路体系架构 1.0》，涵盖智能高速铁路技术体系框架、数据体系框架、标准体系框架等重要内容。智能高速铁路体系架构如图 1-1 所示。将智能高速铁路定义为广泛应用云计算、大数据、物联网、移动互联、人工智能、北斗导航、BIM、5G 等新一代信息技术，综合高效利用资源，实现高速铁路移动装备、固定基础设施及内外部环境间信息的全面感知、泛在互联、融合处理、主动学习和科学决策，实现全生命周期一体化管理的新一代高速铁路系统。智能高速铁路技术体系框架是从技术层面对智能建造、智能装备、智能运营三大板块的核心要素、关联关系等进行的整体设计。编制形成 347 项智能高速铁路标准，包括 ISO、BSI 两项国际标准，有力指导了智能高速铁路建设，特别是京张高铁作为世界首条智能高速铁路，是智能高速铁路 1.0 阶段的代表性项目，建设过程中采用了智能勘察设计、智能施工、智能装备和智能运营等一系列先进技术。

目前，中国国家铁路集团有限公司正持续推进研究制定智能高速铁路 2.0 科技攻关，编制完成京沪高铁标准示范线智能化方案和智能高速铁路 2.0 成渝中线实施方案，推进智能高速铁路 2.0 在成渝中线高铁体系化应用，加快智能梁场、智能板(枕)厂、工程管理平台等智能建造技术应用实施。依托成渝中线高铁，开展全生命周期数字化、智能化实践，重点在

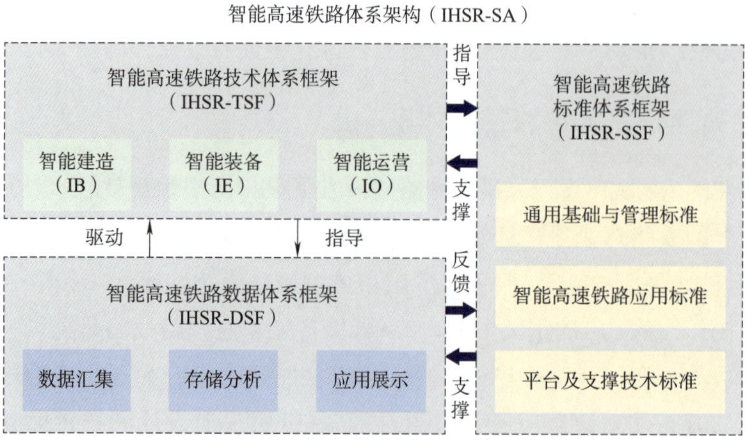

图 1-1　智能高速铁路体系架构

加快勘察设计智能化、工厂智能化、装配式建设、智能化施工、工程精细化管控、模数一体化平台建设等智能建造技术应用实施，形成智能装备、智能运营实施方案，打造智能高速铁路 2.0 示范线。

1.2　高速铁路梁场智能建造发展历程

1.2.1　高速铁路智能梁场发展历程

预制梁一般采用现场施工制作，预制梁场的施工质量及管理在整个桥梁建设过程中起着重要作用。随着装配式施工模式和智能建造行业的快速发展，现有预制梁场存在可视化和智能化低、操作频繁、耗能高和质量不易得到保证等问题。为解决这些问题，可采用先进的计算机与信息化技术，实现传统预制梁场向“协同、互联、智慧”的现代化梁场模式转变。

高速铁路智能梁场发展历程如图 1-2 所示。高速铁路智能梁场发展历程以 1998 年第一条高速铁路客运专线——秦沈客运专线的 24 m 跨度 500 t 重箱梁的试制成功为开端，为后续高速铁路梁场建设提供了宝贵技术经验。2005 年京津城际铁路作为我国第一条真正意义上的高速铁路，其 32 m 跨度 900 t 重箱梁为当时国内同类型箱梁中重量最大、跨度最长，标志着中国高铁桥梁建设技术达到国际先进水平。2017 年郑济铁路原阳制梁场采用智能张拉、压浆等新技术，拉开了智能化梁场建设的序幕。2018 年京雄城际铁路高标准建设智能梁场，系统采用了钢筋自动化加工、智能张拉及压浆、自动喷淋养护、信息化管理平台等一系列智能建造技术，成为智能化梁场的标杆。2020 年沪渝蓉高铁汉川东制梁场以采用模板自动打磨、顶板混凝土自动振捣、智能凿毛切割机器人、智能喷涂机器人等技术的全面应用，标志着智能化梁场的系统升级。2021 年广湛铁路茂名制梁厂，世界首条高速铁路简支箱梁钢筋骨架自动化生产线成功落地，标志着智能化梁场的重大突破。

图 1-2　高速铁路智能梁场发展历程

1.2.2　预制梁场建设及生产技术研究现状

高速铁路箱梁生产技术可概括为钢筋、混凝土、预应力三项主要工作和关键工序，如图 1-3 所示，具体包括钢筋加工、钢筋绑扎、模板清理、钢筋笼吊装、预埋件安装、混凝土浇筑、喷淋养护、预应力张拉、移梁、张拉、孔道压浆、封端处理、防水、静载试验、运架梁等，预制箱梁内钢筋存在体量大、数量多、安装精度高的要求。传统钢筋绑扎工艺主要通过人工方式，工序复杂耗时长、工人劳动强度大，标准化、自动化程度低，成为当前高速铁路箱梁梁场生产技术的“卡脖子”问题。因此，如何利用信息技术、机械自动化加工技术提升生产效率、工程质量和自动化程度已成为当前研究热点。

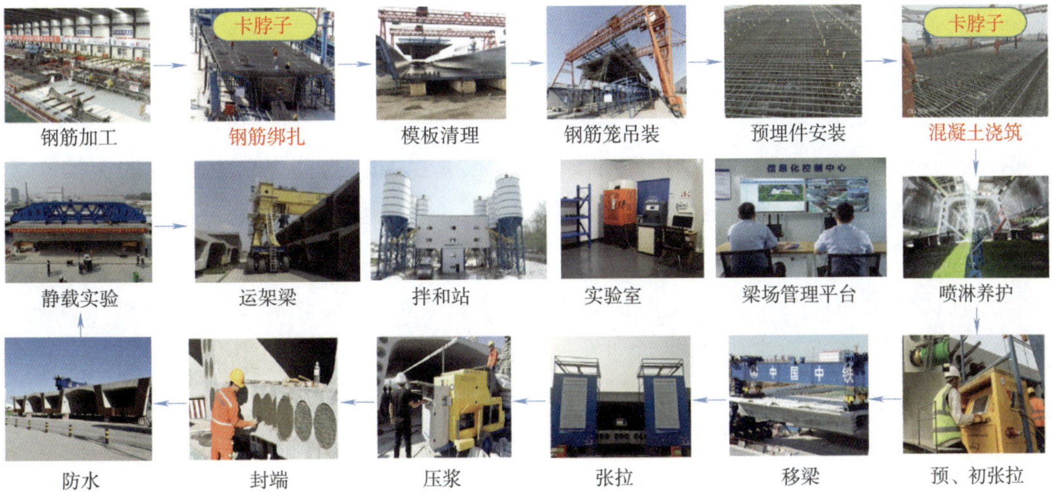

图 1-3　高速铁路箱梁生产技术工序

围绕高速铁路箱梁生产技术中钢筋、混凝土、预应力三项主要工作，国内外科研人员在预制混凝土梁钢筋的智能加工及绑扎、混凝土结构智能浇筑和智能养护、混凝土结构预应力智能张拉等方面开展了研究。

预制梁钢筋绑扎需要准确的施工图纸和规范作为指导，根据设计要求，施工人员精准确定钢筋种类、规格、数量和布置位置。钢筋绑扎需要高超的专业技术，施工人员必须熟练掌握绑扎方法和技巧，确保钢筋之间的连接紧密而牢固。绑扎过程需要考虑钢筋受力情况以及混凝土浇筑方式，以避免后续使用过程中出现结构性能问题。钢筋绑扎需要严格的质量控制和安全保障。施工过程必须确保钢筋的质量符合相关标准，避免出现材料缺陷或损坏。预制梁钢筋的智能加工及绑扎研究，主要基于 BIM 运用大数据、云平台、智能网关等核心技术，实时采集钢筋厂数据，自动分析建模，精准分析、智能决策、科学评价，形成一套数据驱动的新型管理模式，打造“数字建造”智能梁场，充分发挥 BIM 数据在制梁全生命周期的价值，通过 BIM 与子系统的数据互联互通，实现施工信息实时汇聚，彻底打破不同工艺环节之间的“信息孤岛”，让模型“活”起来，有效缩减协同所需时间，避免信息交互中的偏差。从宏观视角管控箱梁预制钢筋环节的计划、生产、存储、取用及核销等关键节点，实现数字化管理。

混凝土浇筑和振捣方面，主要存在机械化程度低、资源浪费、经济性不佳等问题。如当前铁路预制梁混凝土浇筑、振捣的施工复杂程度高、自动化水平低，若振捣不足易出现混凝土内部孔隙过大、强度不足、表观产生蜂窝麻面，或若过分振捣，可能造成骨料、浆液分离。目前，智能高速铁路科技攻关方案已进一步明确深化高铁桥梁智能施工技术，传统手工、劳动密集型、艰苦性振捣施工正在逐步向少人化、自动化方向转型。智能化振捣是指通过机械化、信息化技术手段实现高铁预制箱梁混凝土标准化、智能化、少人化施工。随着行业需求不断提高，在国家政策的引导下，智能化振捣研究已受到学者广泛关注。冯福庆等发明了一种用于高铁现浇无砟轨道智能振捣车；郭健等研发了振捣机器人以及基于 BIM 的自主导航与控制系统，验证了基于履带驱动的振捣机器人进行振捣路径全局规划、自主导航以及区域振捣作业的可行性。虽然尚处于研发阶段，但此项研究为箱梁底板振捣施工提供了新思路。蒋涛涛等提出了一种预制混凝土箱梁自动抹面装置，用于混凝土收面施工，但由于箱梁内部空间有限等原因，尚未广泛应用。

传统混凝土养护当前也存在养护成本高、资源浪费、智能化程度低及养护质量难以保证等问题，因此，需要进一步探索和发展新的智能养护方法，以提高养护效率和质量，降低成本，实现可持续发展。混凝土结构智能养护是利用先进的技术手段，通过监测和控制混凝土结构养护过程中的环境条件、温度、湿度等参数，以提高混凝土的强度、耐久性和性能稳定性。混凝土养护是确保混凝土结构质量和延长其使用寿命的关键环节。混凝土结构智能养护包括自动喷淋、温控养护、智能养护等系统，通过传感器实时监测实现智能调控，保证混凝土的养护过程处于最佳状态。利用自动化控制系统，对混凝土结构的养护环境进行精确控制，包括温度、湿度、风速等，以实现最佳的养护效果。通过对监测数据的分析与处理，不断优化养护方案，提高混凝土结构的强度和耐久性，减少质量缺陷和损坏风险。

预应力张拉施工是预应力混凝土预制梁生产过程的关键环节，通过施加预先设计好的张拉力，使筋材发生塑性变形，产生预应力，增强桥梁的承载能力和稳定性。预应力钢束伸长一般量由现场的工人采用钢尺测量，压力表和钢尺的读数精确度容易受人为因素影响，读数误差难以控制，易导致预应力筋锚固时锚下有效预应力与设计值偏差较大和钢束伸长量测量不准确的问题，预应力施工质量的稳定性和可靠度难以保证；现场张拉数据采用人工记录，准确性较低，难以进行有效的质量追溯管理。同时，完成一片铁路预制梁张拉需要8～10 个工人同时工作，耗费大量人力工时，生产效率偏低。借助自动化控制、物联网等先进技术对传统张拉设备及系统进行改造，新型自动张拉控制及管理系统，可实现预应力张拉控制过程的自动化、精细化施工，张拉施工质量的信息化管理，张拉施工数据的远程化查询监督。禚一等介绍了一种用于 BPS 的智能张力控制和管理系统，包括硬件设备和相应的配套软件系统，根据当前预应力张拉施工场景，开发了智能张拉控制站、张拉千斤顶和其他硬件设备，并开发了配套的 BPS 软件，基于射频识别技术、云技术、大数据技术，建立了一个关于预应力张拉施工控制、过程管理、监督和铁路预制梁实施的平台。

1.2.3　高速铁路智能梁场发展目标与内涵

铁路工程预制梁场作为生产预制梁基地，以采用成熟的施工技术、先进的施工机械、完善的施工工艺为原则，积极采用新技术、新工艺、新材料以确保工程质量，达到减人化、少人化目标。随着铁路工程预制梁场建设趋于现代化、复杂化，传统的铁路工程预制梁场建设生产方式制约铁路预制梁场生产效益与产品质量，已无法满足工程建设需求。信息化、智能化技术应用到梁场建设已成为必然趋势。因此，基于新一代信息技术，大力推进创新和高质量发展，科学有效地实现预制梁场智能建造，提升铁路工程预制梁场建设水平，成为智能高速铁路建设的重点。

高速铁路智能梁场尚无统一的定义标准，笔者认为智能梁场是基于标准化、机械化、自动化、工厂化的原则，将 BIM+GIS 及“云、大、物、移、智”等新一代信息技术与先进的生产工艺、工装设备和管理制度相融合，区别于传统预制梁生产场所，智能梁场采用自动感知、智能诊断、协同互动和智能决策等方法，构建设计、施工、验收、监督全生命可追溯的生产体系，使预制梁生产进度、质量、安全和管理得到系统性提升，整体上实现智能化及绿色低碳生产。智能梁场的评价体系可从技术、经济和社会环境三个层面构建智能梁场评价指标体系，确定梁场智能化水平评价指标赋权方法，建立基于系统工程理论的梁场智能化水平模糊综合评价模型。高速铁路智能梁场的最终状态是实现生产过程可视化、工艺流程标准化、机械设备自动化、质量控制智能化、管理决策智慧化。

1.3 预制梁钢筋骨架智能绑扎与焊接技术

1.3.1 预制混凝土梁钢筋绑扎存在的主要问题

我国在轨道交通预制件生产领域整体处于国际领先水平，盾构管片、轨道板和梁柱等预制件的生产制造已实现标准化、自动化。然而在高速铁路预制梁核心构件钢筋骨架生产制造方面，仍以高密度工人的手动加工和绑扎为主，存在效率低、质量稳定性差、生产管理系统不完备等问题，难以适应标准化生产、工业化制造、数智化转型、高质量发展的要求。虽然在钢筋成型加工、单点自动绑扎、钢筋自动摆放等单一工艺层面进行局部自动化提升的探索，但仍缺乏系统性，特别是针对钢筋安装与绑扎环节，并未能摆脱生产、安装、绑扎过程中对人工的依赖，需要密集使用人工配合模具工装进行生产，主要存在以下问题。

1. 钢筋加工严重依赖人工

一直以来，高速铁路箱梁钢筋骨架的各个生产环节均需要依靠人工参与完成，如图 1-4 所示。虽然部分单机装备多年持续进行技术提升与改造，但仍处于简易半自动化阶段，导致钢筋加工机械技术性能、自动化程度和加工效率较低，严重制约高速铁路简支箱梁的智能化生产进程。

图 1-4　钢筋加工自动化水平低

钢筋生产全过程严重依赖人工参与，不仅给施工管理提出较高要求，还存在劳动强度大、质量和效率难以控制、材料浪费大、加工成本高等缺点，钢筋加工领域仍处于低端劳动密集型的生产模式。

2. 钢筋运输/存储管理水平低

传统钢筋加工模式中，成型钢筋加工均为平面图形，种类多样、形式零散，不利于集中存储和转运，故目前加工完毕的钢筋使用龙门吊进行归类摆放，但在加工制作以及绑扎使用过程中(从钢筋加工区到绑扎组装区域)，基本采用人工搬运的方式进行，仅少部分数量较多、质量较大的钢筋利用叉车等辅助设备进行搬运，对一些特殊尺寸、规格的钢筋只能通过多名工人配合完成搬运，如图 1-5 所示。因此，钢筋存储混乱，钢筋搬运、分拣耗费的人力和时间极大，劳动强度高、效率低，易出现错漏等情况，严重影响施工效率和质量，如图 1-6 所示。

图 1-5　人工搬运钢筋

图 1-6　钢筋存储混乱

3. 钢筋绑扎工作量大、标准化程度低

钢筋的安装及绑扎通过人工方式完成，安装过程中利用简易模具对钢筋实现定位，如图 1-7 所示，由于钢筋种类较多且尺寸变化幅度较小，人工分拣较为困难。多地现场调研发现，部分工人在钢筋绑扎过程中出现绑扎标准不一，漏绑情况多，严重甚至出现出错现象，施工质量控制难度大。

图 1-7　钢筋绑扎质量控制难度大

钢筋绑扎的工作量庞大，以图 1-8 为例，钢筋共需要铺设 11 000 根，重 58.802 t(梁体钢筋 53.012 t、梁体预埋钢筋 3.96 t、综合接地 0.38 t、接触网基础及其桥面板加强钢筋 1.45 t)。钢筋铺设在整个钢筋骨架制造流程中最耗费时间，在钢筋笼整个工序中所占时间约 60%；其次为简支箱梁钢筋绑扎，共需要绑扎约 100 000 个点，在钢筋笼整个工序中所占时间约 15%，因此两项工作占比较大。

图 1-8　钢筋绑扎工作量大

1.3.2　钢筋绑扎机器人和智能绑扎发展现状

钢筋绑扎是预制混凝土梁生产中至关重要的一环，直接关系钢筋结构的稳定性和安全性。传统的人工绑扎方式存在工作量大、耗时长、易出错等问题，为解决这一问题，土木行业各科研机构和单位已在钢筋绑扎机器人和智能绑扎方面取得一定研究成果，旨在实现钢筋绑扎的机械化、自动化和智能化，提高施工效率和质量。

中国建筑第八工程局有限公司研发了小型化、智能化特点的钢筋智能绑扎机器人，能灵活适应各种施工场景。该机器人配备了先进的图像识别系统和传感器，能自动识别钢筋绑扎点，并自动完成绑扎动作，降低了人工操作的难度和误差；具备自主导航和避障功能，能在复杂施工环境中自主规划行走路径，并避开障碍物，确保施工安全。此外，该机器人支持远程监控和控制功能，操作人员可通过移动端或电脑端实时监控机器人工作状态，并进行必要的调整和控制。钢筋绑扎机器人(RBBD-Bot1.0)已在济南奥体东 12 号地块房地产开发项目(二期)进行现场结构板钢筋自动绑扎功能测试，该机器人适用于 ϕ8 mm～ϕ20 mm 水平钢筋网片的绑扎工作，通过 5G 通信、智能传感技术和图像识别算法等先进技术实现自动绑扎和状态识别。作为 RBBD-Bot1.0 的升级版，自行式智能钢筋绑扎机器人 RBBD-Bot2.0(图 1-9)在功能和性能上有显著提升，2022 年在中海成都天府新区超高层项目开展多场景测试应用。RBBD-Bot2.0 采用六自由度超轻量、高负载的仿人机械臂执行绑扎动作，并配有视觉识别系统和机器学习算法，可一次识别多个钢筋绑扎点并适应不同场景下的绑扎要求。

图 1-9　自行式智能钢筋绑扎机器人 RBBD-Bot2.0

中铁九局集团有限公司自主研发了步履行走式钢筋绑扎机器人，该机器人采用步履行走方式，能在平面钢筋网上自由移动，不受钢筋间距及形状的影响。基于 ROS 系统的机器人伺服控制技术和无边界条件下基于多传感器信息融合的自主导航技术，使机器人能自主寻找工作区域、规划行走路线，并精准定位钢筋节点；通过卷积神经网络和聚类算法的钢筋交点精准定位技术，能准确识别并绑扎钢筋节点，作业精度高达 1 mm 以内。机器人底盘采用中空式框架构造，绑扎机构可在底盘框架内高速移动，实现一次性定位绑扎多个节点的功能，作业效率显著提升。适用于房建、桥梁等大面积平面钢筋绑扎施工需要，可在施工平面任意方向自由移动，不受轨道限制。解决了平面钢筋网上行走的行业难题，实现了钢筋绑扎作业的智能化、自动化，提高了施工效率和安全性。在沈阳浑南科技城四期项目中进行应用测试。测试结果显示，该机器人能稳定、准确地完成钢筋绑扎作业，提高了施工效率和安全性。

在铁路方面，混凝土梁作为高速铁路轨道建设的重要结构之一，用于承载铁路线路和列车荷载，常通过预制形式进行生产。预制梁钢筋种类繁多、数量庞大、形状多样，我国预制梁生产工序仍然高度依赖手工作业，劳动强度大、效率低、风险高，已经难以适应标准化生产、工业化制造、数智化转型、高质量发展的要求，亟待技术突破。虽然传统预制构件钢筋加工有钢筋胎架辅助生产等设备，但是依然很难摆脱人工作业，尤其在进行钢筋摆放及绑扎时需要消耗大量人工，效率低下，加之现今工人呈现出数量递减、年龄递增的趋势，通过机械化、信息化、智能化实现减人增效，是高铁建造技术发展的必然选择，因此在预制构件加工环节引入智能建造技术，以实现预制梁核心构件的自动化生产。

国内已经出现智能化机器人在预制梁核心构件生产中的研究。山西建筑产业现代化园区与清华大学合作研发的自动化钢筋绑扎机器人，由视觉识别系统、机器人系统、行走系统、绑扎系统等组成。首先通过视觉识别系统对钢筋绑扎点进行定位，其次由行走系统负责控制机械臂移动到指定位置，最后利用绑扎系统中三个独立控制的绑扎装置并列完成绑扎工作，极大地提高了 PC 构建的绑扎效率。Jin 等提出基于主动感知和规划的全自动机器人系统，实现了钢筋交叉点绑扎过程的自动化，但是自动绑扎技术需要逐根进行绑扎，在大规模的预制箱梁核心构件成形中，自动绑扎技术可能导致施工时间延长，而且自动绑扎技术往往只适用于标准化的结构和尺寸，难以适应复杂变化的施工环境。

1.3.3 钢筋智能焊接机器人发展现状

1969 年，美国通用汽车公司首次安装 Unimation 机器人并用于点焊生产，这是机器人发展史上的一个里程碑，标志着第一代焊接机器人的诞生。20 世纪 80 年代中期，麻省理工学院的 Agapakis 认为机器人的焊接动作不应该是简单模仿人的焊接操作行为，需要更加灵活智能。因此，Agapakis 最早在遥控焊接机器人中结合视觉辅助技术以及计算机辅助编程进行研究，让焊接机器人具备远程控制下的视觉感应功能，从而进行焊缝跟踪操作。21 世纪初，美国的桑迪亚国家实验室和诺斯洛普·格鲁曼公司合作开发出焊接机器人和 Autogen 控制软件，能识别提取每条焊缝的特征，构造位姿完成焊接动作，且可自行编写焊接控制程序，提升焊接效率。

钢筋焊接能形成连续、坚固的连接，使钢筋骨架的整体性更强，能更好地保证钢筋与混凝土共同工作，提高结构整体强度和稳定性。在某些情况下，焊接可减少现场绑扎的工作量，特别是对大型钢筋骨架的预制和安装，焊接能加速施工进度；焊接连接紧密，减少因绑扎而产生的材料浪费，如铁丝或钢丝的使用量。为替代钢筋绑扎技术，将钢筋焊接技术运用到预制箱梁核心构件成型上，并配合自动化生产，预制箱梁核心构件焊接成型机应运而生，可完成将经电阻对焊成的封闭箍筋与主筋焊接成混凝土预制箱梁核心构件的工作，既可以保证预制箱梁核心构件的加工质量，又可提高工作效率，在很大程度上解放了劳动力。

预制梁核心构件焊接主要包括钢筋识别检测和钢筋焊缝跟踪。在钢筋识别检测方面，深度学习技术广泛运用于机器视觉识别，以提高图像识别的效率。孙树杰等提出一种钢筋图像的自动分割方法，通过对钢筋边缘进行检测与阈值分割得到钢筋的位置，实现钢筋的精确计数。王斌锐等研发的实时钢筋计数系统，其单帧数计数精度高达 96%，处理速度满足实时性需求。梁艳阳等提出一种钢筋在线计数分割方法，采用凹点匹配分割、k 级容错计数和视觉反馈自动分割多个钢筋达到计数目的。部分学者尝试采用三维激光扫描技术探讨钢筋网片的加工质量，综合声学、机器视觉等基于多源信息融合的检测技术亟待研发。

焊缝跟踪是机器人焊接领域中非常重要的一项技术，已有专家提出一种基于 Siamese 网络的图像处理算法，以抵抗焊接过程中电弧和飞溅的干扰，准确定位包含焊缝信息的激光条纹区域。刘美菊等提出一种压缩算法，通过大量的图像训练，能准确地识别焊缝特征点，相比传统算法，这种算法识别率更高，而且完成识别所需时间只有 36 ms，具有较好的时效性。Zhang 等提出一种基于全卷积神经网络的焊缝特征提取方法，但精度不高，只能提取焊缝边缘轮廓，不能提取焊缝结构光条纹中心线。Zou 等利用深度卷积神经网络提取含有焊缝信息的激光条纹。Xiao 等使用 Faster R-CNN 定位包含焊缝信息的激光条纹区域，并使用 Steger 算法获得激光条纹中心线。Zhao 等提出使用 ERFNet 网络提取结构光条纹中心线，然后再采用回归算法得到焊缝特征点。该方法能从强噪声中提取准确的结构光中心线，并实现与人工标记的焊接点偏移量小于 1 个像素，提取精度误差在 0.25 mm 以内，能满足实际焊接的要求。

随着工业技术的不断推进，工程人员逐渐开始将焊接技术进行自动化和智能化设计，将焊接技术与机器人技术巧妙结合，焊接技术得到重大发展，无论是在生产效率上还是在生产安全上，机器人焊接都极为可靠。

智能物流搬运机器人领域，何凯明等提出 SPP-Net 算法，利用空间金字塔池化层对不同尺度的特征图进行池化操作，并生成固定长度的特征表示，减少反复缩放图像对检测结果造成的影响，同时使算法模型支持任意分辨率的图片输入，大幅提高了算法运行效率。马世超将深度学习技术与计算机视觉和机器控制相结合，并使用轻量级的 Mobile Net 网络和焦点函数改进 YOLOv3 检测模型，实验抓取成功概率达到 92.5%。在路径规划和轨迹优化方面，Li 等提出一种低振动运动轨迹方法，设计一种采用水平位移正弦波形的 S 曲线，相比传统梯形曲线和 S 曲线，该方法可以显著降低机器人的残余振动。Xie 等设计一种耦合分数阶滑模控制器，能用于四轮独立转向移动机器人的无碰撞轨迹跟踪控制中，比传统方法误差更小，轨迹更平顺。Zhang 等将神经网络引入实现优化问题求解，根据移动机器人当前状态和未来一段时间控制量，对移动机器人未来状态进行预测。为提高滚动时域控制的运算速度，He 等采用基于事件驱动的滚动时域控制器，仅当误差大于一定程度时才触发控制器，有效减少了滚动时域控制的计算量。Wang 等对滚动时域控制的在线优化方法进行研究，总结了“暖启动”等一系列优化方法，并将研究成果集成为 Fast MPC 工具箱。

国内外焊接机器人研究已经有 60 多年时间，其智能化水平逐渐趋于成熟。在众多品牌的机器人中，瑞典的 ABB、德国的 KUKA、日本的 FANUC 和 YASKAWA 四大机器人家族已经成为全球机器人市场的主流。瑞典的 ABB 公司生产的 IRB1410 机器人，工作空间广、运动距离长、纤细的手臂使其即使在条件严格、限制较多的工作环境下，仍然可以进行高性能焊接工作。日本 FANUC 公司生产的典型机器人产品 R2000iC，工作半径可达 3 100 mm，示教轨迹重复精度±0.05 mm，配备的控制器具有离线编程、焊接仿真、焊接、路径跟踪、多机器人控制等，强大功能，水平已达到世界领先地位。

1.3.4　钢筋焊接数控机床发展现状

与钢筋自动加工机器人相比，钢筋焊接数控机床在某些特定的应用场景中展现出显著优势。虽然机器人在处理复杂任务和灵活性方面具有独特优势，但数控机床在高效性、精度和大规模批量生产的稳定性方面则更具竞争力。钢筋加工行业需要大量的标准化作业，数控机床凭借其高度集成的自动化特性，成为提升生产效率、降低成本的关键设备。

在国际市场上，Schnell、MEP 等公司开发了多种高效钢筋焊接设备，这些设备具有自动化控制和远程监控功能，适用于各种规模的钢筋加工。SMART MESH BAR-BAR 设备专为建筑和防护钢筋网的加工设计，具备伺服电机驱动和远程故障诊断功能，焊接速度高达 120 根横筋/min。MESH-LINE BAR-BAR 设备适用于中等批量的生产，具备模块化设计，灵活性强；MESH-LINE COIL-COIL 设备支持大批量生产，特别适合使用盘条上料，直径范围为 $\phi3 \sim \phi10$ mm，提高了生产效率。此外，FLY OVER 系统为焊网设备提供了横筋自动喂料功能，牵引速度高达 160 m/min。MAG 6 AAC 专为 AAC 板钢筋网笼的自动化加工设计，进一步提升了生产精度和效率。这些设备代表了钢筋加工机械在高度自动化、智能化和高效生产方面的全球先进水平。

近年来，随着国内钢筋加工机械的快速发展，钢筋切断、弯曲、调直等设备在传统技术基础上得到显著提升。国内企业不断推出新技术和新产品，逐步缩小了与国际先进水平的差距，部分国产设备甚至实现出口，提高了我国钢筋机械产品的国际知名度，推动了国内钢筋加工产业的技术进步。例如，弯曲中心集钢筋矫直、弯曲和剪切于一体，支持双向弯曲，适应不同直径钢筋的灵活切换；全自动柔性焊网机具备智能化、无人化生产功能，推动了钢筋网片的装配式工业化生产；智能螺旋弯曲机器人可实现最大直径 1 200 mm 螺旋箍筋的自动化生产；智能钢筋桁架机器人解决了同类设备在不同长度桁架生产切换中的原材浪费问题，实现了高效无缝衔接的生产模式。

总体而言，钢筋焊接数控机床凭借其在高效、精准和稳定生产中的优势，在钢筋加工领域占据不可替代的地位。相比于钢筋焊接机器人，数控机床在大规模、标准化生产中表现更加突出。随着技术的持续创新，无论是国内还是国际厂商，钢筋加工领域的设备智能化和自动化水平都在不断提高，为建筑行业提供更加高效、灵活和低成本的生产解决方案。

第2章　高速铁路简支箱梁钢筋骨架一体化设计理论与方法

对高速铁路简支箱梁而言，各向钢筋数量多，高度密集且装配复杂，加工、运输、铺设及绑扎难度大。为实现钢筋骨架智能制造，基于 BIM 技术的钢筋骨架一体化设计理论与方法，从精细化设计、适应性设计、部品化设计、装配式组装设计等方面对简支箱梁钢筋骨架开展智能建造优化设计，解决钢筋与预应力管道、锚具、泄水孔干扰等问题，提高简支箱梁钢筋骨架的标准化、规范化程度，实现少人工、自动化、高质量的简支箱梁钢筋骨架智造。

2.1　钢筋骨架一体化设计理论内涵与优势

2.1.1　钢筋骨架智能建造研究目的与设计难点

我国在轨道交通预制件生产领域总体位居国际前列，然而箱梁钢筋工程仍靠大量工人手工绑扎，存在效率不高、质量难稳定、生产管理体系有欠缺、户外作业环境恶劣、安全隐患较大等状况，难以契合铁路标准化生产、工业化制造、数字化转型、高质量发展的需要，迫切需要技术革新。钢筋工程生产已成为制约预制箱梁智能建造的关键难题，有必要对高铁预制梁场钢筋骨架拼装成型技术进行系统性优化创新，实现部品化加工、自动化拼装和信息化管理，整体提升铁路预制梁钢筋骨架智造施工质量、效率和信息化水平，降低工程建设成本。

传统预制箱梁钢筋工程的设计、施工是两个相对独立的环节，可能导致设计方未充分考虑加工方需求，两者之间因缺乏协调性在以下方面产生误差。

1. 图纸设计

通用图中一般只给出钢筋与其他构件发生空间干扰时相应的调整原则，未能在图纸上直接体现各构件经过优化设计后的空间布置，后续可能因对原则把握程度不同在调整过程中产生误差。

2. 设备加工

钢筋本身尺寸存在离散性，可能因为结构缺陷等难以避免的因素导致精度不足，产生固有误差。此外，设备加工行程不到位也会导致加工误差。

3. 现场施工

人为对钢筋布置和绑扎难以保证空间位置完全到位以及绑扎位置的完全准确，导致工艺误差。另外随着此类误差的多次累加，可能会产生较大的累计误差。

2.1.2 钢筋骨架一体化设计理论内涵与优势

在建筑、航天、机械制造等领域，一体化设计是指利用现代科技手段和方法，将产品或项目各个方面的设计和制造整合在一起，形成一个协调一致的整体。一体化设计能优化生产流程、提升效率、降低成本、提高产品质量，减少资源浪费和环境损害。一体化设计的发展趋势是智能化、协同化、自动化和标准化，可实现产品的高效生产和优化设计。一体化设计不仅是技术整合的问题，更是一种从多个维度思考，打破局限性的创新思维方式。能有效提高产品的质量，在设计、制造和施工各个环节实现高效、优化和可持续发展。

为解决钢筋工程设计、加工、施工之间不协调的问题，在充分吸纳国内外自动化技术先进理念和成熟的实践经验基础上，进一步结合实际工程具体情况及参建单位的生产和创新研发需求，借鉴上述一体化设计理念，创新性地提出铁路预制箱梁 BIM 一体化设计理论，该理论可统筹考虑图纸设计、设备加工和现场施工各环节中误差，实时反馈，通过 BIM 不断优化结构，最终形成最优结构设计方案，实现途径如图 2-1 所示。

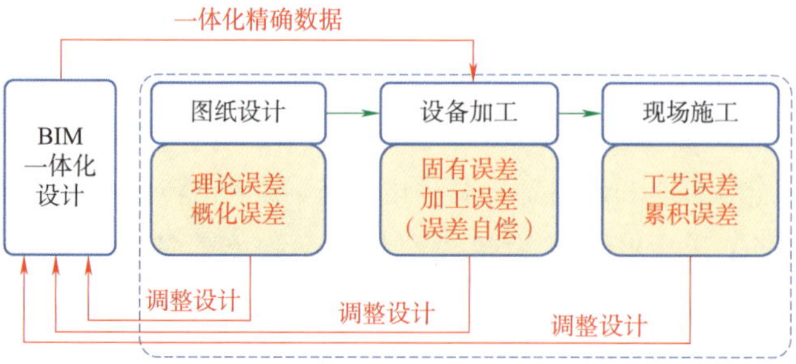

图 2-1　铁路预制箱梁 BIM 一体化设计理论

BIM 模型应统筹考虑图纸设计、设备加工、现场施工等各环节误差，以图纸设计尺寸＋可变浮动值进行体现。图纸设计尺寸从图纸设计环节直接获取，可变浮动值在设备加工及现场施工环节中通过检测获取，通过智能化信息系统实时传输回 BIM 模型，对模型进行不断地调整，最终通过这个流程的反复迭代实现 BIM 模型的最优化设计。铁路预制箱梁 BIM 一体化设计的实现需要考虑以下内容。

1. 精细化设计

BIM 技术是一种应用于工程设计建造管理的数据化工具，可基于三维数字技术建模，其模型集成了建筑工程各种相关信息。BIM 模型可对建设工程设施实体与功能特性进行数字化表达，为精细化设计提供强大的工具支持。通过梁场调研获取钢筋设计参数，基于一体化设计理论，充分考虑设计规范和加工要求，开展梁体 BIM 设计和钢筋精细化设计，旨在达到设计优化及设计施工一体化效果。

2. 设计参数数据化

箱梁构件内钢筋体量大、数量多、安装精度要求高，为便于机械化加工，需要开发钢筋数据接口，导出钢筋翻样单；同时进行棒材钢筋套料优化设计，生成钢筋加工数据，从而将 BIM 钢筋建模软件与一体化加工设备硬件连接起来。

3. 钢筋自动化加工

利用信息技术、机械自动化加工技术来提升生产效率、工程质量和自动化程度至关重要，即配套数控钢筋成型设备、辅助信息化管理系统的设计理念，以成型钢筋加工工艺路线为基础，系统规划、统筹管理，推动生产厂房的流水化物料流转实现高效生产。具体表现为钢筋自动化加工通过钢筋加工管理系统导入翻样单、数控加工设备读入数据，自动加工钢筋成品，并将实际加工信息实时反馈用于模型的设计调整。

4. 信息化现场管理

通过自动化焊接装备将加工好的各部品进行组装焊接，并通过全程的信息化综合管控，构建全程可追溯的质量管理体系，及时将施工过程中的信息反馈用于模型设计调整，实现工厂内的高效管理和衔接，保证成型钢筋部品品质和供应。

综上所述，应用 BIM 技术、机械化数控设备和信息化管理手段，不仅可提高生产效率、降低劳动力成本，还可提高工程质量和安全性。

2.2　钢筋骨架一体化设计总体方案优化

针对高速铁路简支箱梁钢筋骨架搭建高度依赖人工、效率质量不可控等难题，建立多元复杂构件设计—生产—装配一体化智能建造体系，突破高速铁路简支箱梁钢筋骨架智能建造难题。在充分调研国内部品化先进理念和成熟实践经验基础上，结合项目具体实际、参建单位生产及创新研发需求确定钢筋骨架智能建造总体技术路线，如图 2-2 所示。

对高速铁路简支箱梁钢筋骨架建造设计、施工、设备、管理等全流程调研和综合分析，基于高速铁路简支箱梁钢筋骨架的标准断面钢筋直径和梁端断面，如图 2-3 和图 2-4 所示，围绕钢材形式、钢筋锚固形式、通用图结构优化及钢筋连接方式等基础内容开展研究，提出传统工序自动化绑扎方案、节段装配式组合方案、横向骨架串联方案和网片拼接式方案四种钢筋骨架设计方案。

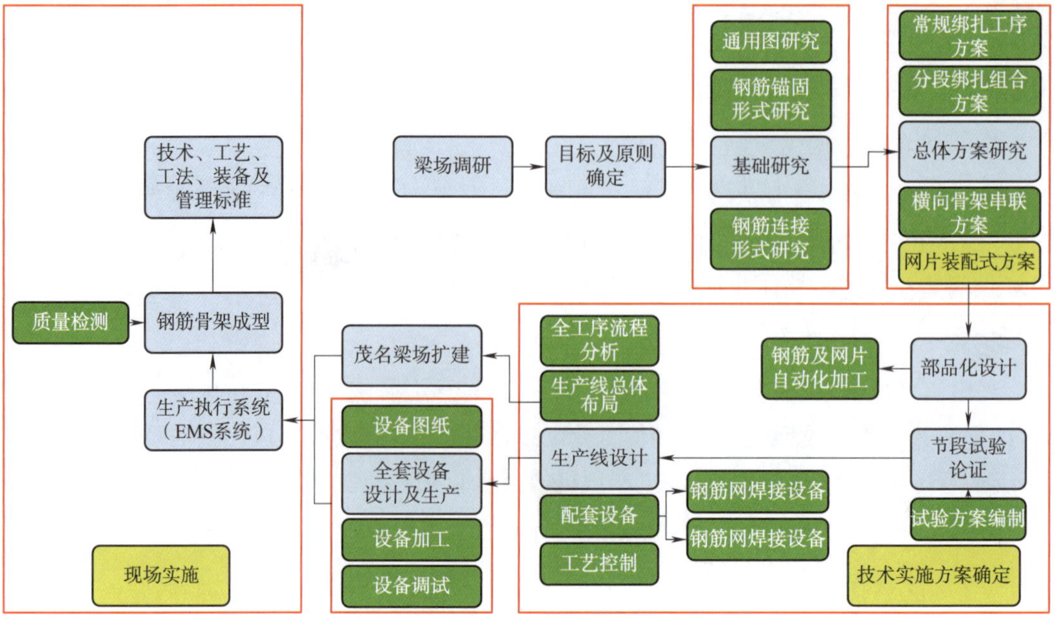

图 2-2　钢筋骨架智能建造总体技术路线

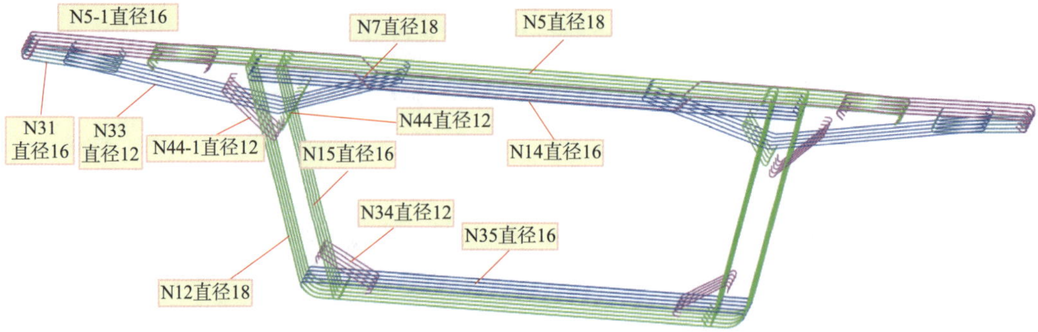

图 2-3　标准断面钢筋直径(单位:mm)

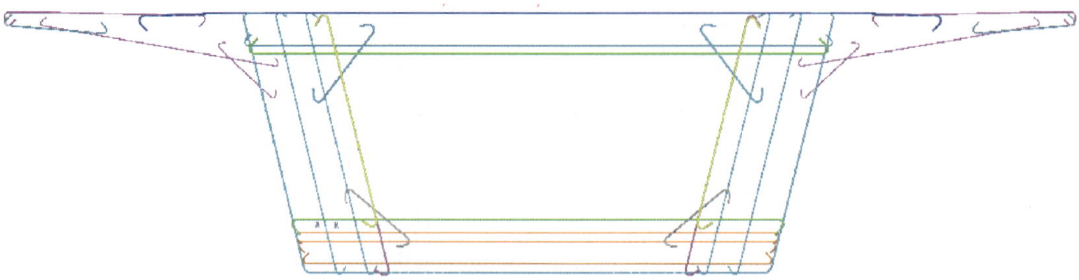

图 2-4　梁端断面钢筋

2.2.1　传统工序自动化绑扎方案

传统工序自动化绑扎方案基于 BIM 进行钢筋骨架模型设计，研发钢筋骨架中钢筋智能优化排布系统，对钢筋骨架的钢筋位置、绑扎点/焊接点位置和钢筋铺设顺序等钢筋排布方案进行优化。通过多功能智能机器人及相关智能协同优化控制软件系统，对待送入钢筋加工设备的钢筋和加工过程中的钢筋进行快速识别和空间三维定位，以确保钢筋送入、扶持、有序放置操作的准确执行；采用定制化的钢筋装载钢架装载不同规格的钢筋，采用 AGV 小车输送装载钢架及其装载的钢筋；采用轻型行车横向钢筋上料及铺设装置、轻型行车纵向钢筋铺设装置相组合的方式，实现钢筋智能铺设；基于机器视觉和 BIM 信息相结合的钢筋绑扎/焊接点实时智能定位；使用专用的钢筋绑扎/焊接机器手进行钢筋绑扎和焊接。

基于 BIM 开展钢筋骨架排布工艺研究，提出一套适合钢筋骨架智造的排布工艺。钢筋排布优化主要从以下方面开展：

(1)在满足设计规范的基础上，基于钢架骨架智造设备，优化钢筋骨架排布，满足现场绑扎要求。

(2)通过现场梁场调研，结合施工现场钢筋绑扎实际存在问题，进一步优化钢筋骨架排布。

钢筋智能送入通过研制钢筋送入抓手，并基于钢筋识别信息，对多轴机器人的智能协同控制，将各类线材或卷材钢筋送入钢筋加工设备。钢筋智能加工过程如图 2-5 所示。钢筋智能扶持通过研制钢筋扶持抓手，并基于钢筋识别信息和各类钢筋折弯/剪切工艺信息，对多轴机器人的智能协同控制，与钢筋加工设备配合，在钢筋加工过程中对钢筋进行必要的空间固定，实现钢筋折弯和剪切；钢筋智能有序放置，基于钢筋识别信息，通过多轴机器人的智能协同控制，将加工完成的各类钢筋放入对应的钢筋装载钢架中。

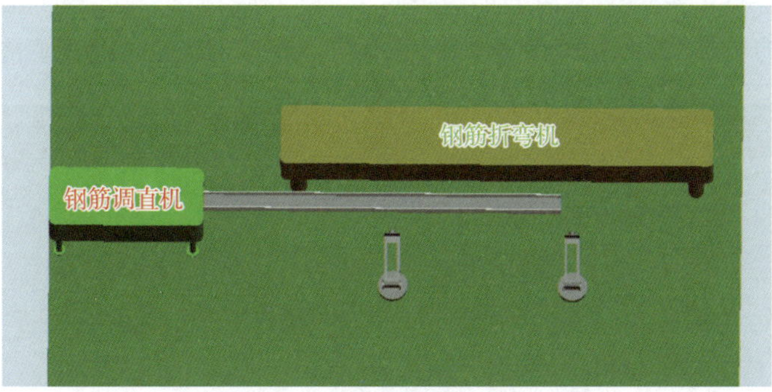

图 2-5　钢筋智能加工过程

如图 2-6 所示，利用 BIM 软件建立钢筋输送场景，优化输送路线，针对不同规格钢筋的形状，设计带有光电传感器定位的专用精确装载钢架，实现不同规格钢筋的集约有序存放和固定，并使钢筋在输送过程中始终保持受控状态；在通用 AGV 小车基础上，设计专用的装载钢架自动装载、输送、卸载装置，构建专用 AGV 小车，实现钢筋装载钢架的自动装载、输送、卸载。研发 AGV 小车智能动态调度软件，该软件可根据钢筋加工进度、钢筋铺设进度和各类钢筋需求信息基础上，实时智能优化制定 AGV 小车的钢筋输送任务计划(包括运输时间、路径等)，以提高 AGV 小车的钢筋输送效率，减少钢筋铺设和绑扎/焊接过程因缺少钢筋而产生的等待时间。

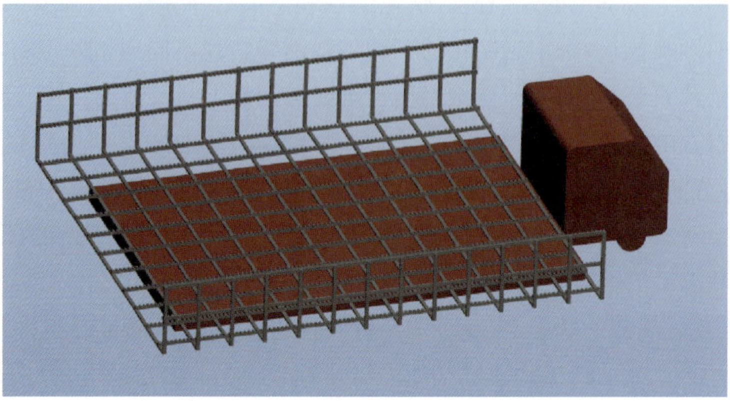

图 2-6　钢筋装载钢架及 AGV 小车

钢筋智能铺设装备如图 2-7 所示。针对复杂钢筋铺设工况，对钢筋铺设过程中的钢筋进行快速识别和空间三维定位，以确保钢筋铺设操作的准确执行；研发钢筋自动化上料装置，在 AGV 小车将钢筋装载钢架运输到位后，钢筋自动化上料装置可将钢筋装载钢架移动到钢筋铺设作业区，并根据钢筋智能识别信息，从钢筋装载钢架中依次抓取钢筋，将其移动至钢筋交接位置。根据钢筋智能识别信息，从钢筋交接位置抓取钢筋，并根据具体 BIM 信息中钢筋的铺设位置，对多个多轴机械臂进行智能协同控制，完成钢筋智能铺设；研发钢筋智能铺设成套设备基于多机器人协同的智能优化控制软件，对钢筋自动化上料装置及用于钢筋传送和夹紧的机械臂、抓手装置等进行智能协同控制，以实现钢筋智能铺设。

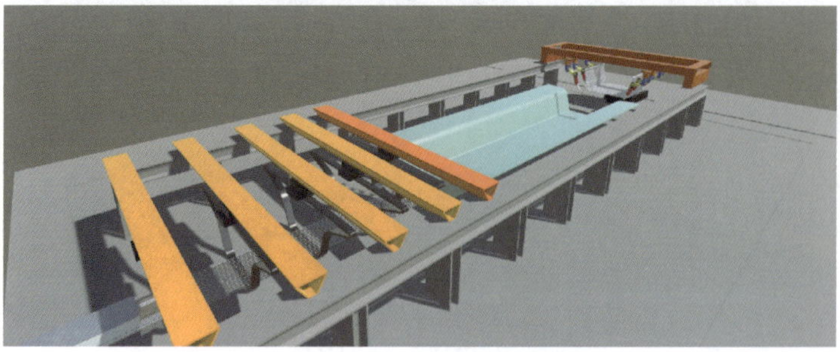

图 2-7　钢筋智能铺设成套设备示意

基于机器视觉和 BIM 信息相结合的钢筋绑扎/焊接点实时智能定位，以 BIM 模型中钢筋绑扎点为基础，对此三维空间范围内的钢筋图像进行智能识别，识别出当前钢筋绑扎/焊接点的空间位置。在多个钢筋交汇处进行钢筋绑扎/焊接前，先用多角度钢筋夹紧装置将待绑扎/焊接的多个钢筋进行垂直方向上的夹紧，减少钢筋间垂直方向上的空隙，分别使用专用钢筋绑扎/焊接机器手进行钢筋绑扎和焊接。设计专门的钢筋绑扎线、焊条等辅料链条型传送装置，以供应给钢筋绑扎/焊接机械臂，用于完成钢筋绑扎和焊接。研发钢筋智能绑扎/焊接成套装备智能协同优化控制软件，该软件在对拟绑扎/焊接的钢筋和钢筋绑扎点/焊接点空间位置进行智能识别基础上，对多角度钢筋夹紧装置及钢筋绑扎/焊接机器手和绑扎/焊接辅料智能传送装置等进行智能协同控制，以实现钢筋智能绑扎/焊接。

2.2.2　节段装配式组合方案

高速铁路简支箱梁节段装配式钢筋骨架将整体钢筋骨架离散为若干标准化节段，节段由若干横向单榀钢筋骨架和纵向钢筋焊接形成，单榀钢筋骨架由若干根钢筋大样按顺序焊接形成，如图 2-8 所示。节段、单榀钢筋骨架均采用机械化手段成型。

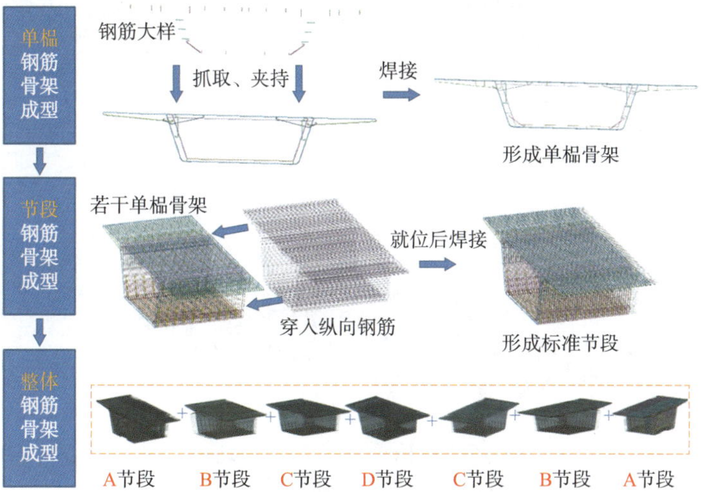

图 2-8　箱梁分节段绑扎后组合

钢筋骨架成型过程均采用机械化手段，针对工艺各环节将研制单榀钢筋骨架成型系统(图 2-9)、节段骨架成型系统(图 2-10)、钢筋骨架转运车(图 2-11)等装备。

基于节段装配式钢筋骨架的设计理念，不同梁跨简支箱梁钢筋骨架的区别主要是节段数目不同。因此，只要智能建造装备在设计之初考虑节段高度、长度等可能出现的变化，就可以实现不同梁跨简支箱梁的快速转产。将钢筋骨架离散为节段后，每个节段的尺寸约 12.6 m(宽)×3.0 m(高)×5.5 m(长)，与整体钢筋骨架尺寸相比，在长度方向上减少了 80%，智能建造装备体量也随之减小，全套设备占地约 3 000 m^2，节省占地面积。节段装配式钢筋骨架建造工艺形成整体钢筋骨架时，各节段采用插接法，无需进行绑扎或焊接工作，拼装工作面少、工艺流程简单明了。

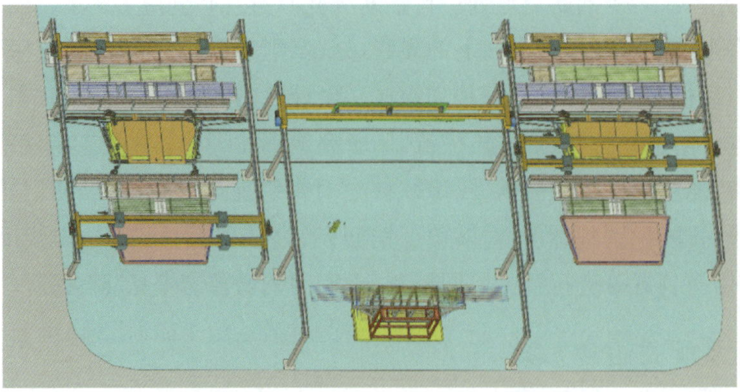

图 2-9 单榀钢筋骨架成型系统

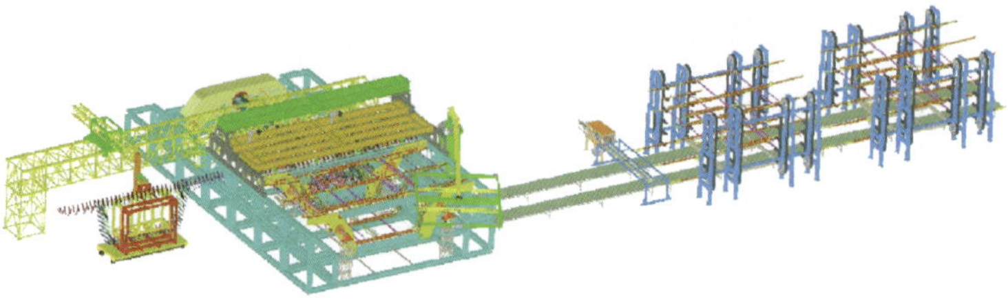

图 2-10 节段骨架成型系统

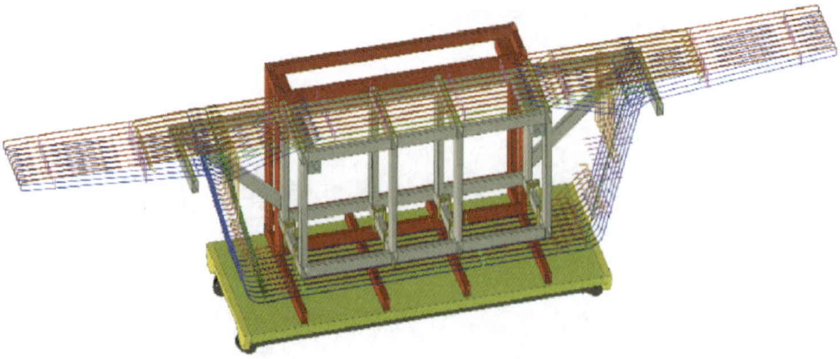

图 2-11 单榀钢筋骨架转运车

根据整体钢筋骨架纵横向钢筋间的拓扑关系并兼顾其余梁跨钢筋骨架制作时设备的通用性，将整体钢筋骨架分为 7 段，如图 2-12 所示。根据表 2-1 可知，钢筋骨架节段最大长度 5 m，节段内单榀钢筋骨架数目最多 41 榀，能实现对高 3.0 m 跨度 31.5 m 梁、跨度 23.5 m 梁（整体划分 5 段，节段最大长度 3.325 m/30 榀）、跨度 39.3 m 梁（整体划分 9 段，节段最大长度 4.75 m/39 榀）、连续梁悬浇节段钢筋（一般节段长度不超过 4 m）的兼容，大幅降低了梁段纵向钢筋的穿筋距离。钢筋骨架节段重在 6～8 t 之间，最宽 5 m，具备较好的运输、起吊条件。

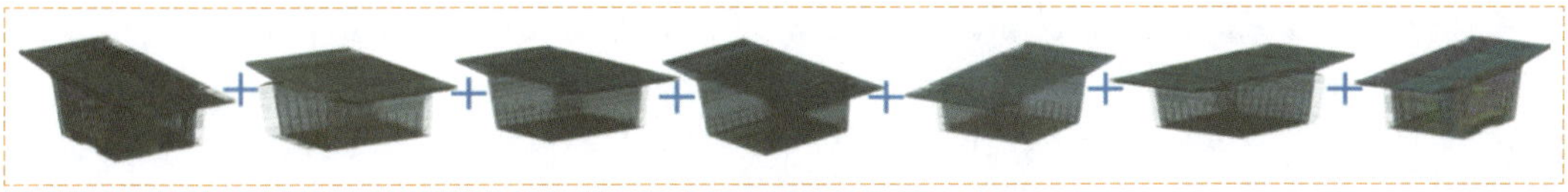

图 2-12　整体钢筋骨架节段划分情况

表 2-1　研究对象钢筋骨架节段划分概况

节段名称	部　　位	全梁数目/段	节段长度/m	节段内单榀钢筋骨架数目/榀
A 节段	梁端及变厚段	2	3.7	38
B 节段	标准段	2	4.7	41
C 节段	标准段	2	5	41
D 节段	标准段	1	5	41

如图 2-13 所示，A 节段、B 节段、C 节段分别悬出一段纵向钢筋用于与相邻节段拼装，悬出纵向钢筋与相邻节段的纵向钢筋之间按不连接设计，悬出纵向钢筋满足 TB 10092《铁路桥涵混凝土结构设计规范》要求的受压钢筋最小锚固长度。

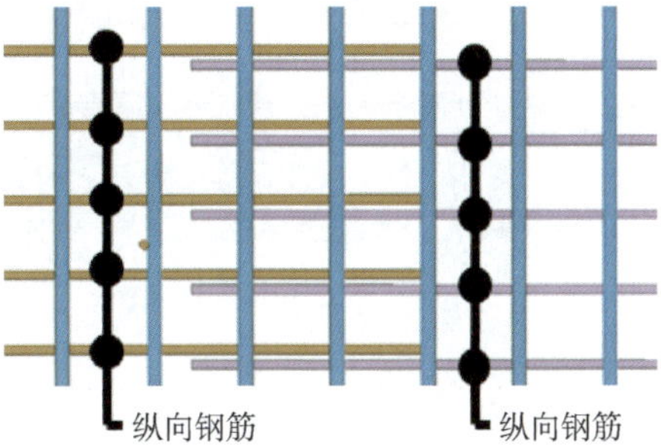

图 2-13　节段钢筋骨架插接拼装

为保证节段插接顺利实现，不同节段间纵向钢筋按交错 20 mm 布置，节段插接处断面的钢筋布置情况，如图 2-14 所示。

2.2.3　横向骨架串联方案

横向骨架串联方案简称为穿糖葫芦方案，主体思路是预先按照设计图纸加工各个图号钢筋，并按照配对形式组织完成截面钢筋片状网的焊接成型(以下简称单片网)，再将通长钢筋依次穿入单片网，辅助模具的输送和定位装置完成单片网和通长钢筋的布料和定位，最后将其焊接成为整体，见表 2-2 和表 2-3。

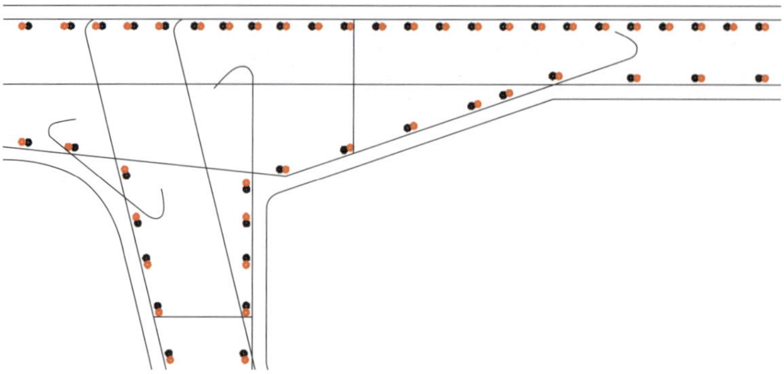

图 2-14　节段插接处断面钢筋布置示意

表 2-2　单片骨架串联整体流程

顺序	说　明	图　示
1	利用钢筋加工设备完成单根钢筋加工	 
2	将各个种类的单根钢筋进行组对，组对完成后的单片钢筋进行焊接	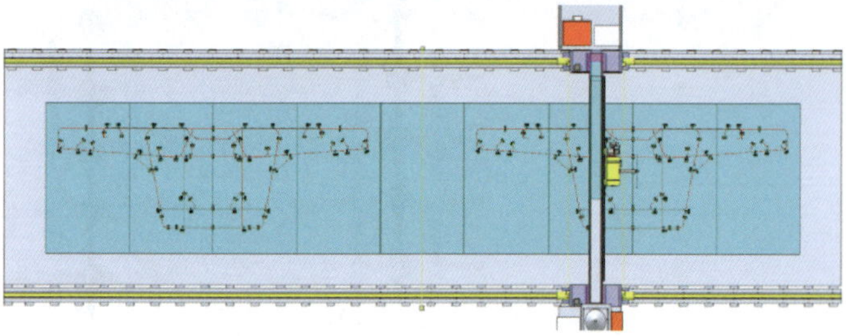
3	将多个组队完成后的单片，按照工艺进行组装成一组	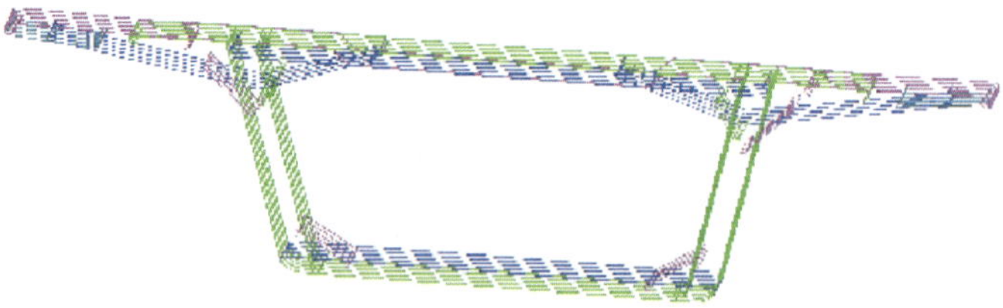
4	每组钢筋用通长钢筋串联起来，通长钢筋与各个单片之间再进行绑扎或者焊接，最终搭建成一个箱梁骨架	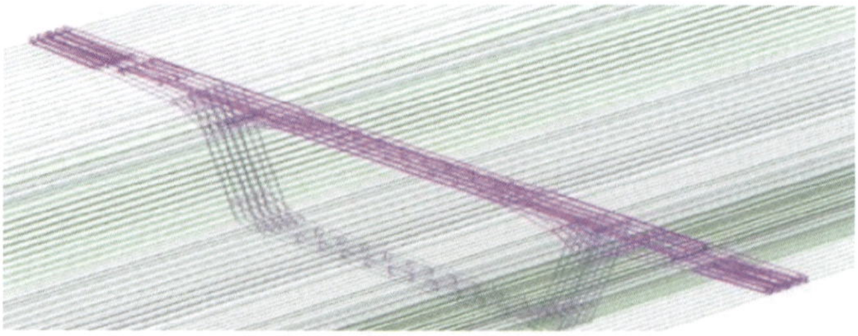

表 2-3　主要加工工艺步骤流程

序号	项目名称	使用设备	备　注
1	单件钢筋	梁场现有设备	剪切、弯曲、弯箍、调直等
2	单片网成型	新研设备	二保焊＋视觉焊接
3	定位网加装	人工模式	将单片网与定位网组合
4	单片网入模	新研设备	
5	通长筋布料、焊接	新研设备	二保焊＋视觉焊接
6	辅助钢筋件	人工模式	

单片网焊接成型如图 2-15 所示，按照单层、单侧、二保焊接的形式，钢筋交叉点采用点焊形式、并行接触的钢筋焊缝长度 1 cm。

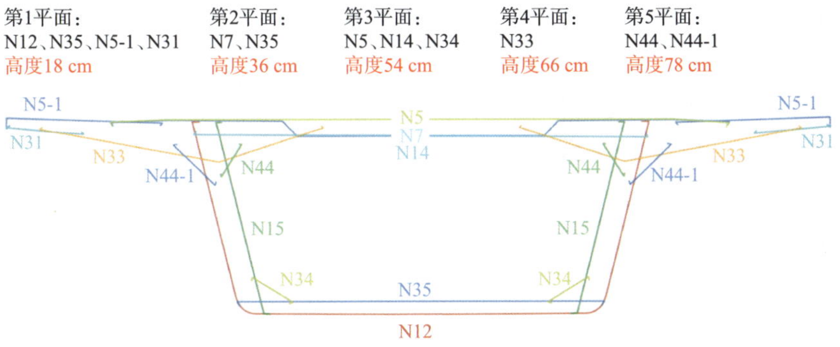

图 2-15　单片钢筋网片布置

根据钢筋交叉位置确定焊接位置，主要焊接位置如图 2-16 所示。

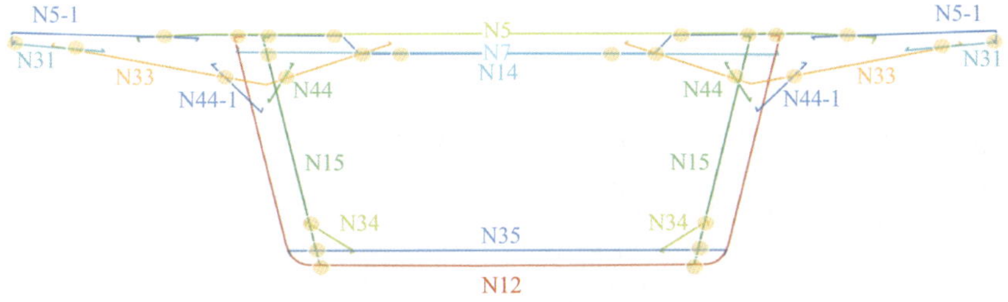

图 2-16　单片钢筋的焊接点

焊点又因钢筋位置关系不同，对焊接的作业要求也不同，图 2-17 所示为焊点位置关系，其中，红色为钢筋交叉点接触，绿色为交叉点接触且钢筋处于不同平面。

焊点位置特点造成主要技术难点：①钢筋线接触；②钢筋交叉点接触；③交叉点接触＋非共面；④超过 2 层钢筋；⑤短于 10 cm 线接触，主要通过专用的夹具和视觉解决。

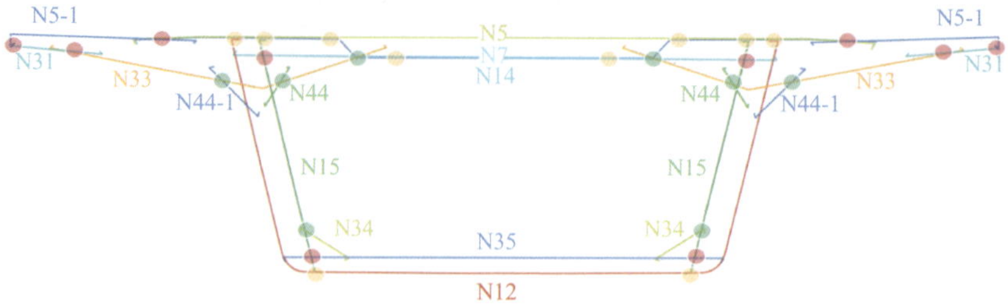

图 2-17　焊点位置关系

2.2.4　网片拼接式方案

网片拼接式方案可简称为“搭积木”方案，借鉴济南市政综合管廊的钢筋骨架制作模式，其简支梁骨架由若干钢筋网片组合而成。

网片拼装核心工艺是根据通用图设计钢筋形式，将梁体钢筋拆分为若干 32 m 通长的钢筋网片和钢带网片（部分单件钢筋仍然需要通过常规的数控设备进行加工），网片加工完成后，通过专用的吊装工具，将钢筋网片和钢带网通过“搭积木”的形式拼装为整体，即梁内主要的构成钢筋都加工成网片的形式，其中只有 N12（U 形钢筋）、N5（顶板顶钢筋）、N7（顶板加强筋）、N14（顶板底钢筋）以及小尺寸拉筋使用设备按照单件摆放入模。

钢筋网直接加工成为所需形状，通过工人操控天车、吊具，将钢筋网片直接在绑扎模台上摆放入位，因网片拼装过程中的干涉，部分 32 m 通长钢筋不能直接焊接到网片上，需要人工提前放置入位，待网片入模完成后，人工进行后补绑扎。

柔性钢筋网片，针对超大规格网片（宽度超过 6 m）、异型网片（N12 大 U 形筋网片），无法通过钢筋网形式加工，则通过钢带网形式，即先将 N12 等单件加工完成后摆放入位，再通过钢带网完成通长钢筋的布料铺设。主要涉及设备及工艺如图 2-18～图 2-21 所示。

图 2-18　钢带网焊接设备（电阻焊）

图 2-19　通长钢筋钢带网

图 2-20　钢筋网焊接设备(电阻焊)

图 2-21　常规钢筋网片

设计技术包括网片拆分、拼装和钢筋优化调整。

1. 网片拆分形式

根据安装的可行性,对梁内网片划分为钢筋网和钢带网两个部分,其中钢带网的形式如图 2-22 所示,需要与图中红色标注的 N12、N5、N14 组合形成钢筋网片。以上钢筋由设备加工为单件钢筋,人工摆放入模。

图 2-22　拆分形式

钢带网(通长钢筋与 19 mm 的钢带焊接成网片结构,用于固定通长钢筋的位置关系)在设备生产完成后为收卷状态,卷装中心有临时支撑工件,用以保证钢带网的收卷形态,钢带网吊装到指定位置后,由人工推动使得卷状打开成为平面状态具体铺设形式,如图 2-23 所示。

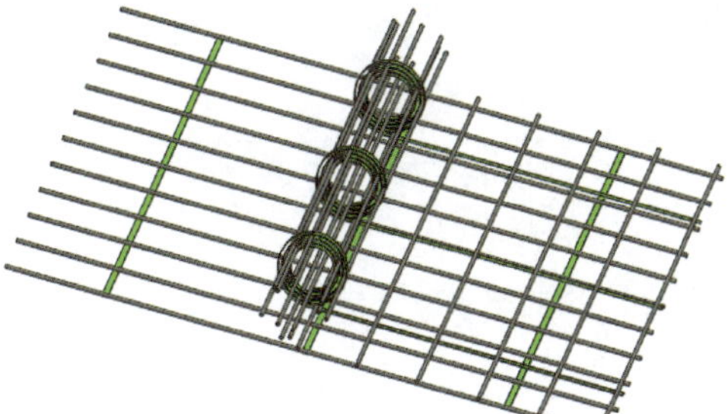

(a) 钢带网铺设形式

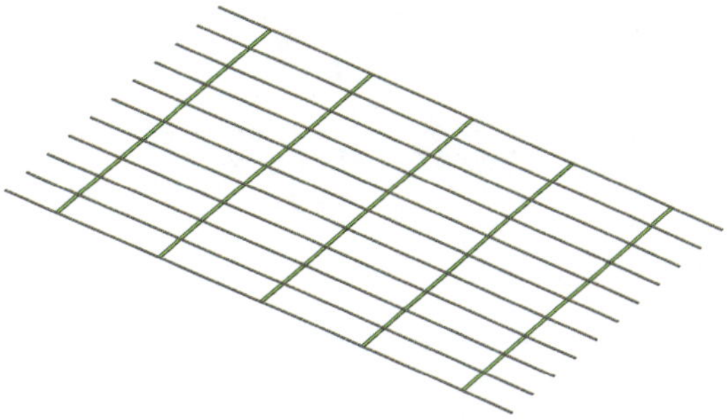

(b) 钢带网展开后状态

图 2-23　形成方式

钢筋网片则采用电阻焊接形式，由焊接变压器驱动电极头对分布好的钢筋进行夹紧并释放瞬间大电流将横、纵向钢筋融为一体，具体形式如图 2-24 所示，电阻焊对外部变压器要求较大，可根据电极头数量进行分次焊接。

(a) 钢筋落入电极头　　(b) 电阻焊接作业

图 2-24　焊接形式

2. 网片拼装方案

整个简支梁钢筋骨架可分为 14 个网片(钢筋网 10 片，钢带网 4 片)，共需要 10 个步骤，见表 2-4。

表 2-4　网片拼装方案步骤

步骤 1 底板 N12 钢筋逐个入模	步骤 2 底板钢带网布设(钢带网 1)

步骤 3 腹板钢带网布设 1(钢带网 2)	步骤 4 腹部钢带网布设 2(钢带网 3)
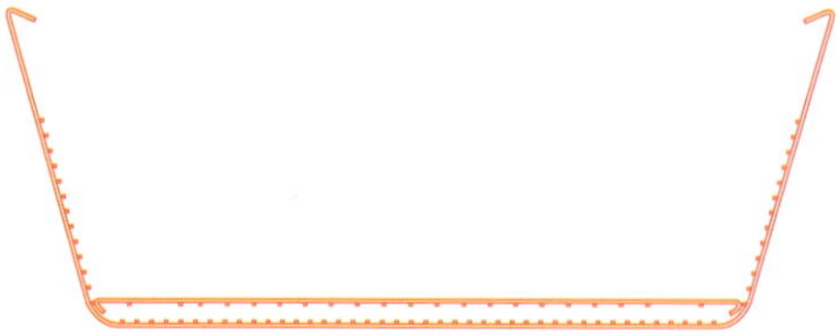	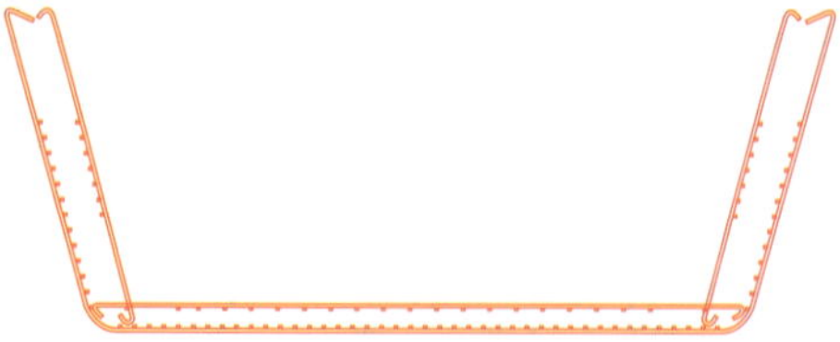
步骤 5 底板网片入位(钢筋网 1)	步骤 6 腹板网片入位(钢筋网 2-3)

续表

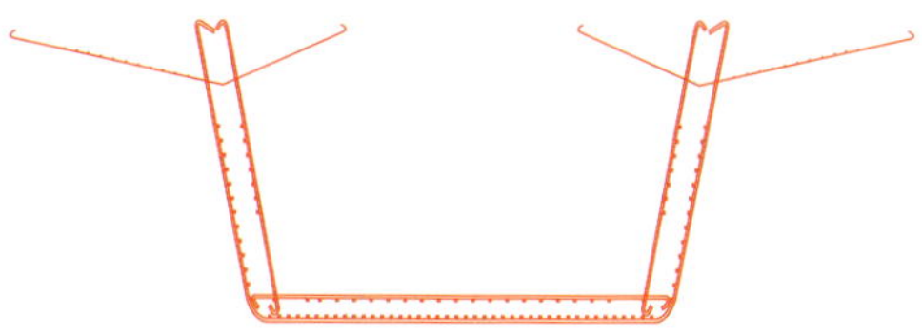	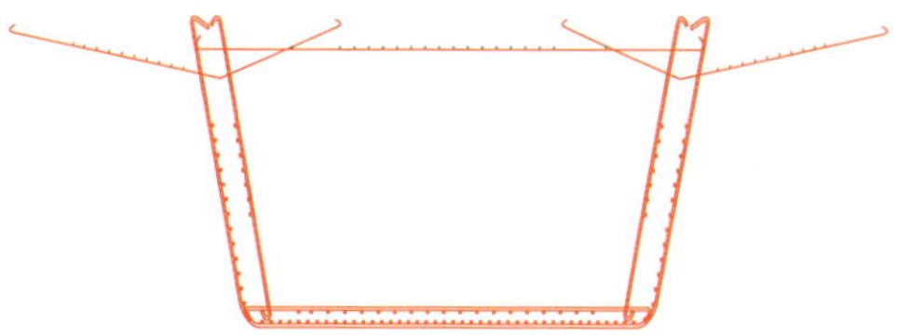
步骤 7 顶板钢筋入位(钢筋网 4-5)	步骤 8 顶板 N14、N7 入模后放钢带网(钢带网 4)
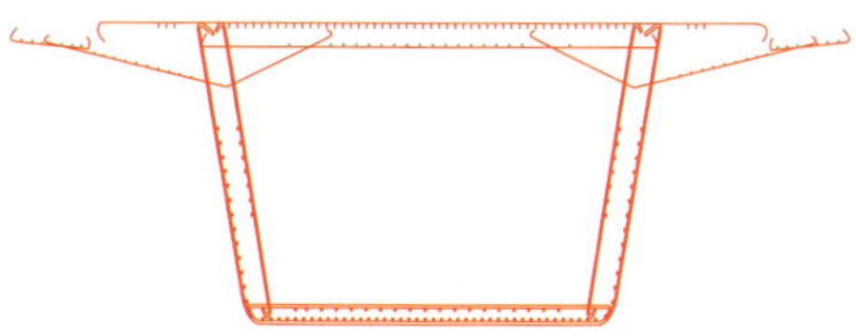	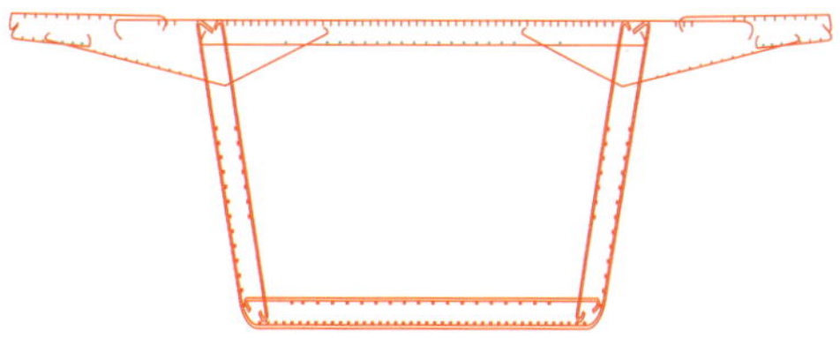
步骤 9 顶板 N5 线下预制成网后入模(钢筋网 6)	步骤 10 顶板两侧网片入位(钢筋网 7-10)

3. 钢筋优化调整

网片拼装过程会产生拼装干涉，故部分通长钢筋不能直接预制成网片，需要人工方式进行绑扎处理。拼装干涉主要发生位置在顶板钢筋处，底部基本无影响，有干涉的通长钢筋如图 2-25 所示，红色通长钢筋为 38 根，考虑在网片拼装过程中放置，降低现场实施难度。

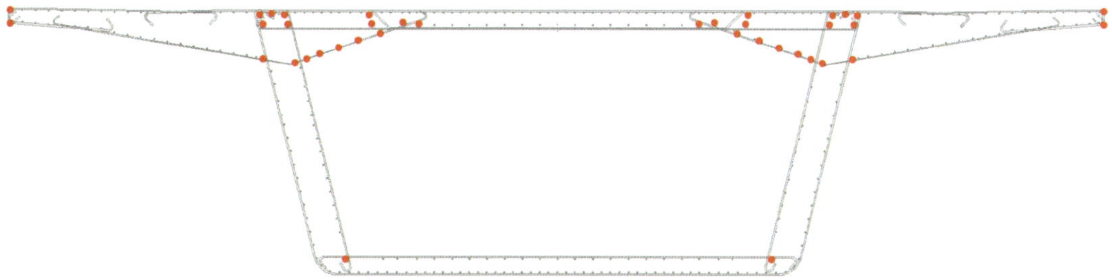

图 2-25　不能形成钢筋网片的纵向钢筋

为满足网片拼装需求，需要对部分钢筋位置关系进行调整，主要涉及两个方面，具体如图 2-26 所示。

(1)顶板钢筋处，原 N5 与 N7 并排放置，通长钢筋位于 N5、N7 之下，因为通长筋预制处理，需要将 N7 钢筋缩短，使原有位置关系变为 N5、通长筋、N7 钢筋；

(2)底部 N15、N35 钢筋拉钩位置无法钩入通长钢筋，故在此将设计图中拉钩内的通长筋放置于拉钩之外。

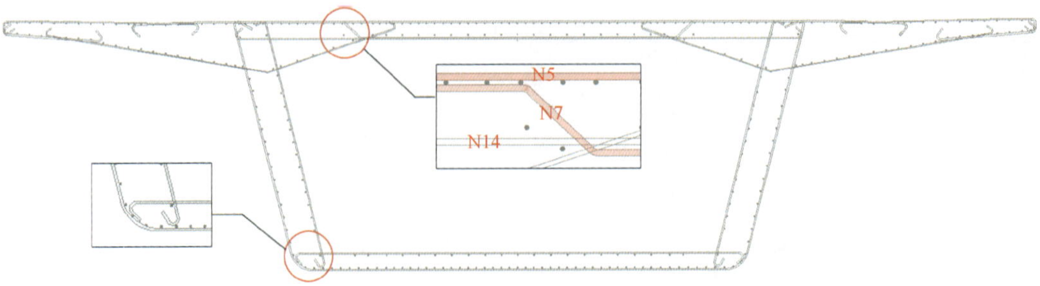

图 2-26　部分钢筋优化调整

2.2.5　方案比选

针对上述四种方案开展优缺点分析，见表 2-5，并重点对存在问题进行说明，最终通过分析结果形成推荐方案，见表 2-6。

表 2-5　钢筋骨架智造方案优缺点分析

编号	方　案	优　　点	缺点及存在问题
1	维持现有绑扎方式方案	(1)与现在的施工方案相匹配，便于机械化加工； (2)基于 BIM 开展必要的设计优化，优化钢筋直径、类型等，降低自动化实现难度； (3)符合铁路简支箱梁“分步研发、迭代优化”的整体原则，保证项目落地	(1)没有从根本上改变既有简支箱梁骨架加工工艺，难以与钢筋骨架智造研发工作匹配； (2)中国铁路设计集团有限公司(以下简称中国铁设)土建院前期联合清华大学开展方案研究，方案整体研发难度大
2	箱梁分节段绑扎后组合	(1)纵向分段有利于整个节段机械化加工； (2)纵向分段有利于并行加工，提升综合效率	(1)纵筋切断，对结构不利； (2)纵向连接需要借助闪光对焊或搭接焊，实现难度较大； (3)纵向连接增加钢筋原材料、人力及时间成本； (4)单个节段钢筋骨架智造仍是研究难点
3	单片骨架串联	(1)横向成片，整体性好，单片骨架可包含梗斜钢筋及桥面系钢筋，全面提升钢筋骨架自动化水平； (2)单片骨架标准化程度高，结合加工流水线便于实现批量加工； (3)本方案技术路线研发成功后，可供铁路简支 T 梁、公路小箱梁等类似项目参考	(1)单片骨架由 12 根钢筋构成，钢筋大样各异，单根钢筋自动化抓取、摆放实现难度大； (2)单片骨架分为 5 个平面，总体厚度为 78 cm，空间绑扎/焊接实现难度大； (3)待单个钢筋网片加工完成后，需要就钢筋网片整体搭建系统开展研究。同时能实现 313 根纵向钢筋的自动化穿束也是研究的难点问题。按照既有研究方案能实现 85%的自动穿束，剩余 15%的人工穿束对总体工效影响较大； (4)纵向钢筋穿束前，需要安装预应力钢束定位网片。现场定位网片与纵向钢筋是密贴的，需从设计端调整定位网片形式，满足穿束空间要求； (5)现场增建大型加工、吊装配套车间，变压器目前已经超负荷，需要增加变压器； (6)车间加工好的网片、车间内的吊装如何与制梁区吊装换装入胎具，需综合考虑

续表

编号	方　案	优　　点	缺点及存在问题
4	钢筋网片拼装	(1)使钢材从上料、输送、定尺、剪切、焊网到网片弯曲成型，可以采用焊网机、剪切线、弯曲中心等流水线集成数控集成设备； (2)创新采用若干钢筋网片拼装成箱梁主体骨架，部分钢筋维持手动放入； (3)整个简支梁钢筋骨架分为 14 个钢筋网片，单个网片易实现机械化加工； (4)经过钢筋部分优化，可实现大多数纵向钢筋的机械化加工，整体自动化率较高	(1)简支箱梁钢筋网片尺寸较大，平面钢筋网片最大为 32 m×10 m 左右，U 形钢筋网片为空间结构，实现有一定难度； (2)钢筋网片拼装成整体箱梁骨架，涉及 30 多米网片的吊装、移动、就位等，需要开展网片吊装变形控制、安装方法及精度控制等专项研究； (3)本方案同方案三需要解决钢筋焊接替换钢筋绑扎的可行性，需开展钢筋焊接疲劳试验研究； (4)钢筋网片拼装方案需要新建专门的配套加工车间，占地面积较大，与现场实际布局冲突，需要进一步开展梁场布置研究

表 2-6　钢筋骨架智造方案推荐优先级

名　　称	分析结果
维持现有绑扎方式方案	整体上以现有绑扎工序为依托，通过机械化、自动化工装设备实现简支箱梁钢筋骨架智造，整体实现难度大，故不推荐本方案
箱梁分节段绑扎后组合	整体思路是将 32 m 简支箱梁分节段，总体降低钢筋骨架实现难度。但纵向钢筋连接带来新的问题，同时仍需解决单个节段钢筋骨架智造难题
单片骨架串联	单片骨架串联方案整体上优势较大，自动化程度高，可复制性强。但是，分方案有两个致命缺点： (1)纵向钢筋穿束空间有限，空间不规则分布的纵向钢筋自动穿束实现难度极大； (2)按现有方案，47 根纵向钢筋不能实现自动化穿束，人工穿束现场工效极低，现在一般需要截断处理
钢筋网片拼装	钢筋网片拼装在综合管廊项目上已成功应用。结合现有方案需重点解决下述问题： (1)大尺寸钢筋网片拼装需解决吊装变形控制、安装控制及精度等难题； (2)钢筋网片焊接，需解决电阻焊疲劳试验研究

通过技术方案比选，在现有技术条件下，相对其他三种方案，钢筋网片拼装方案可采用集成数控设备使钢材从上料、输送、定尺、剪切、焊网到网片弯曲成型实现机械化加工，整体自动化率较高、极大程度减少手动绑扎的环节，仅部分钢筋需要人工完成安装，且已在项目中成功应用，积累了一定的经验，因此最终确定采用网片自动化加工、装配式组装方案。

2.3　网片拼接式钢筋骨架一体化设计方案

通过四种钢筋骨架设计方案的比选最终确定网片拼接式钢筋骨架一体化设计方案，即将全部钢筋划分为钢筋网、钢带网、大U形钢筋、定位网钢筋以及标准单件五大类别，实现标准化；然后分别由不同的设备模块完成对应类别生产，再交由绑扎台座开展装配绑扎作业，实现模块化，形成与成套装备互适应性的钢筋骨架智能建造创新设计。整个流程将融合新一代人工智能，先进的检测、控制与优化技术，高端装备制造技术等，形成高速铁路简支箱梁钢筋骨架的智造技术和高端成套装备，实现高速铁路简支箱梁钢筋骨架的智造，不仅对高速铁路梁场降低成本、提升钢筋铺设速度、提升现场安全生产水平、大幅度释放劳动力、提高高速铁路桥梁单位时间产量和质量具有重要作用，同时，其还是实现智能梁场重要的基础装备之一，符合规划纲要中提出的11个方面重点任务之一——发展自主先进的技术装备体系的发展方向。

2.3.1 基本设计原则

(1)钢筋布置、结构等满足既有规范要求。例如，锚固长度应满足TB 10092《铁路桥涵混凝土结构设计规范》，受力钢筋不宜采用搭接接头等。

(2)确保结构受力与原设计一致。钢筋直径及间距与原通用图基本保持一致，在不影响结构受力的前提下，针对自动化加工做必要优化以方便施工。

(3)钢筋数量原则上不增加。若简支梁中间标准段分为小节段绑扎，将会增加普通钢筋搭接接头，钢筋数量相应增加。因此，不考虑分节段绑扎方案。

(4)钢筋调整便于自动化加工。钢筋骨架智能建造优化设计从钢筋连接方式、钢筋锚固形式、单根钢筋优化及整体骨架优化四个层级开展，保证自动化率达到70%以上。

(5)基于BIM开展钢筋精细化设计，避免普通钢筋与预应力钢束干扰，保证钢筋模块组装时的匹配性。

2.3.2 精细化设计

简支梁钢筋密集，梁内预应力管道、支座、防落梁等预埋构件多。现场出现普通钢筋与钢束等干扰时，图纸中给出了调整原则，但钢筋大样未调整，需要每个梁场根据经验自行调整，造成调整方式不统一、施工效率低等问题。为此，基于施工现场调研及BIM技术开展钢筋精细化设计，通过改变钢筋形状、改变钢筋弯钩形状、调整钢筋长度、旋转钢筋等进行优化处理，解决原设计图中普通钢筋相关构件局部碰撞、保护层不足等问题。具体实现方式是基于BIM技术及数值仿真技术建立钢筋骨架数值模型，分析部品装配特点对智能化设备研制影响的关键因素，建立大型钢筋骨架加工智能模型，构建一套完整的三维大型网片式部品装配系统。如图2-27所示，通过BIM模型将整体钢筋骨架拆分为钢筋网、钢带网、定位网、大U形钢筋四大模块，并对每个模块进行单独优化，提出一种针对钢筋骨架进行最优设计的计算模型。

图 2-27　钢筋骨架 BIM 模型

2.3.3　适应性设计

为提高钢筋骨架及其他构建空间排布的合理性，需要进行泄水孔、单根钢筋的适应性优化设计。

1. 泄水孔设计

简支箱梁顶板及底板设置了泄水孔，部分钢筋需截断，增加了钢筋骨架智能建造难度。因此，对箱梁泄水孔进行优化设计。顶板泄水孔直径从 160 mm 减小到 115 mm，数量从 8 个增加到 20 个，总泄水面积保持基本不变。泄水孔直径缩小后，纵横向钢筋在不截断的情况下即可避开泄水孔。同时，顶板和底板泄水孔位位置可调整到同一横断面，能保证顶底板钢筋横向间距一致。总体提升了梁体标准化水平，方便实现钢筋网片自动化加工。

2. 单根钢筋优化

根据钢筋型号、规格、数量、位置，利用 BIM 技术形成箱梁钢筋骨架的模型，各种型号的钢筋、预应力管道和预埋件等位置较直观、全面，加快作业人员领悟意图的时间，及时检查钢筋、预埋件有无冲突或其他设计缺陷，避免钢筋安装返工现象。

基于 BIM 的钢筋骨架模型可以有效判别钢筋与预应力钢束管道干扰、梁底钢筋与支座和防落梁螺栓干扰等需要钢筋优化的情况，通过以下典型案例说明如何进行调整优化。

(1) N10 钢筋与 N2a 钢束干扰

调整方案，修改 N10 钢筋线形，将部分与钢束干扰的钢筋下部弯折，避开钢束，如图 2-28 所示。

(2)N44-1 钢筋与 N9 钢束干扰

调整方案，N44-1 钢筋长度调整，避开钢束，如图 2-29 所示。

(3)钢筋 N34 与预应力 N5 干扰

调整方案，将 N34 钢筋绕自身旋转 90°，避开钢束管道，如图 2-30 所示。

(a) 调整前　　(b) 调整后

图 2-28　N10 钢筋线形示意

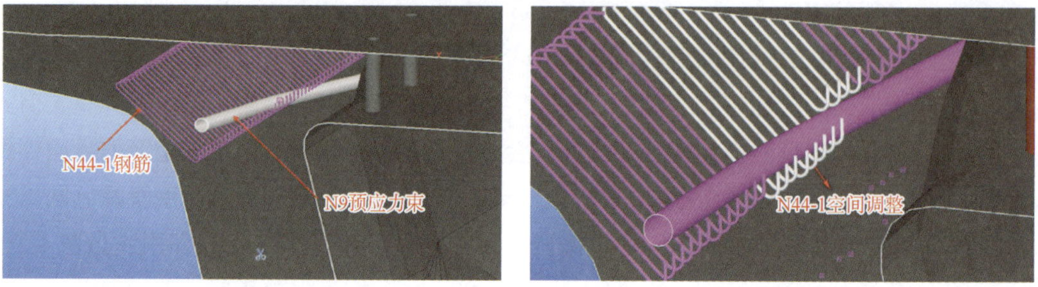

(a) 调整前　　(b) 调整后

图 2-29　调整 N44-1 钢筋长度示意

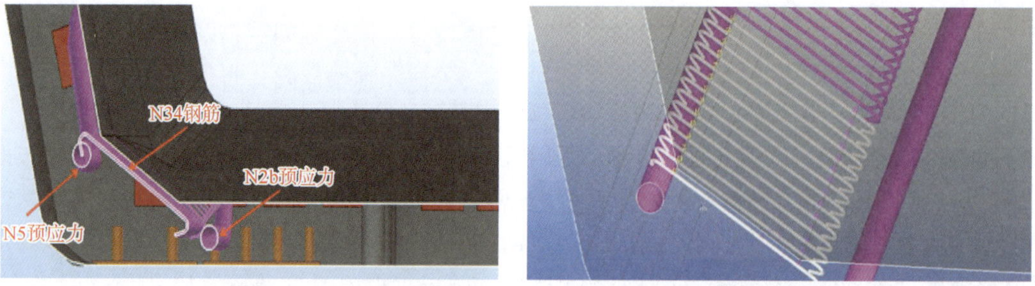

(a) 调整前　　(b) 调整后

图 2-30　调整 N34 钢筋绕自身旋转角度示意

(4)钢筋 N15 弯钩与 N2a 钢束干扰

调整方案，将 N15 钢筋弯钩由 135°改为 90°，避免干扰，如图 2-31 所示。

(5)N15 钢筋与 N2a 钢束干扰

调整方案，减小部分 N15 钢筋长度，避开钢束，如图 2-32 所示。

(6)第二层 N15 在梁端横穿预应力束

调整方案，减小部分 N15 钢筋长度，避开钢束，如图 2-33 所示。

(a) 调整前

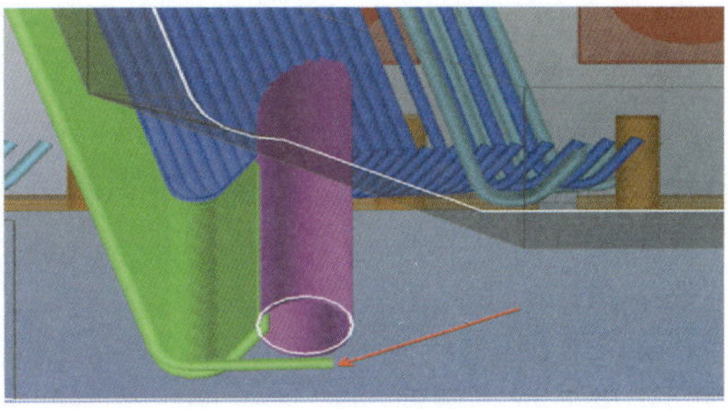

(b) 调整后

图 2-31　调整 N15 钢筋弯钩角度示意

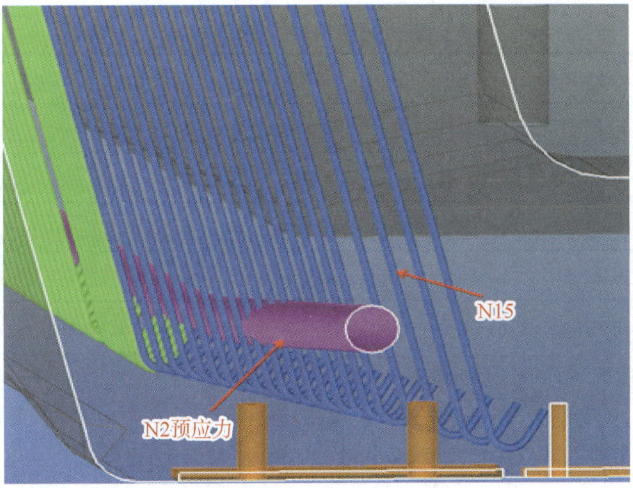

图 2-32　调整 N15 钢筋长度示意

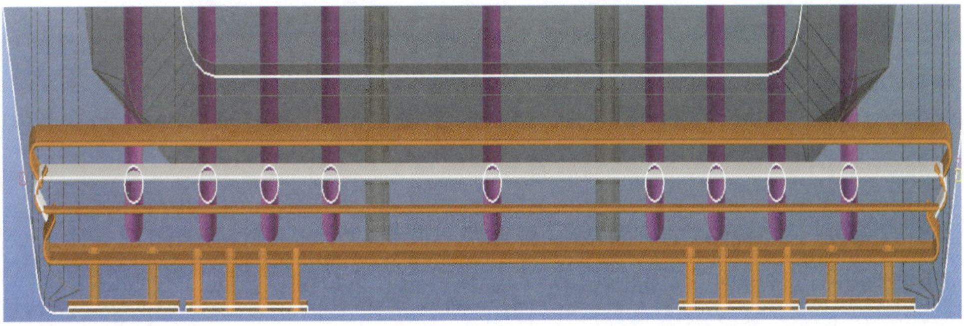

(a) 调整前

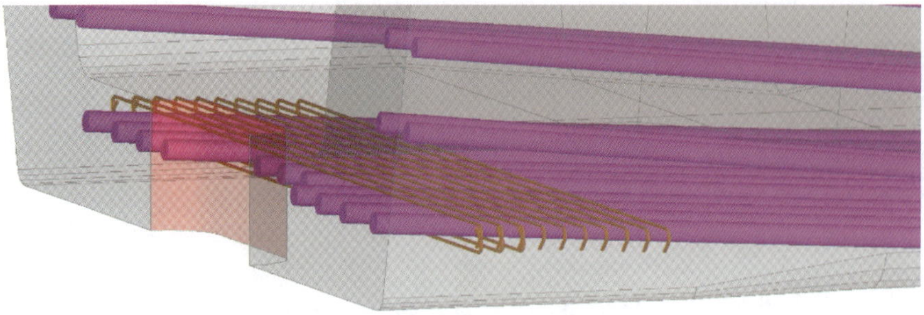

(b) 调整后

图 2-33　N15 钢筋长度调整示意

(7)梁端纵横向钢筋和支座、防落梁预埋螺栓干扰

调整方案,纵横向钢筋布置避开预埋螺栓,形成双筋布置,部分钢筋根数过多,将两根直径 16 mm 改成 1 根 22 mm 的钢筋,如图 2-34 所示。

图 2-34　调整后钢筋布置

BIM 建模技术解决了单根钢筋的优化,进而使得箱梁整体模型的钢筋骨架尤其是预应力管道和预埋件等冲突位置得到显著改善。

2.3.4　部品化设计

部品泛指用来构成整体的一个组成部分。简支箱梁钢筋骨架智造通过系统性创新,化零为整,以部品化思路将零散工件转化为钢筋网片的形式进行机械化、模块化生产,之后整体拼装。将全部钢筋划分为钢筋网、钢带网、大 U 形钢筋、定位网钢筋以及标准单件,共计五大类别,分别由不同的设备模块完成对应类别生产后,交由前台进行绑扎作业,最后装配形成整体骨架。

钢筋骨架部品化设计如图 2-35 所示。图 2-35 中，U 形钢筋的编号前缀为 C，钢筋网的编号前缀为 A，钢带网的编号前缀为 B。简支箱梁钢筋骨架包含底板 279 个 U 形钢筋、65 个预应力定位网片、6 个钢带网片、15 个钢筋网片，以及不能形成部品 18 根纵向通长钢筋及梁端零散钢筋。钢带网片包括底板、腹板、顶板钢带网。钢筋网片包括底板、腹板、顶板钢筋网。

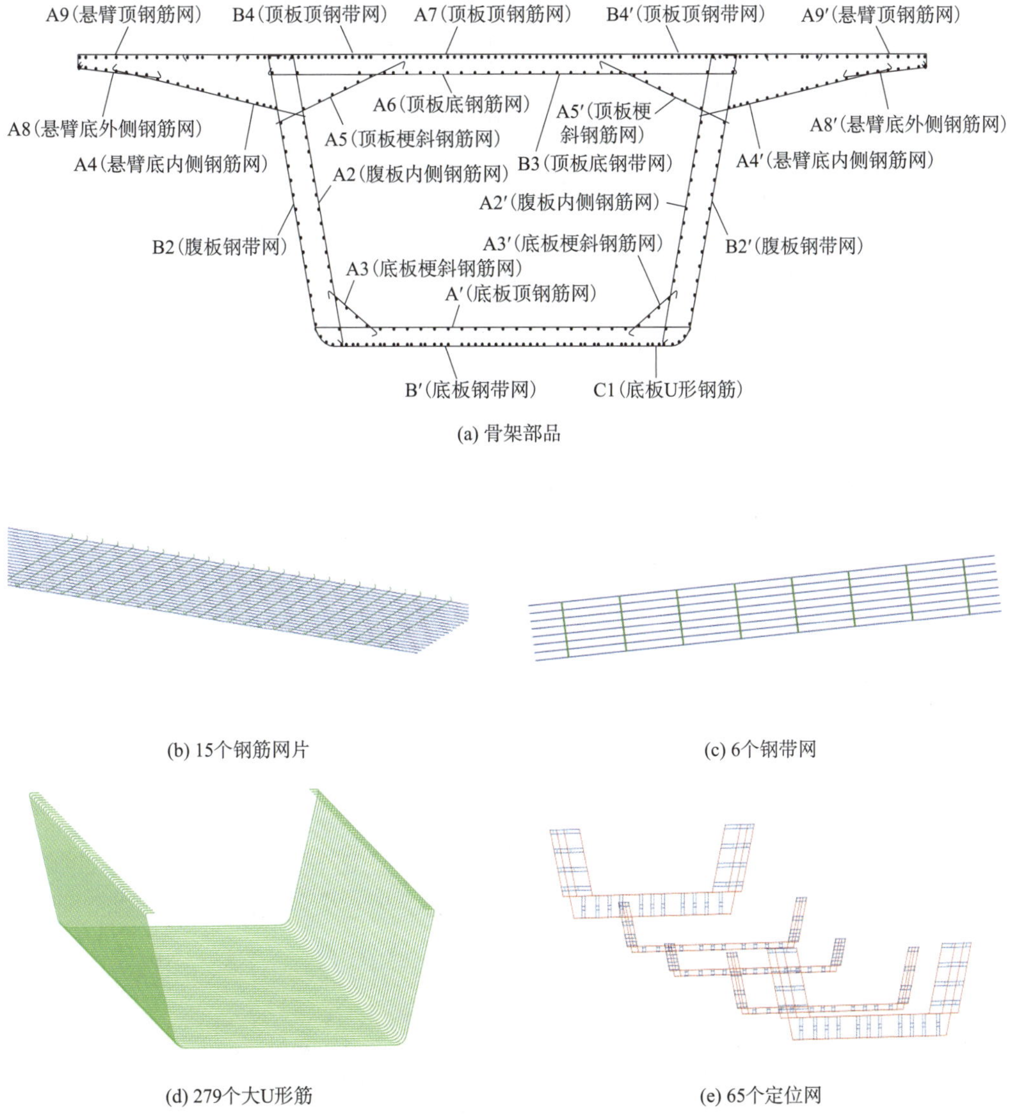

(a) 骨架部品

(b) 15个钢筋网片

(c) 6个钢带网

(d) 279个大U形筋

(e) 65个定位网

图 2-35 钢筋骨架部品化设计

钢筋网是由纵向钢筋、横向钢筋按照一定间距排布，能满足设备自动化施工要求，形成的钢筋网片可整体吊装转运。电阻焊应根据钢筋牌号、直径及焊机性能等，选择焊接电流、焊接通电时间、电极压力等工艺参数。

钢带网由普通钢筋及柔性钢带按照一定间距固定连接，能满足设备自动化加工。钢带网中的钢带采用烤蓝铁皮带，应满足 GB/T 25820《包装用钢带》相关要求。

网片部品化设计过程中，为降低网片自动化加工难度，纵向钢筋间距一般按照 100～200 mm 设置。钢带网及钢筋网拆分过程中，适当调整纵向钢筋位置，避免部品装配过程中的干扰。

研究表明，采用部品化的生产理念，将传统的单图形、散件钢筋优化为钢筋网片部品。采用设备自动化加工模式缩短综合用时，大型部品网片的生产效率和安装质量也有所提升，从而产生“一加一大于二”的效应。

2.3.5 装配式组装设计

为方便各部品组装，需要对不能部品化的钢筋进行优化调整，在充分考虑钢筋骨架建造各工序流水作业、多工序前后衔接施工特点的基础上，设计合理的组装施工次序。

1. 优化调整

原顶板弯起元宝筋采用网片加工困难，为便于装配式组装，将一根元宝筋拆分成 3 根，拆分的钢筋分别设置弯钩并满足锚固长度要求，如图 2-36 所示。

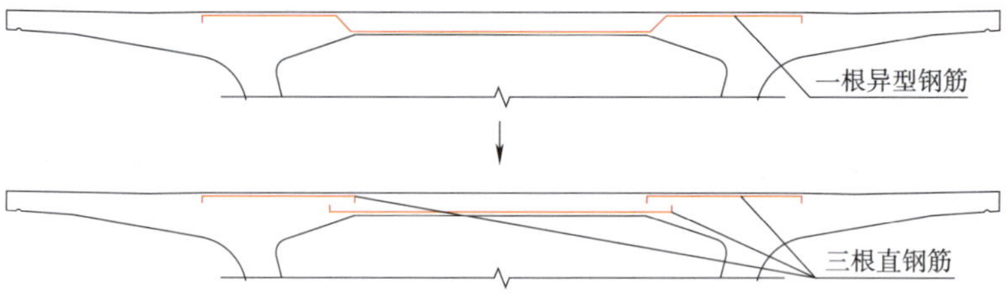

图 2-36 顶板弯起元宝筋优化

为方便形成网片，悬臂下缘钢筋一根拆分成 2 根，如图 2-37 所示。

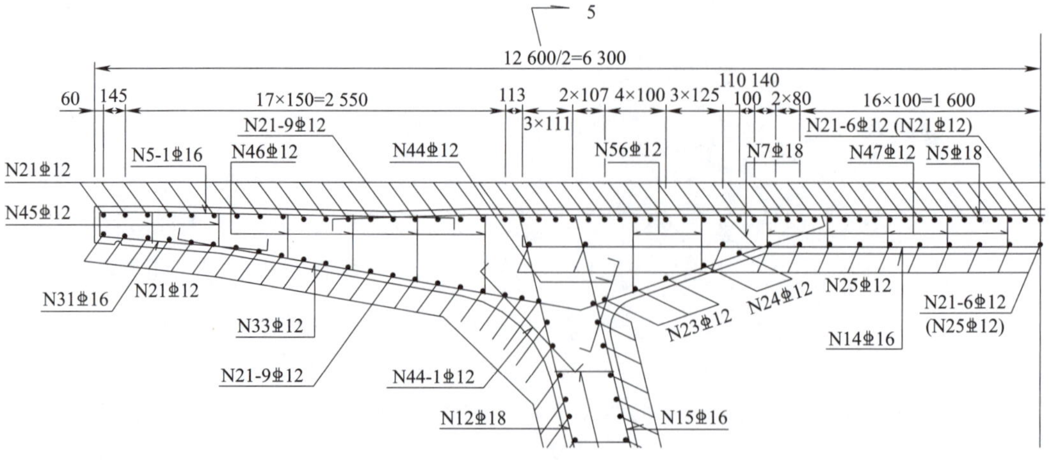

(a) 调整前

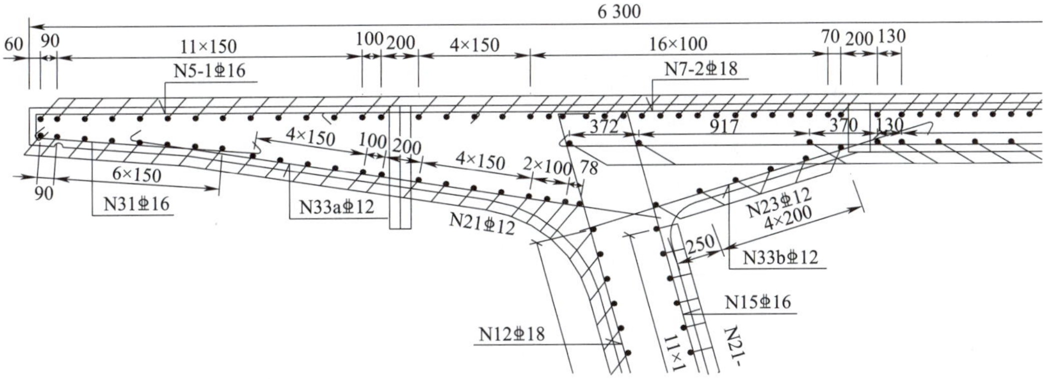

(b) 调整后

图 2-37　悬臂下缘钢筋拆分(单位:mm)

2. 组装施工次序

部品化构件自动化加工完成后,在绑扎台座处整体拼装形成钢筋骨架。充分考虑钢筋骨架建造各工序流水作业、多工序前后衔接施工的特点,简支箱梁钢筋骨架搭建顺序为U形钢筋→底板、腹板钢带网→底板顶钢筋网→腹板内侧钢筋网→底板梗斜钢筋网→悬臂底内侧钢筋网→顶板底梗斜钢筋网→顶板底加强钢带网→顶板底钢筋网→顶板顶钢筋网→顶板顶加强钢带网→顶板底悬臂处钢筋网→顶板顶悬臂处钢筋网,具体施工流程如图 2-38 所示。

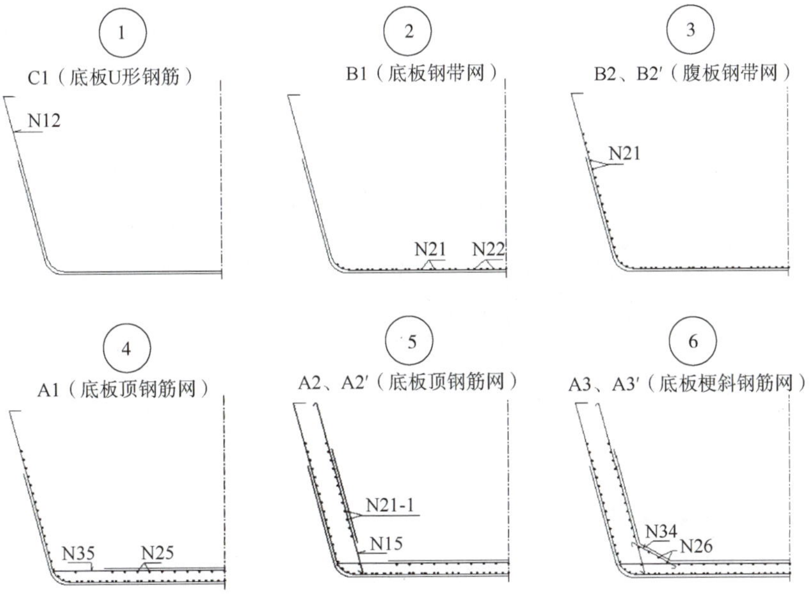

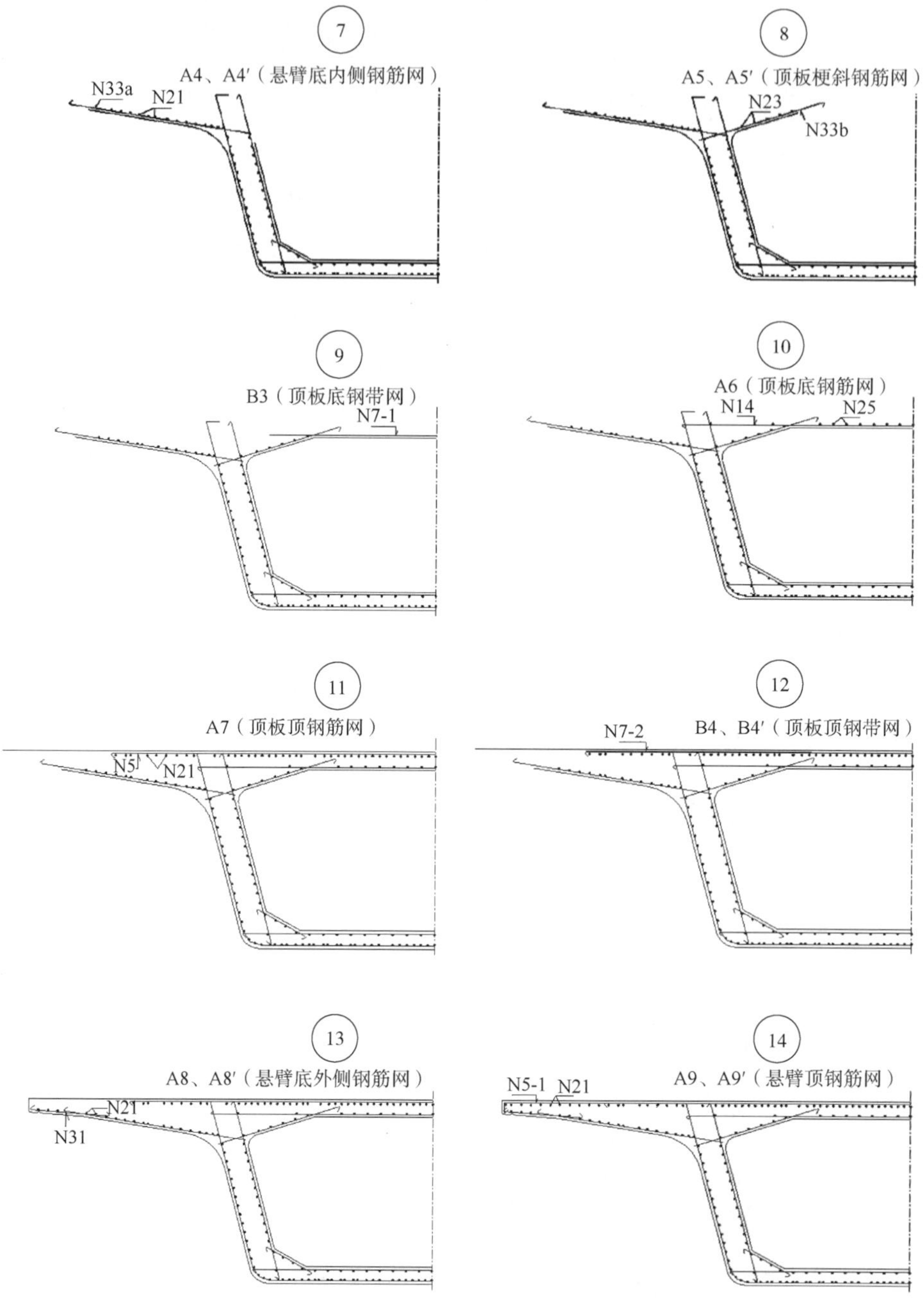

图 2-38　钢筋骨架施工流程

不能形成部品的 18 根纵向钢筋在网片组装过程中，采用人工方式在网片装配过程中放置，E1～E9 钢筋需人工放置，如图 2-39 所示。网片装配组装完成后，人工辅助安装端头变截面段钢筋、架立筋、三墙钢筋以及接触网预埋底座钢筋，形成完整钢筋骨架。

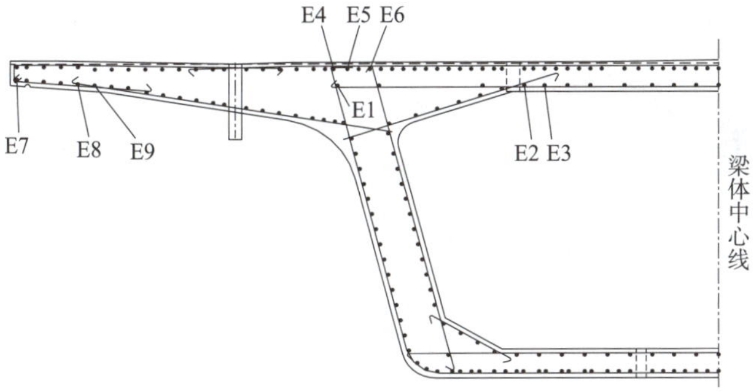

图 2-39　需人工方式放置的纵向钢筋

3. 工程数量对比

采用网片化后，每孔梁普通钢筋比原通用图减少 43 kg，钢筋长度类型减少了 14 种，仅多了 3 种钢带，重 56 kg。采用装配式组装网片方案，更加标准化、规范化、机械化、自动化，可极大程度降低人工绑扎工作量，进一步提高产品生产质量、缩短生产周期。

2.4　网片拼接式钢筋骨架设计方案试验分析

前文确定了采用网片拼接式钢筋骨架设计方案，为验证其可行性，需要分别从静力试验、疲劳性能试验和节段拼装试验验证等方面进行分析。

在进行各种试验前，需确定钢筋连接方式，图 2-40 给出了绑扎、二氧化碳气体保护焊、电阻焊、粘钢胶粘结等钢筋不同连接方式，结合铁路、建筑等行业规范，对比分析四种连接方式的优缺点，见表 2-7。由表 2-7 可知，电阻焊不需要填充金属，具有污染小、生产率高、焊件变形小，容易实现自动化的优点。因此，确定单个网片采用电阻焊接、网片拼装采用绑扎的钢筋骨架建造方式。结合钢筋焊接工艺试验确定钢筋网中焊点采用梅花形布置，钢带网中钢带与钢筋之间焊点采用满焊布置。

(a) 绑扎

(b) 二氧化碳气体保护焊

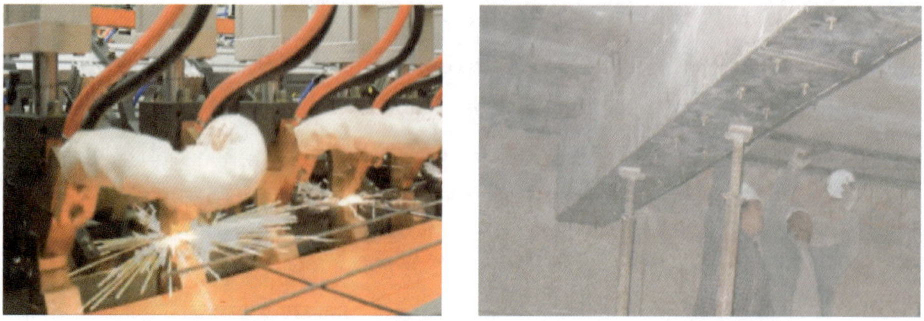

(c) 电阻焊　　(d) 粘钢胶

图 2-40　钢筋连接方式

表 2-7　不同钢筋连接方式对比

连接方式	优　点	缺　点	分　析
钢筋绑扎	对钢筋搭建工艺要求不高； 绑扎后钢筋之间存在一定的间隙，在整体移动中可以承受较大的拉力	单片网片采用绑扎，结构易松散不利于吊装转运及整体装配； 现有绑扎枪不满足大直径钢筋的自动化绑扎； 自动化绑扎技术总体工效不高，难于实现机械化生产	自动绑扎枪适应能力较弱、效率偏低，同时无法满足大直径钢筋绑扎
二氧化碳气体保护焊	电弧焊对钢筋间隙容忍性好； 设备简单，人工或机械手自动焊接均可	复杂工况下不便于搭载焊点定位工装； 环境对焊缝质量影响较大，要求在室内使用； 焊接前需识别钢筋焊缝位置，自动化焊接需增加焊缝识别技术及相关工序	自动化焊接需首先解决钢筋密贴难题
电阻焊	适应批量钢筋同时焊接，自动化加工效率高，可与其他制造工序整合到流水线上； 定位与焊接装置可实现一体化，对母材损伤小； 电阻焊环境要求较低，室内外均可实现； 不需焊条等填充金属及混合气体等焊接材料	设备相对复杂； 电阻焊要求钢筋必须贴合； 外部变压器要求较高	基于电阻焊的钢筋网在建筑、综合管廊等领域已成熟应用
粘钢胶粘结	粘钢加固是建筑结构加工常用的方法之一，操作简单	单次固结时间长，不满足钢筋网片工效要求； 十字交叉粘结面积小，点式粘结难以实现； 螺纹钢筋难以密合贴紧，粘结效果差	单次固结时间长，不满足钢筋网片工效要求

2.4.1　静力试验与焊接参数分析

1. 目的

通过静力试验，测试钢筋十字焊接焊点的焊接强度，了解焊接强度与熔深的关系，分析得到最恰当的焊接参数。

2. 方案

试验参数见表 2-8。试件加载装置及其加载局部放大图如图 2-41 所示。对 5 组不同焊接参数的试件进行静力试验，得到焊接构件在焊点处断裂时的荷载，通过测量和计算断口的面积，进而得到开裂应力。通过分析开裂应力，结合后续开展的疲劳测试，分析得到焊接参数与焊接性能的规律，综合分析焊接强度和疲劳性能，确定最优的焊接参数。

表 2-8　焊接参数设置

试件编号	N1	N2	N3	N4	N5
电流(RMS)/kA	9.8	11.3	11.5	12.3	13.6
电流(PEAK)/kA	15.4	16.5	16.5	16.6	17.2
电压/V	0.6	0.6	0.6	0.6	0.6
通电时间/周波	4	7	9	11	14

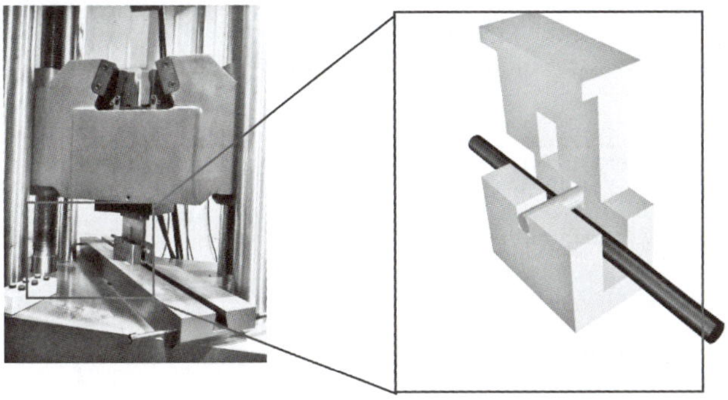

图 2-41　试件加载装置及其加载局部放大图

3. 内容

通过对 5 组试件进行静力试验，得到焊点断裂荷载，断口呈现椭圆形。焊接直径及熔深示意如图 2-42 所示。通过对断口尺寸进行测量，计算得到断口的面积，进而得到断裂应力，见表 2-9，其中，断面呈椭圆形，断面直径中，括号内为断面短半轴长度 H。5 组静力试验的荷载-变形曲线如图 2-43 所示。图 2-44 为试件静力破坏图。

表 2-9　静力试验结果

试件编号	焊接直径 *H*/mm	焊接熔深 *h*/mm	焊点断面直径/mm	焊点断面面积/mm^2	断裂荷载/kN	断裂应力/MPa
N1	22.675	0.725(6.2%)	7.00(6.41)	35.24	12.716	360.832
N2	21.85	1.55(13.2%)	7.91(7.19)	44.67	20.2	452.277
N3	21.8	1.69(13.7%)	8.66(7.99)	54.34	32.966	559.965
N4	21.7	1.7(14.5%)	8.82(8.62)	59.71	21.624	362.135
N5	21.525	1.875(16.0%)	10.70(8.67)	72.86	35.409	485.983

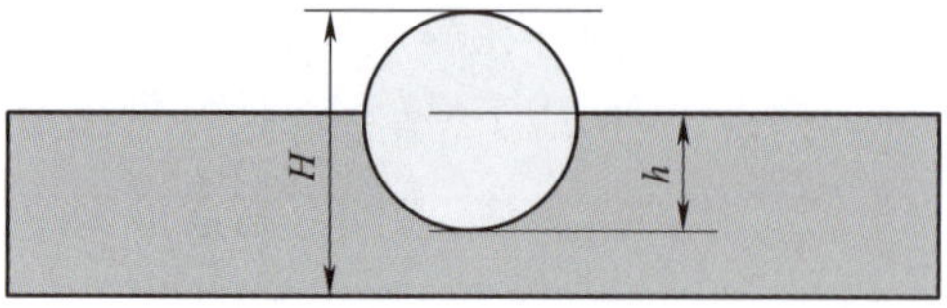

图 2-42　焊接直径及熔深示意

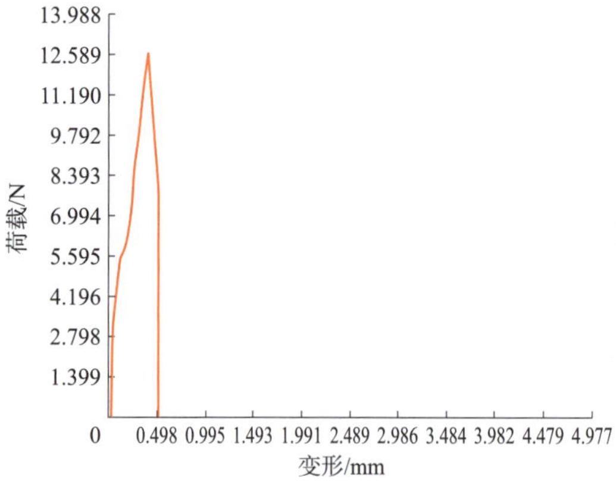

(a) N1静力试验荷载-变形曲线

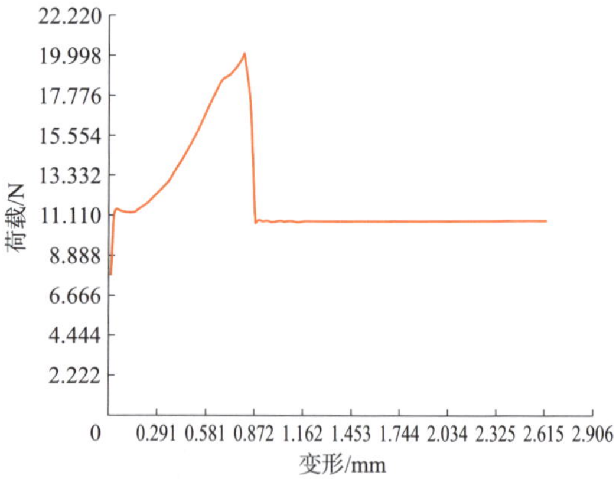

(b) N2静力试验荷载-变形曲线

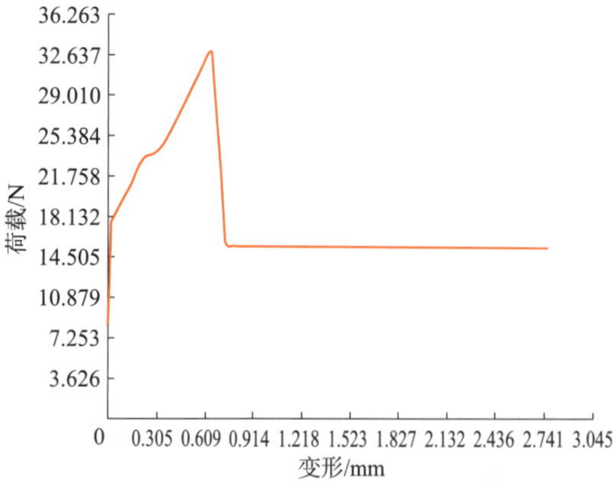

(c) N3静力试验荷载-变形曲线

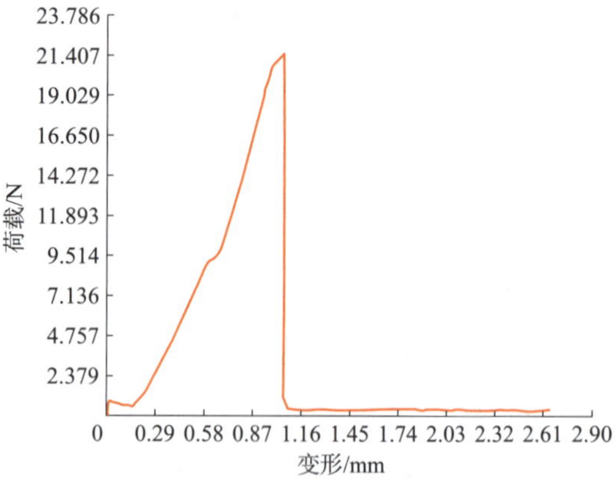

(d) N4静力试验荷载-变形曲线

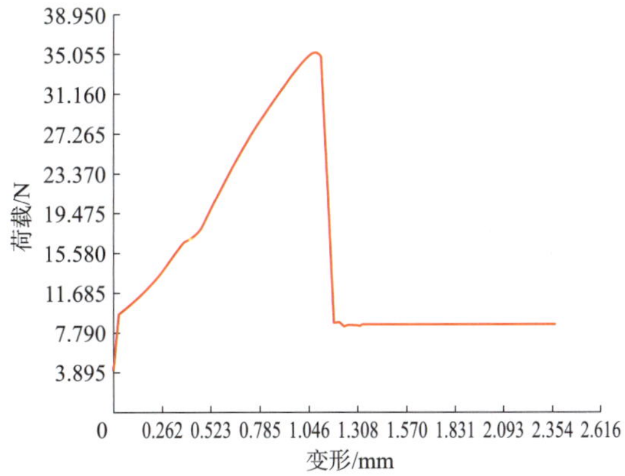

(e) N5静力试验荷载-变形曲线

图 2-43　静力试验荷载-变形曲线

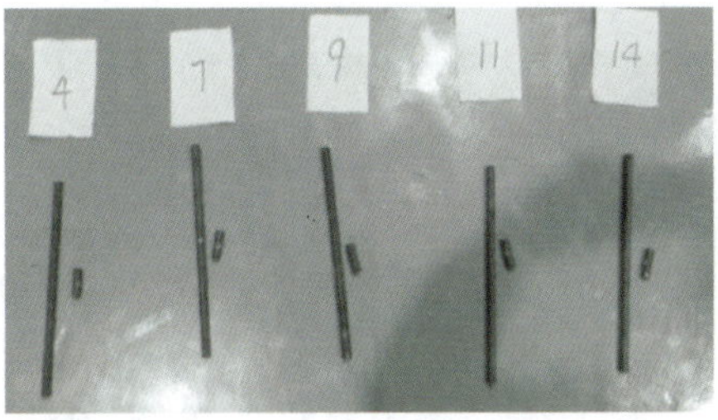

图 2-44　静力试验破坏

4. 结果分析

(1)电阻焊接工艺制成的钢筋试件在静力拉伸试验中以焊点处横向短钢筋脱离长钢筋的形式破坏。

(2)焊接参数与试件的静力拉伸强度之间不是简单的线性关系,存在局部极值点。

(3)考虑静力拉伸强度,N3 和 N5 组焊接参数表现较好。

2.4.2　疲劳性能试验验证

1. 目的

通过疲劳试验,测试不同熔深焊接试件的疲劳寿命,了解熔深对钢筋的损伤程度,分析得出熔深与疲劳寿命的关系,为焊接参数的选择提供依据。

2. 方案

钢筋疲劳试验按加载形式分为常幅加载和变幅加载,试验采用常幅加载。选定应力比为 0.2,最大应力为 300 MPa,应力幅为 $\Delta\sigma=\sigma_{max}-\sigma_{min}$。试验在常温空气中,采用钢筋为拉应力的加载方式,波形为正弦波,频率为 20 Hz。试件疲劳参数见表 2-10。

表 2-10　试件疲劳参数

应力比 R	σ_{max}/MPa	σ_{min}/MPa	应力幅/MPa	频率/Hz
0.2	300	60	240	20

3. 内容

通过对 5 组试件进行疲劳试验，试件发生疲劳断裂时的疲劳循环次数，见表 2-11。试件疲劳破坏和疲劳断口如图 2-45 所示。断口呈现明显的疲劳破坏特点。疲劳裂纹焊点的细微缺陷处生成，随着循环荷载的作用不断延伸发展，疲劳损伤不断积累，钢筋有效截面逐渐减小。最终到达材料疲劳稳定的界限，疲劳破坏发生，钢筋瞬间断裂。

表 2-11　试件循环次数

试件编号	N1	N2	N3	N4	N5
循环次数	449 260	389 076	547 311	477 976	465 961

图 2-45　疲劳试验

4. 结果分析

(1)电阻焊接工艺制成的钢筋试件，在疲劳试验中破坏模式表现为纵向长钢筋在焊点处的断裂。

(2)焊接参数与试件的疲劳寿命之间不是简单的线性关系，存在局部极值点。

(3)考虑静力拉伸强度与疲劳寿命，N3 和 N4 组焊接参数表现较好。

通过试验得出不同焊接参数下焊点静力强度和试件疲劳循环次数，绘制出图 2-46 所示的曲线图。从图 2-46 可以明显看出，焊接参数与静力拉伸性能和疲劳性能不是简单的线性关系，具有一定的波动程度，存在局部极值点，即 N3 组试件，其断裂应力和疲劳循环次数分别为 559.965 MPa 和 547 311 次。

综合分析静力试验和疲劳试验结果后发现，N3 组试件的静力破坏强度和疲劳寿命均

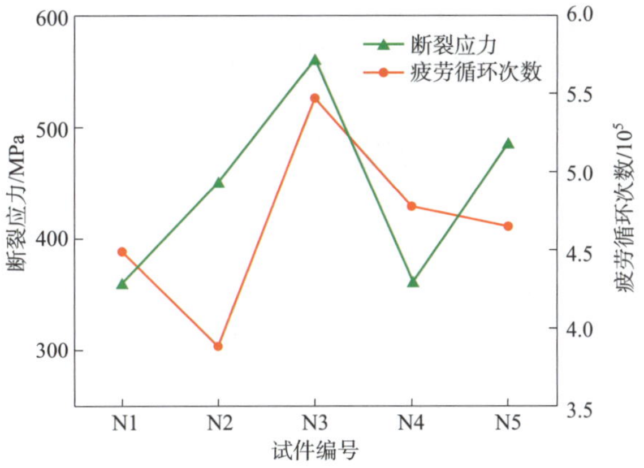

图 2-46　应力与疲劳循环次数

较高,因而认为钢筋十字交叉焊接钢筋网片焊接参数为 N3 组的综合性能较好。在钢筋十字交叉焊接钢筋网片的制作过程中可以使用该参数进行焊接,即电流有效值为 11.5 kA,电流峰值为 16 kA,电压为 0.6 V,焊接时间为 9 个周波,可以基本保证钢筋焊接的强度和疲劳性能满足要求。

2.4.3　节段拼装试验验证

1. 目的

根据钢筋骨架最优设计模型,进行局部骨架部品装配生产,并进行现场试验,如图 2-47 所示,对试验存在的问题进行适应性调整,以寻求最优组合方案,并通过得出的试验结论指导该项技术的工程化应用。

图 2-47　节段模型拼装试验

2. 方案

箱梁整体尺寸较大,对场地和配套要求较高,通过研究讨论决定采用局部拼装测试。由于箱梁内部钢筋直径种类较多,弯曲图形差异较大,通过网片对比分析将整体部品拆成的几个大型网片,如图 2-48 所示,有一些辅助钢筋采用提前备料辅助安装。

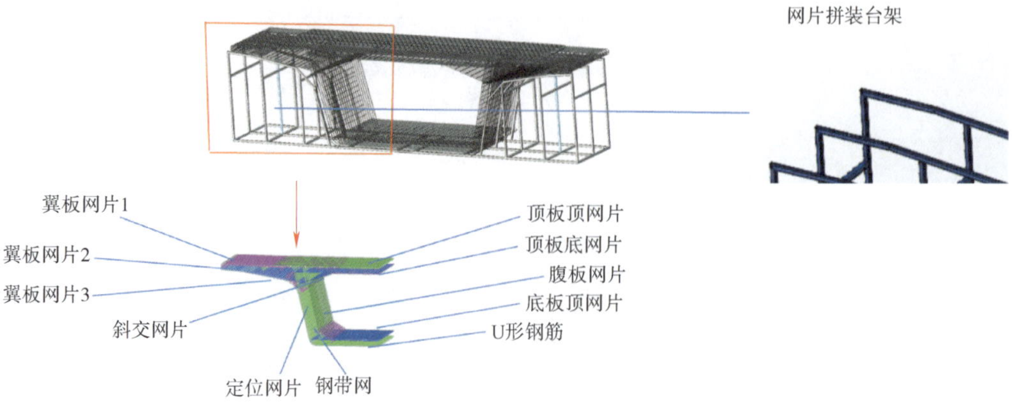

图 2-48　网片拆分

3. 内容

U 形钢筋一体化成型。U 形钢筋制作过程中弯折后外形偏差较大，分析发现，由于弯折位置 R 角达到 300 mm，在弯折过程中钢筋横肋旋转角度会对成型的形状产生影响。因此，对所需钢筋逐根弯曲实现钢筋横肋方向的修正，如图 2-49 所示，以保证弯曲时都在一个方向，弯折后的角度与标尺进行对比采用数据补偿方式实现了钢筋弯曲形状统一，并码放台架内。

图 2-49　钢筋横肋方向修正

放置钢带网。如图 2-50 所示，钢带网由钢条和钢筋组成，制作完成后整体较软，在吊装过程中钢带网左右偏差较大，安装对位时非常难控制。为解决此问题，对台架安装位置修改，在台架上端安装固定挂钩，只需要将钢带网的首根钢筋挂到挂钩处固定准确，剩余钢筋靠自重向下排布，实现了钢带网快速精准安装。

放置定位网及制作各个环节网片。网片拆分形式确定后，对所需截断大样图进行放样定尺加工，逐个网片进行焊接，如图 2-51 所示。

图 2-50　钢带网悬垂对位

图 2-51　放置定位网和网片焊接

放置各个环节网片，按照顺序摆放网片，如图 2-52 所示。

图 2-52　网片有序排布

4. 结果分析

(1)U 形钢筋制作过程中弯折后外形偏差较大,在弯折过程中钢筋横肋旋转角度会对成型的形状产生影响,需要通过人工对钢筋逐根弯曲实现钢筋横肋方向的修正。

(2)钢带网整体较软在吊装过程中左右偏差较大,安装对位较难控制,通过修改台架安装位置并在上端安装固定挂钩,利用钢筋自重实现了钢带网快速精准安装。

第3章 高速铁路简支箱梁钢筋骨架自动化加工装备

传统钢筋加工是将盘条钢筋和直条钢筋加工成所需要的长度或形状，主要包括调直、弯箍、切断、弯曲等设备。目前，钢筋加工厂内各类加工设备多为半自动化加工，效率低、精度差，功能较为单一且加工尺寸较小，无法满足前文所述的 32 m 通长钢筋骨架智造要求，因此需要对传统钢筋生产设备进行升级革新，开发成系统的钢筋骨架自动化加工设备，实现高效、高精加工。

3.1 简支箱梁钢筋骨架自动化加工问题与目标

3.1.1 传统钢筋加工设备存在的技术痛点

钢筋的绑扎与安装是钢筋施工的重要部分，其施工质量直接影响主体结构的安全稳定性，市场上有诸多成系统的钢筋加工设备，但其并不适用于部品化加工方案，原因分析如下。

1. 钢筋加工质量精度不可控

传统模式中成型钢筋加工普遍使用半自动化装备，其生产过程中需要大量的操作工人频繁设定各类钢筋长度、角度等参数。这种加工模式下，钢筋加工产品质量主要受两方面制约：

(1)传统设备自身的加工精度，对钢筋外观质量的控制保证能力不足。

(2)人工操控设备行为的大量介入，使长度、角度的关键质量指标完全取决工人手法和责任心。

以上因素叠加，最终导致钢筋加工之后的成品质量存在较大的离散型偏差，而机械化生产的一个关键性前置条件就是要实现产品的标准化，只有前序工艺的稳定可靠，才能保障后续安装、对位工作能顺利进行。

常见的质量问题如图 3-1 所示。钢筋加工厂通过剪切、弯曲后，存在明显误差，最大长度误差达±2 cm，影响施工质量。观察钢筋编号为 N1-2，在实际加工过程中由于弯曲动作与剪切动作都需人工干预，使得钢筋加工总误差中引入了人为偶然偏差。此偏差极易出现在钢筋弯曲工序，因该工序基本由人工进行操作，尚未实现自动化，最终导致在弯曲的时候，出现端部尚未对齐即开始动作，从而引起长度方向产生误差，加工精度有待提高，如图 3-2 所示。

图 3-1　钢筋加工易损伤

图 3-2　钢筋加工精度有待提高

2. 设备功能简单、无法满足部品化生产

传统钢筋加工设备仅适应于简单的二维图形生产加工，然后由工人对照图纸依次对零散零件进行分拣、存储、转运以及绑扎最终成形，因此不局限于前文加工环节，而是从加工到钢筋笼成品全作业流程中依赖大量人工直接参与吊装、分拣、搬运以及安装工作，严重地制约了综合生产效能的提升，为解决该问题，可从源头钢筋骨架加工的工艺流程设计出发，采用化零为整的技术路线，在设备上直接将零散的二维图形组装成钢筋网片部品。该工艺流程的实现需要加工设备实现钢筋加工自动化与钢筋绑扎安装自动化。

传统半自动化设备已无法满足上述需求，因此需要进行系统性的创新提升，使其突破传统工艺模式局限，满足钢筋网片部品化生产的目的。

3. 自动化、信息化能力需提升

当钢筋生产线通过技术革新具备部品化生产能力的同时，传统生产流程中生产得到的中间工艺产品需进行转运、分拣等工序，仍需同步实现自动化。通过引入工业机器人、自动转运装置等新型自动化设备，可实现在转运、分拣等钢筋加工后置流程中完成重复性、高强度或高风险的工作，将操作人员与危险分离，减少事故发生风险，达到取代人工、提升效率的目的。

目前，钢筋加工流程管理则形同“黑匣子”，各种信息的采集和处理需要通过人工传递-管理来实现，难以形成完整的生产流程信息闭环，从而制约了自动化钢筋加工设备的高效运作。随着加工流程实现自动化流转，操作人员、设备及部品等制造元素不再是分离的独立个体，通过信息化技术连接各要素，构成协调控制与高效运转的完整制造系统。

通过监控加工设备、机器人及转运装置的运行状态，可保证钢筋生产加工的全过程可控，同时为各设备接入生产管理系统提供了基本条件，即设备通过接口数据的开放实现生产任务的远程下发与监控。最为重要的是，通过设备端的高效执行和信息反馈，真正实现自动化控制，提高加工效率，保证加工精度，降低原料消耗，最终形成更协调和高效的钢筋骨架加工系统。

3.1.2　研发成套装备的总体目标

以满足钢筋骨架自动化加工过程中少人化、自动化、智能化的需求为根本出发点，形成成套的技术装备、工艺工法创新，具体目标如下：

(1)工艺创新：开展全工序流程分析研究，研发适用于高速铁路简支箱梁钢筋工程建造的新工艺，用工数量减少 30%以上且劳动强度下降 80%，自动化率达到 70%以上。

(2)设备创新：开展机械化智能生产、信息化管理等关键技术研究，研发钢筋网、钢带网、定位网等成套新装备，实现多种规格部品化构件自动化、数控化流水作业。

(3)体系创新：开展物料智能转运研究，实现钢筋部品机械化运输，研发部品专用吊具等配套工装，打造钢筋工程模块化生产、装配式拼装体系。

(4)系统创新：基于 BIM 技术研发钢筋工程生产建造全过程自主 MES 系统，实现钢筋工程智能建造新体系下智能排版、质量追溯等工厂化生产、可视化管理等全生命周期应用。

3.1.3　研究工作技术路线

根据项目实际需求，开展试验方案设计，针对设计方案中的关键技术进行分批、分阶段试验。分别开展针对关键技术问题的研究，主要包含超大尺寸钢筋网片加工、大直径钢筋焊接、钢筋网片弯折、横筋上下自动布料等，并据此形成对整体方案的技术支撑，如图 3-3 所示。

3.1.4　设备关键技术

为满足钢筋网片部品化生产工艺路线要求，通过对钢筋加工部件机械化生产的适应性实际优化，以及对技术装备的创新升级，实现诸多关键技术的突破，主要包括以下内容。

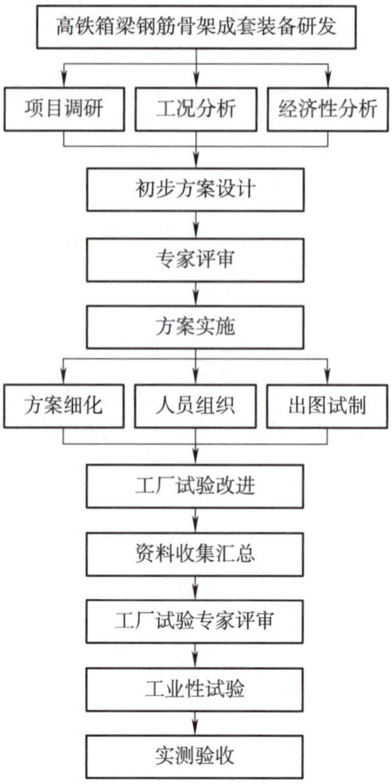

图 3-3 研发过程节点示意

1. 超大尺寸钢筋网片一次成型

通过线材、棒材两种原料的混合喂料形式，根据图纸设计要求，进行加工参数的远程录入，并驱动设备进行柔性化自动生产，即原材进给完成后，将根据“配方”进行线上调直、定尺、切断、转运等工作，配合伺服定位、电阻焊接技术，将零散的钢筋半成品自动焊接成为钢筋网片部品。传统项目中，钢筋网片的最大长度一般为 12 m、最大宽度一般不超过 3 m，为满足箱梁钢筋骨架部品生产需求，钢筋网片最大长度达 32 m、最大宽度达 10 m，是普通网片的三倍之多。

2. 超大直径钢筋焊接

常规钢筋电阻焊接技术其横、纵向钢筋的最大直径为(12＋12)mm，其中，由于钢筋的部品生产需求，需要实现直径(12＋18)mm 的焊接，其焊接结构及控制方面需要进行优化设计满足前述需求。

3. 钢筋网片复杂线上折弯技术

因钢筋网片部品在拼装过程中的锚固要求，其端部往往设有弯钩，部分弯钩需多次折弯，且为缩短工序时间，尝试进行平行工序设计，即焊接与弯折动作需要同步实现。因此，为满足前述工艺需求，一方面需要对钢筋弯折技术进行突破，另一方面则需要对定位精度、节拍控制进行深度优化。

4. 全伺服驱动实现精准控制

钢筋自原材进入设备后，其定尺加工、传动输送、布料定位、焊接成型以及端部折弯等动作，均采用伺服系统进行精准驱动，同时，控制系统与视觉检测系统进行联动匹配，实时高效地反馈产品加工质量精度，形成闭环式加工，避免人为干预误差。

5. 钢带网创新工艺形式

通长筋的尺寸长达 32 m，运输以及铺设过程中需要大量人工配合完成。为实现通长钢筋、部分顶板钢筋的机械化转运及快速铺设，研发出以钢带为辅材的钢筋＋钢带电阻焊接产品。利用专机设备将零散的通长钢筋焊接为网片，并实现通长钢筋设定间距精准放置，因钢带自身具备柔性特点，在生产过程中可进行收卷处理，便于吊装，待运输至绑扎胎具后可迅速打开，实现精准快速地布料铺设。

6. 大 U 形钢筋的自动化成型

由于大 U 形钢筋数量众多且钢筋尺寸规格较大，若采用传统加工模式，所有动作基本依赖人工进行，现有设备难以完成加工。为解决上述问题，实现 U 形钢筋的生产、存储以及转运全过程自动化，需研发专用设备，应具备无人化生产、按间距垂直存储、吊具批量吊装三个自动化功能，最终确保精确高效的生产控制目标。

3.2 简支箱梁钢筋骨架自动化加工关键技术工艺研究比选

3.2.1 直回路电阻焊接工艺

箱梁钢筋笼由简单的二维钢筋图样生产转变为立体状钢筋网片部品，除满足传统工艺中下料、成型等基础工艺要求，还需要将若干横、纵向分布的二维钢筋拼装为整体，其中后者涉及横纵向钢筋交叉位置连接方式的选择。

传统模式中，钢筋的交叉位置均采用扎丝，由人工进行逐点绑扎，其绑扎位置并不能将钢筋进行可靠固定，即钢筋在移动过程中会出现一定程度的位移窜动，导致钢筋位置关系无法实现精准控制。若采用绑扎丝方式进行钢筋固定，会由于钢筋自身刚度不足等问题，造成吊装过程中钢筋网片变形，无法保证网片部品最终成型姿态，致使不同钢筋网片部品拼装时，网格间隙无法有效进行对位拼装。因此，综合网片部品化的拼装成型工艺需求，选用电阻焊接的工艺模式取代人工绑扎，钢筋交叉点位置均通过一定程度的熔深实现钢筋粘焊为一体，能有效保障钢筋网片部品中二维钢筋之间的位置关系，也有利于后续网片拼装对位工作，传统模式中人工绑扎固定与电阻焊接固定模式对比如图 3-4 所示。

(a) 钢筋绑扎固定

(b) 钢筋电阻焊固定

图 3-4　人工绑扎固定与电阻焊接固定模式对比

钢筋电阻焊接工艺广泛应用于民用、公铁施工领域，是重要的焊接工艺之一，也是钢筋网焊接成型的关键工艺。其主要工艺是将焊件组合后通过电极施加压力，利用电流通过接头的接触面及邻近区域产生的电阻热进行焊接的方法称为电阻焊，具有生产效率高、低成本、节省材料、易于自动化等特点，因此，将电阻焊接工艺确定为网片部品化生产的关键工艺技术。

电阻焊基本形式如图 3-5 所示，待焊接两材料夹紧于两电极之间，在施加一定的压力后，变压器在接区释放较大的电流，并持续一定的时间，直到两工件的接触面间出现真实的接触点后，再继续加大电流让熔核持续地生长，此时两材料接触位置的原子不断被激活后形成熔化核心。

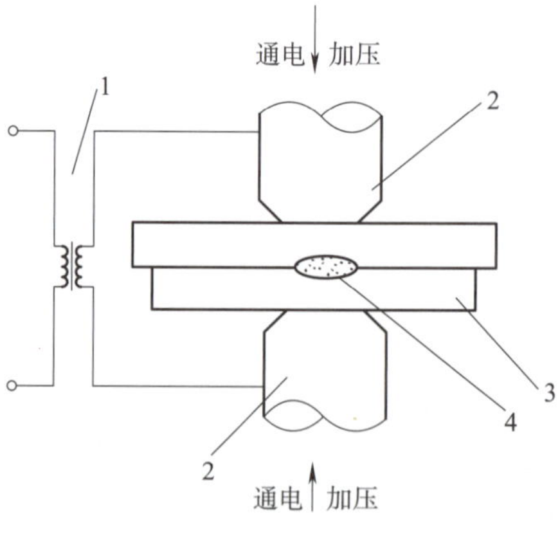

1—变压器；2—电极；3—材料；4—熔化核心。

图 3-5　电阻焊接原理

最后变压器停止通电，被融化件材料遇冷凝固为焊点。电阻焊点的热源是电流通过接触区产生的电阻热。电阻焊点时，电流通过工件产生的热量可由式(3-1)确定：

$$Q=I^2Rt \tag{3-1}$$

式中　Q——产生的热量，J；

R——电阻，Ω；

I——接电流，A；

t——通电时间，s。

由式(3-1)可知，决定电阻焊接的热量是由焊接电流、两电极之间的电阻及通电时间三大因素决定的。在电阻焊机中，从变压器二次开始经过导电回路、焊件等回到变压器二次绕组所形成的环路，亦即焊接电流流经的回路称作为焊接回路。热量的大部分是用来形成点焊的焊点，而少部分却分散流失于焊点周围的金属中，因此还需要对电流可能经过的无效路径进行必要的绝缘处理。可见焊接回路的路径越短、分流可产生电阻的构件越少，则能量消耗越低。此外，形成一定焊点所需的电流与通电时间有关，若通电时间很短，则点焊时所需电流增大，综合考虑对外部供电环境的需求，按照小电流、长时间的方式优化焊接参数。

除对直回路焊接的前述基本需求外，需要兼容 12 mm 以上钢筋直径、钢筋网格间距非固定模数、钢筋网片规格变化等实际需求，并最终形成定制研发的专用型焊接主机，如图 3-6 所示。从机械结构角度考虑，由于直焊接回路要传递焊接大电流及较大的机械顶锻压力，其设计应满足强度、刚度和发热要求，同时保证焊接回路各部分构件具有足够大的截面尺寸、良好的导电、导热性，各构件之间的接触电阻最小化等技术问题，并在此需求基础上展开深化设计，完成焊接结构单元方案。

采用直回路焊接方式，一方面减少了电极与工件之间的接触电阻，使更多的电流能用于焊接，通过优化电流路径和减少能量损耗来实现快速焊接，有效提高焊接效率和整体能效；另一方面简化了电路结构、减少了故障点、增强了设备的可靠性和维护的便捷性，降低了操作复杂性，使设备更加易于使用和维护，搭配高质量的电极材料和绝缘材料，能保证设备长期稳定运行、延长设备的使用寿命，更好地适应现场高强度生产的工况环境。

3.2.2　焊点位置自动调整技术

钢筋网焊接生产线所焊接的网片按照钢筋组成，划分为横筋和纵筋，均需按一定间距排布，其中横筋采用线上逐根布料、纵筋采用预先整体布料的工艺。横筋由于采用焊接过程中逐根布料，其布料的时机、间距均可由伺服实现精准控制、无级可调，纵筋则因采用整排布料即一次性将整张网片的纵向钢筋批量的下料并摆布好，并实现与焊接主机的电极位置的对位，不仅对布料定位要求更高，还需要焊接主机的焊点位置能随着网片规格参数变化进行调整，此外，常规焊接主机的焊点位置(间距)均为 50 mm 的模数，无法实现模数之外的灵活调配。由此可见，纵筋布料需要解决两个关键问题：一是能实现不同规格网片切换时，焊点位置根据参数设定自动调整；二是焊点位置需要打破 50 mm 标准模数限制。

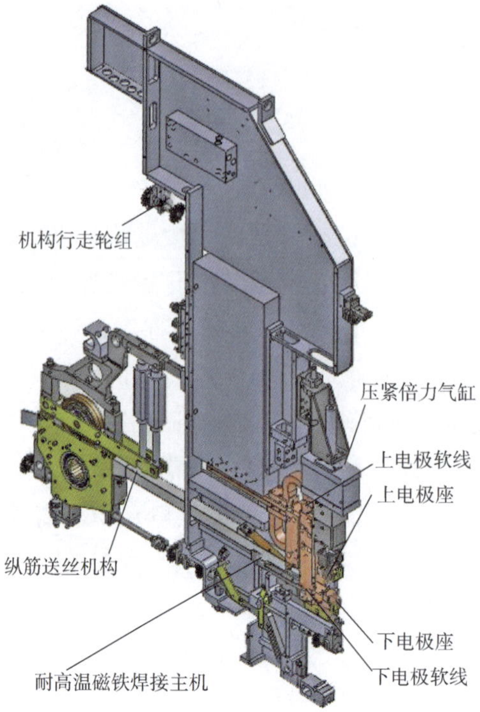

图 3-6　生产线焊接主机结构(单个焊点)

焊接主机由 79 片焊点结构单元组成,每个焊点机构单元位置与钢筋网片焊接位置对应,即焊点机构单元位置需要根据钢筋网片的纵筋间距进行相应的调整。如图 3-7 所示,常规模式下,焊点机构单元由人工松动螺栓、打尺测量后进行移动,再利用螺栓固定。当钢筋网片纵筋间距发生变化,整个主机内部的 79 片均需要进行调整,工作量巨大,无法满足项目现场柔性生产的加工需求。钢筋网片尺寸较大、无法批量生产存储,且箱梁钢筋笼需要按照整榀生产,故每生产一张网片就需要切换一次规格。因此,对焊点机构单元进行自动变位移动的功能,可根据钢筋网片的纵筋间距参数设置自动行走到对应工作位置,而无需人工调整,如图 3-8 所示。

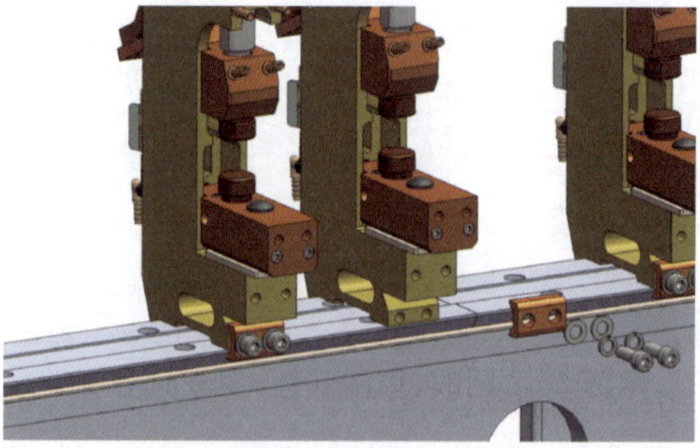

图 3-7　人工拆除螺栓并移动焊点位置

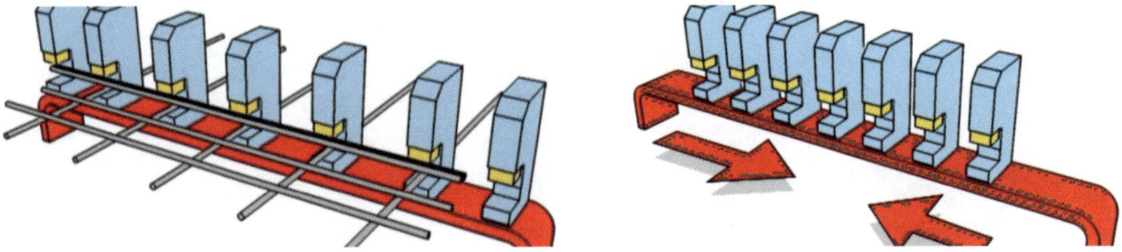

(a) 焊点变位前　　(b) 焊点变位后（自动调整位置）

图 3-8　焊点变位功能

此外，钢筋网片纵筋间距存在非 50 mm 标准模数的加工需求，如图 3-9 所示，红色、黄色直线表示钢筋网片中的纵向钢筋，常规主机设计只能实现红色部分(50 mm 标准模数)间距的分布，但存在黄色部分(70 mm、110 mm 等非标模数)，焊点结构单元的自动行走改动，可实现焊点位置在主机滑轨上的无极调整，不受螺栓开孔位置制约，更好地满足现场生产需求。

图 3-9　纵筋间距存在非 50 mm 模数需求

3.2.3　焊接参数分控技术

焊接主机横梁上分布 79 组焊接电极及变压器，焊接主机最多设置可满足 79 个焊点同步作业，以满足最大 10 m 宽钢筋网片的焊接加工，此外，由于箱梁钢筋笼被拆分为 18 张不同尺寸的钢筋网片，每张钢筋网片内又存在钢筋直径不同、钢筋间距不同等情况。生产线为实现对前述不同参数变化的适配能力，除满足最大的焊点数量之外，每个焊点结构单元还需具备自动移动变位、焊接参数独立控制柔性切换的能力。

电阻点焊的工艺过程中，应包括预压、通电、锻压三个阶段，如图 3-10 所示。

虽然每次电阻焊接的时间并不长，但每个工作循环需要执行的工艺动作较为繁杂，为保证最佳的焊接质量效果，每个步序环节都需要进行精准的程序操控，按照工艺需求可将参数分项展开：预压时间、加压时间、预热方式、预热时间、预热输出、预热冷却、递增时间、焊接方式、焊接时间、焊接输出、递减时间、焊接冷却、回火方式、回火时间、回火输出、维持时间、休

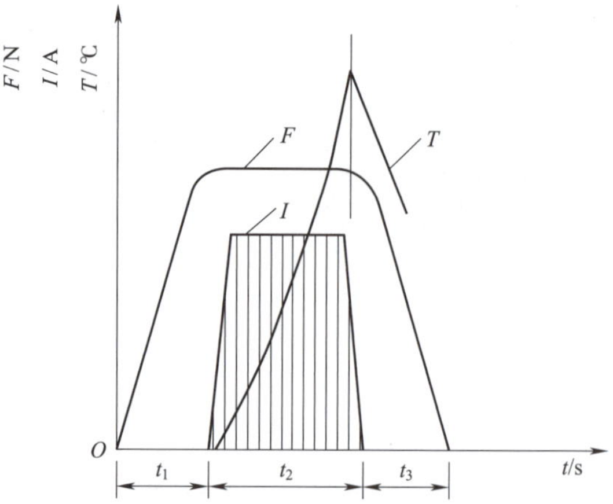

F—压力；I—电流；T—温度；t_1—预压时间；t_2—通电时间；t_3—锻压时间。

图 3-10 电阻点焊各阶段

止时间、焊接电流范围等。为实现最佳的焊接质量效果，需对焊接参数进行细致测试和调校。

综上所述，为保障生产线的灵活性和适用性，每个焊点均可进行独立控制，根据不同的网片规格自动调整焊接间距和焊接电流，具备高效性、精确控制、可靠性等特点。一方面，设计中引入高精度的电流和时间控制技术，确保每次焊接都能达到一致的质量标准。通过精细调节焊接参数，可以精确控制焊接点的位置，集成温度监控系统，实时监测焊接区域的温度，防止过热或欠热现象，确保焊接质量；另一方面，根据不同钢筋网片的加工要求，针对每张钢筋网片设置不同的焊接参数配方，并可对每张钢筋内每个焊点进行单独参数设置，配合控制系统操作达到快速切换加工参数工作需求。具体的控制参数控制界面如图 3-11～图 3-13 所示。

图 3-11 焊接参数配置系统界面

图 3-12 焊点参数配置列表页(部分)

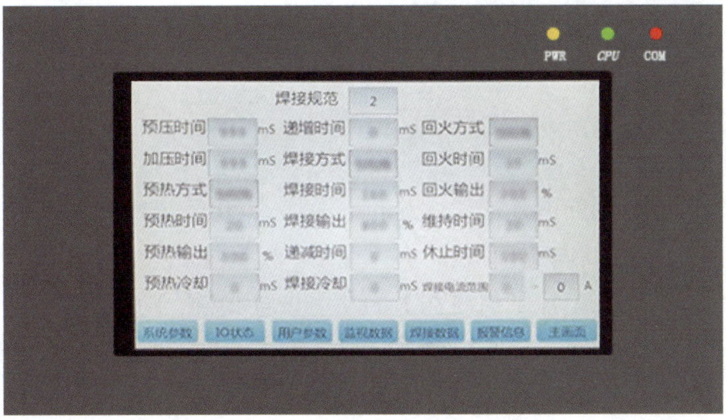

图 3-13 焊接参数配置

该控制系统可以根据钢筋网片规格、图号,分别对钢筋型号、材质、下料长度、网格间距进行设定,关键要能精准控制每个焊点的步序动作,使整张钢筋网片能按照程序设定依次、有序完成全部焊接动作,单张网片最大焊点数量 2 610 个(18×145),需配备大型数据库以满足全部钢筋网片关键加工参数的有效存储和调用。

3.2.4 横筋在下工艺优化

常规钢筋网焊接生产线均采用横筋在上的布料形式,通过磁吸装置从料仓内取料,后经过梳理装置将钢筋分拣为单根形式并在带有挂钩的链条上进行有序存储,再根据焊网的程序设定逐根将钢筋送入焊接主机加工，但常规横筋在上模式的结构存在局限性无法满足项目应用的情况：

(1)横筋长度过长时，钢筋容易在料仓内缠绕在一起，影响取料工作的稳定性和可靠性。

(2)料仓只能存储一种规格的原料，无法适应柔性生产需求。

(3)横筋在上的形式需钢筋网片弯钩向下，机构无法实现。与之相对的是横筋在下的机构设计模式，其设计形式为外部料仓按需取料并将钢筋逐根梳理好，钢筋到达焊接主机之下后，由对齐装置、举升装置协同配合，逐根将钢筋送入焊接主机并进行焊接。两种横筋布料机构设计如图 3-14 和图 3-15 所示。

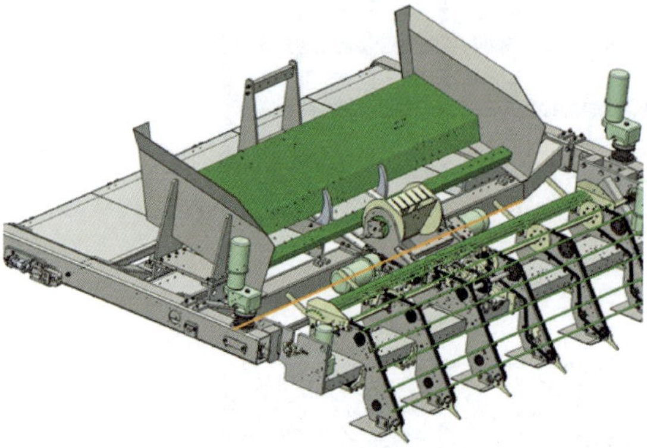

图 3-14　横筋在上布料机构

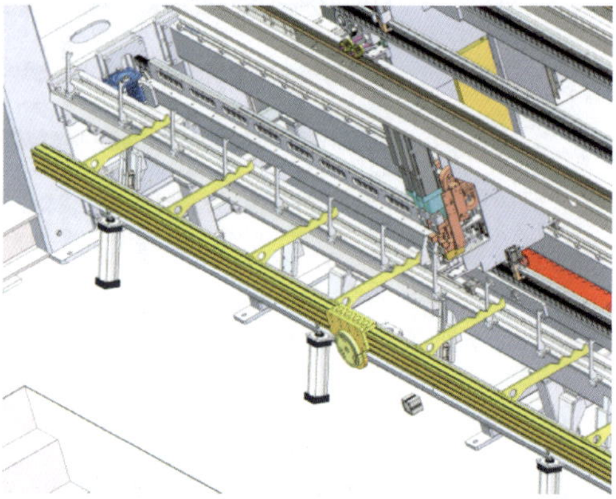

图 3-15　横筋在下布料机构

根据图纸设计需求，钢筋网片加工后并非平面形式，还需进行弯钩处理，加之不同网片尺寸的变化，若弯钩向下，将与出网机构、支撑托架产生钩挂和干涉。同时，考虑钢筋网片加工成型后翻身不便等问题，增加了横筋在下的功能设计，但由于横筋的长度最大达到 7 m，若按照常规机构设计，需要占用与横筋长度等长(7 m)的空间用于钢筋备料，生产线总宽度将达到 21 m，再加上其他设备，使其无法在标准跨度车间内摆放，且横筋备料所需的 7 m 空间两侧均为无效空间、不方便利用，综合前述问题，对横筋上料机构进行 90°转向设计，相对横筋以直线方式进入生产线的常规模式，将节省近 7 m 的空间，使得生产线的功能布局更加紧凑合理，降低了对工厂车间的建设要求。具体的机构和布局调整形式如图 3-16 所示。

横筋纵向进料机构如图 3-17 所示，横筋横向进料后 90°旋转机构如图 3-18 所示。相对图 3-17 所示的调整前方案，图 3-18 所示的横筋横向进料后 90°转向的方式对于空间利用更加合理，且如前文所述，由于对钢筋长度、直径多种规格的需求，调整后的方案更加利于布置多级钢筋原材料仓，且具备定尺剪切能力。

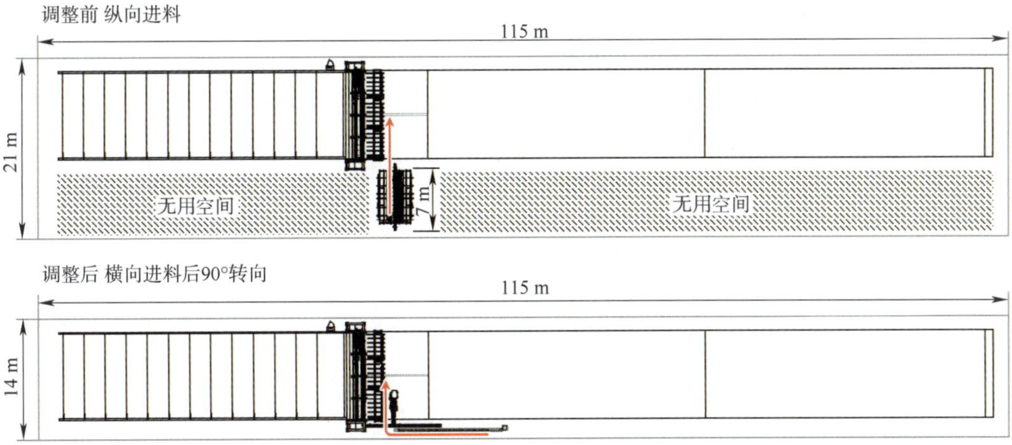

图 3-16　横筋机构布局形式

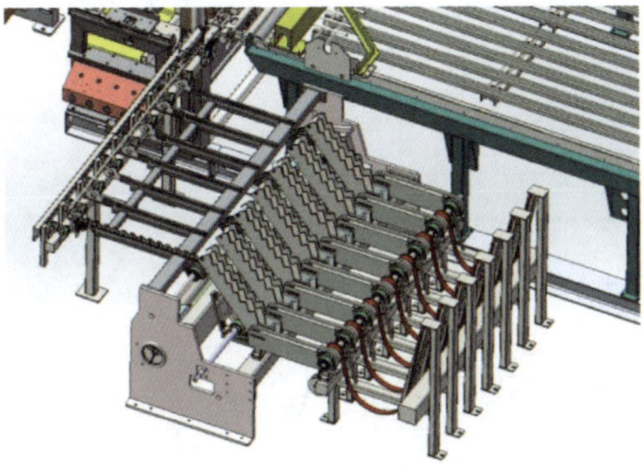

图 3-17　横筋纵向进料机构

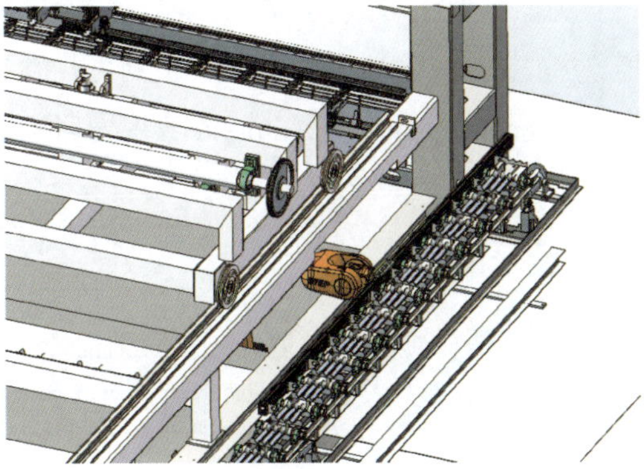

图 3-18　横筋横向进料后 90°旋转机构

3.2.5　工业机器人优化

如图 3-19 所示，工业机器人主要用于钢筋网片横筋取料摆放工作。在机器人选型时需同时考虑两个问题。一方面，横筋自重较大，为保证抓取和摆放的布料精度，除钢筋外机器人还需配置一套专用抓具，因此对机器人的负载要求较高，加之所抓取的钢筋并非机器人常规作业场景中的标准、均匀物体，而是细长的棍状物体，对末端负载要求更高。另一方面，为匹配焊接工艺的生产节拍要求，需要机器人能满足高速作业需求，因为作业区域并非开放式，需要机器人携带钢筋在不同机械结构之间穿梭，作业面较为狭窄，因此对机器人

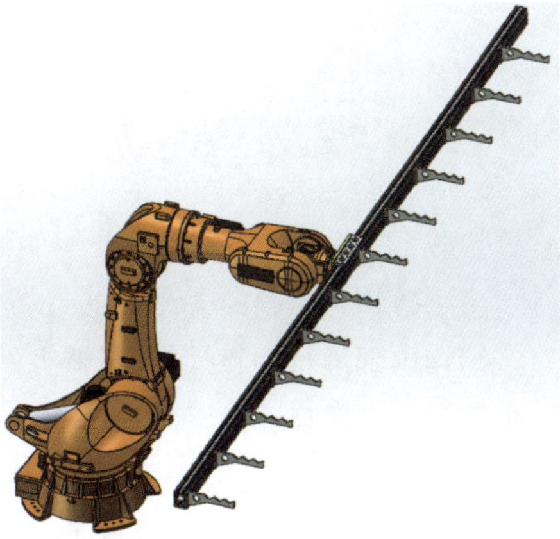

图 3-19　机器人与夹具组合形态

的姿态控制精度要求较高，高负载高速运行的惯量影响、第 7 轴拓展有效工作区域等问题均需同步考虑，种种限制因素叠加对工业机器人提出更严苛的需求。

机器人取料工件过长且需要进行 90°旋转，由于机器人自身的臂展限制，若进行原地转体则会与其他机构发生碰撞，需要增加第 7 轴，拓展机器人活动范围的同时，实现了碰撞避让，如图 3-20 所示。

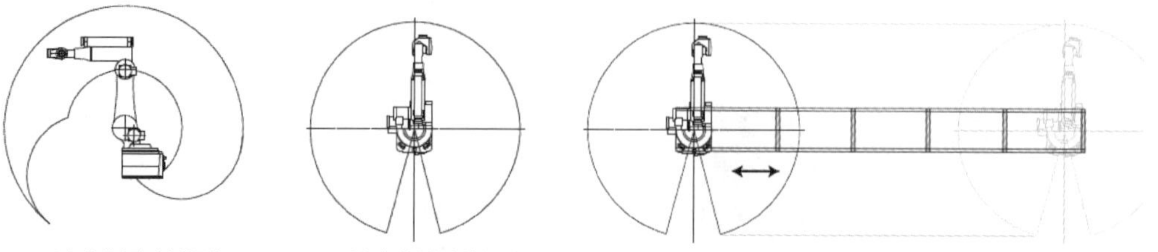

(a) 活动范围（侧视）　(b) 活动范围（俯视）　(c) 活动范围-增加第7轴（俯视）

图 3-20　机器人活动范围示意

为保证对大负载、大臂展机器人有效支撑，同时保证第 7 轴高速移动的稳定性，采用轨道＋基座的模式，即将机器人安装到可在轨道上移动的基座上进行使用，故机器人距离地面高度升高，影响其最大负载能力表现，其负载曲线如图 3-21 所示。

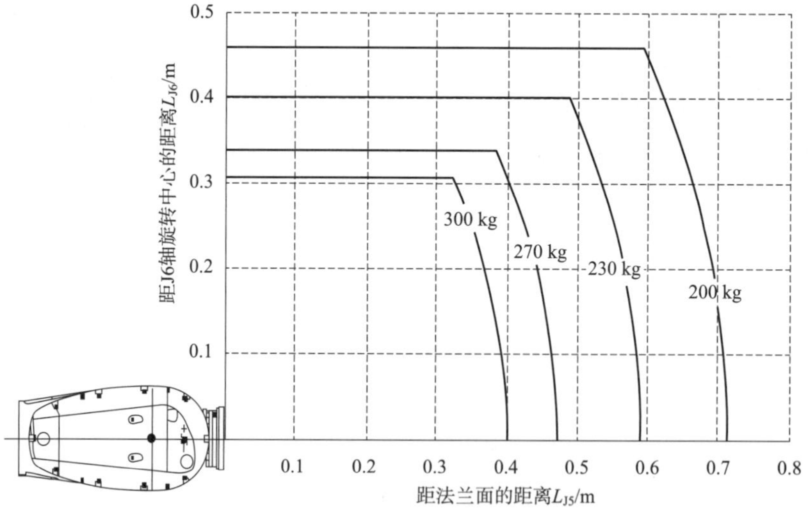

图 3-21　机器人高度与负载变化曲线

由于机器人取料需要与钢筋剪切生产线的出料辊道配合，且其取料后需在钢筋焊网生产线结构内部进行摆料操作，机器人的活动空间受限，加之其取料工件最长达到 10 m，进一步加剧了活动路径上的空间干涉问题。为更好地实现多机构之间的协同配合，根据工业机器人需要完成的任务，使用 CAD 软件和 Solidworks 共同进行程序仿真或实际操作建模，优化工业机器人的运动轨迹，以最小化其动作干扰或冲突，确定机械手臂的运动轨迹和姿态，从而确保臂展范围的准确性。随后，综合考虑机器人运动学的特性、关节测量误差及负载等，通过计算可得机械手臂具体的运动空间及各个关节的最大角度，进而确定工业机器人的最大臂展范围，初步确定机器人臂展、负载等关键参数的选择范围。

除前述基础要求外，需要机器人能满足高速移动需求。机器人是为焊网生产线喂料使用，其喂料的工作节拍将直接影响焊网生产线的工作效率。因此，故需重点考虑其动态性能和运动效率。机器人需要在 200 kg(3 根 10 m 长钢筋和抓料架)的负载下，完成一个标准行程周期控制在 40 s 以内。为保险起见，在参数合理规划基础上，针对满足条件的最小到最大能力的机器人进行工厂内实测，所得结果见表 3-1。

表 3-1　机器人选型试验

序号	参数需求		机器人选型			
	项目名称	数据	ER150-2700	ER210-2700	ER300-2700	ER230-3100
1	负载重量	约 150 kg	不满足	满足	满足	满足
2	臂展需求	2.2 m	满足	满足	满足	满足
3	取料位置	稳定不抖动	不满足	惯量报警	满足	满足
4	灵活性	机构内移动	—	灵活	灵活	受限

由表 3-1 可见，通过机器人现场测试，证实综合负载安全冗余，最终选择负载 300 kg、臂展2 700 mm的机器人为焊网生产线喂料，其工作参数数据如图 3-22 和表 3-2 所示。

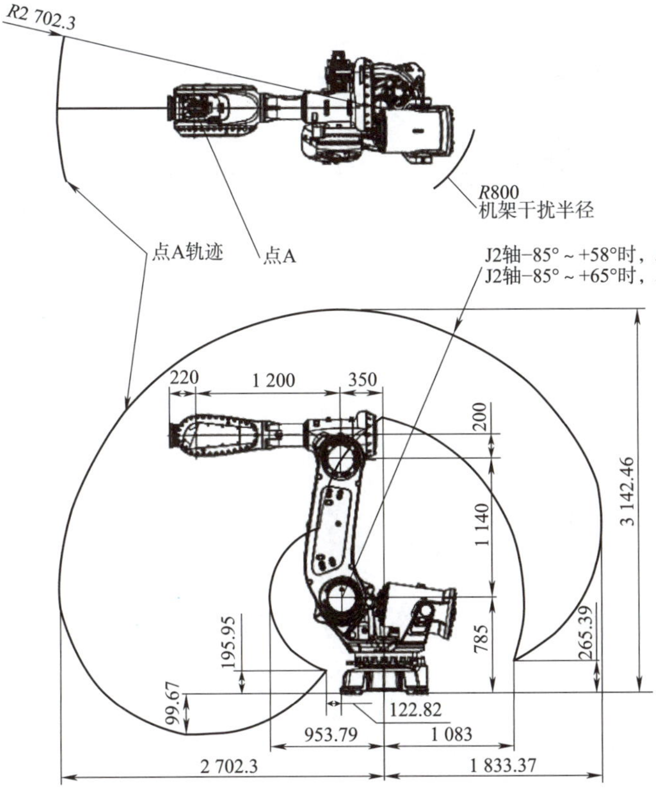

图 3-22　机器人工作参数(单位：mm)

表 3-2　允许负载转矩及惯量

序号	项　目	轴　号		
		J4 轴转动	J5 轴转动	J6 轴转动
1	允许负载转矩/(N·m)	1 830	1 830	900
2	允许负载转动惯量/(kg·m^2)	325	325	230

3.2.6　出网机构对角线精度控制

如图 3-23 所示，钢筋网焊接加工过程采用步进式出网的工艺，横筋主根送入生产线与纵向钢筋焊接为一体，之后由拉网机构将已焊接完成的钢筋网片从焊接主机中拉出，再落下另一根横筋进行焊接，如此往复循环，直至整张钢筋网片焊接完成，即每焊接完成一个横筋，钢筋网片需要向设备后方拖动一个网格间距的距离。目前，钢筋网焊接主要采用的拉网机构是下拉网，其工作原理是从已焊接网片下方升起拉网钩、拖动网片移动一个网格间距后落下并复位，当下一根横筋焊接完成时，重复前述动作，即拉网机构是在一定范围内通过往复运动逐步将整张钢筋网片拖出主机。由于钢筋网线的长度达 32 m，采用下拉网的往复拉网容易出现累积误差，对保证钢筋网片成品的对角线精度十分不利，工厂实际测试过程也暴露了相关问题。

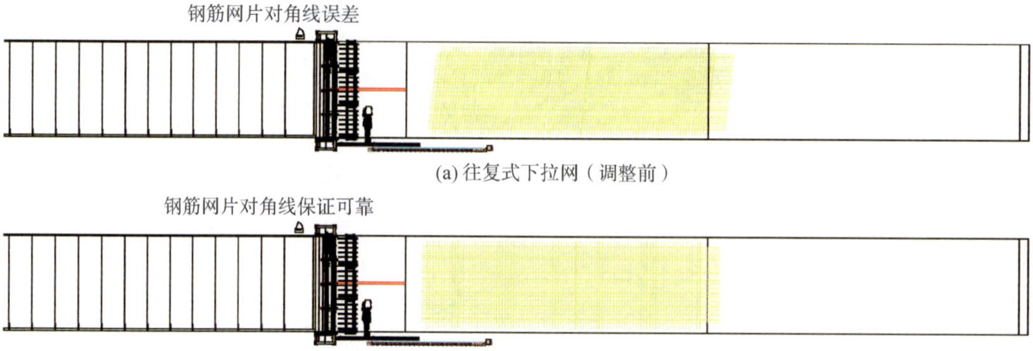

(a) 往复式下拉网（调整前）

(b) 贯通式上拉网（调整后）

图 3-23　钢筋对角线保证效果

因此，经过技术论证，将常规往复式下拉网调整为贯通式上拉网机构，如图 3-23(b)所示，即自钢筋网片首根钢筋焊接完成后，由拉网钩直接将其钩住，钩子分布于横梁上，横梁设置于 32 m 贯通的立柱导轨上，拉钩始终保持对钢筋网片的夹持状态，不会像下拉网在作业时需要频繁地松开拉网钩，且拉网钩横梁在导轨上，其行走直线度十分可靠，从而保证钢筋网片在出网过程中始终保持最佳直线状态，有效避免了钢筋网片出网时跑偏累积误差问题，结构差异如图 3-24 和图 3-25 所示。

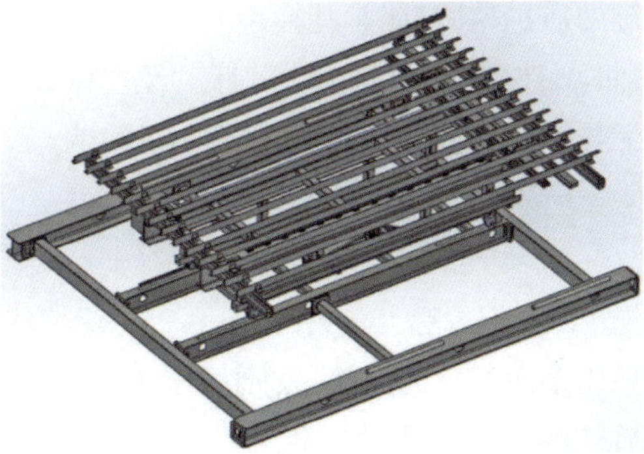

图 3-24 常规往复式下拉网

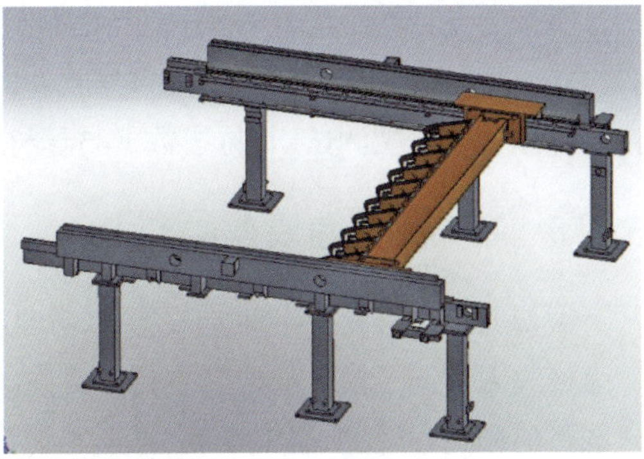

图 3-25 调整后贯通式上拉网

3.2.7 钢带网中大直径钢筋焊接技术

辅材是为满足加工工艺而额外增加的,图纸设计中并无此项内容。钢网带生产线是将作为辅料的钢带与钢筋按照预设间距横纵十字交错排布并焊接为一体。钢带用于固定钢筋间距的位置关系,使得零散钢筋形成网片状部品。同时,由于辅材具有一定柔性,可将焊接后的钢带网片进行收卷,便于存储和转运。

一般情况下,钢带网是用于直径 12 mm 及以下钢筋的加工,但由于项目应用需求,最大的钢筋直径达到 18 mm,加工范围 12～18 mm。因此,设备需要进行大直径焊接兼容,除满足12 mm盘条钢筋的调直定尺焊接外,还需兼容 16 mm、18 mm 棒材钢筋的自动上料模式),直径上差异带来的困难主要体现在焊接方面,钢筋与辅材钢带之间厚度的差值过大(焊接以钢筋截面积计算 18 mm 是 12 mm 截面积的 2.25 倍)。材料厚度差异,造成样机研发过程中经常发生焊接不牢、辅材被电流击穿等不良情况,故针对前述问题开展深入研究,对辅材材料的材质选择、厚度、柔韧性等进行细致测算和实物验证。同时,综合焊接配方参数的调校(非公开数据),最终选用烤蓝钢带(sb1 材料优质碳素结构钢,宽度 19 mm、厚度 0.9 mm),达到设计预期。钢带焊接送检样如图 3-26 所示。

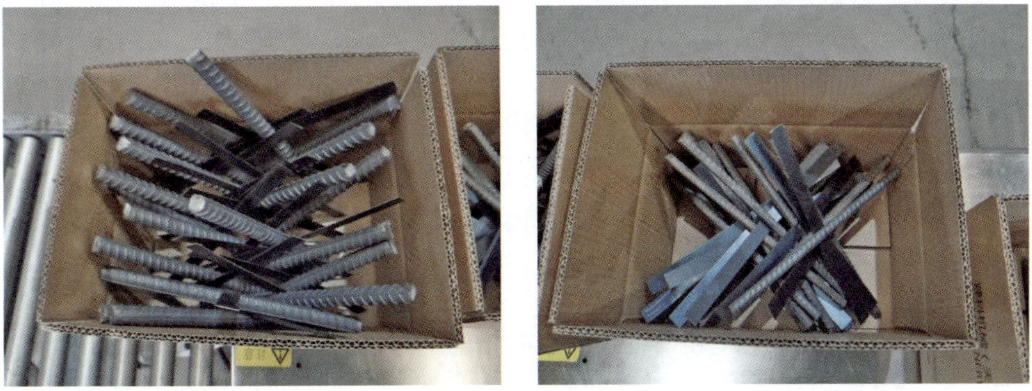

图 3-26 钢带焊接送检样件

钢带为设计图纸之外的辅材，因此不作为关键的质量检验部分，其检验主要采用视觉检验方式，以不损伤钢筋外观、钢带自身收卷的柔韧性不被破坏为宜。此外，针对经过钢带焊接的钢筋进行抗拉测试，其拉拔数据与母材表现无异，故认为母材性能未受到不良影响。

3.2.8　超长大 *R* 角成型加工

大 U 形筋图形复杂，同时存在弯弧、弯曲两种成型工艺，且弯弧处最大 *R* 角达 255 mm，常规弯弧模式无法满足模具的配套支持。目前，主要采用多次折角的形式来赶制多边形，达到近似圆弧的形式，产品质量不可靠、外形不美观，对后期的入模绑扎也造成了一定的困难和阻碍，如图 3-27 所示，小模具多次送料、多次弯曲，通过多次小角度形成最终大角度。

造成前述情况的主要原因在于，成型 255 mm*R* 角所需模具尺寸直径为 510 mm，而常规弯曲设备的工作面板普遍不足以安装该尺寸的模具，为满足大 U 形筋 *R* 角一次成型加工，除配置专用模具之外，还需要对弯曲主机的工作面板进行增大、弯曲能力进行增强，如图 3-28 所示。为此，研发适用大 U 形加工特点的专用型弯曲主机。二维效果如图 3-29 所示，实物可对比图 3-30 和图 3-31。

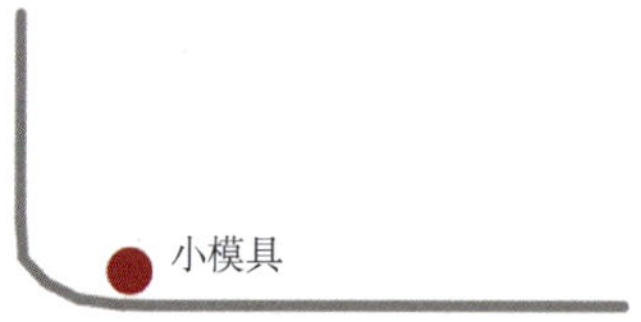

图 3-27　小模具多次弯折圆弧示意

图 3-28　专用 *R* 角一次成型示意

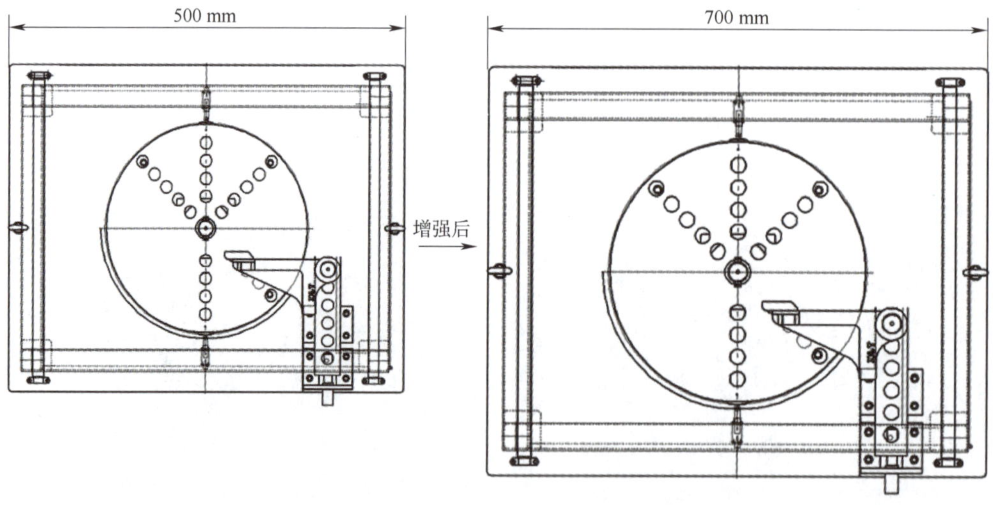

图 3-29　弯曲主机工作面板增强对比

图 3-30 普通弯曲模具尺寸

图 3-31 大 R 角专用模具尺寸

3.2.9 定位网多规格柔性下料

如图 3-32 所示，定位网图形复杂，且在同一段梁体内存在 0～32 种变化，加工极为困难且综合产量低，目前主要采取调直机预先下料、人工摆放，配合简易模台进行焊接，需要 3 名焊工共同作业。生产过程中下料、配料、摆放、焊接、卸料等环节，全部由人工完成，自动化程度低，成品质量精度控制和监管存在一定困难。

受限于现有工艺模式，人工生产时，需要先通过外部的调直机对盘条钢筋进行定尺下料，再根据不同长度进行分类存储。由于定位网规格尺寸变化多，不同长度的钢筋种类也十分复杂，现场需要安排位置进行存储，而且人工焊接胎具周围空间布满钢筋。生产时，工人先从如图 3-33 所示胎具存放架取出对应标号的模具进行组装，之后，从存储区域拿取不同长度的钢筋摆放到图 3-33 所示定位卡槽内，最后进行焊接。目前，定位网采用焊条的焊接工艺，现场工况环境极差，焊接过程中的烟气量较大，不但污染环境，也对工人的职业健康存在严重影响。由于钢筋种类多、规格变化频繁，取料过程极易出错，影响加工质量和效率。针对前述人工加工中存在的不同长度钢筋需要频繁切换、布料的痛难点问题展开研究工作，将预下料、人工摆放转变为线上下料后自动摆放，省去了半成品中间暂存和二次取料环节，有效避免了取料出错等问题。

焊接胎具存储如图 3-33 所示，人工焊接模台如图 3-34 所示。由图 3-34 可知，人工加工模式中，由于定位网中所需钢筋采用的调直机预先下料，钢筋存放凌乱、不利于现场管理，通过设备功能的优化和提升，可将盘条钢筋原料直接送入生产线集成的调直定尺机构，如图 3-35 所示，实现按照定位网所需钢筋长度的“配方式”加工，以及柔性生产、自动布料摆放。

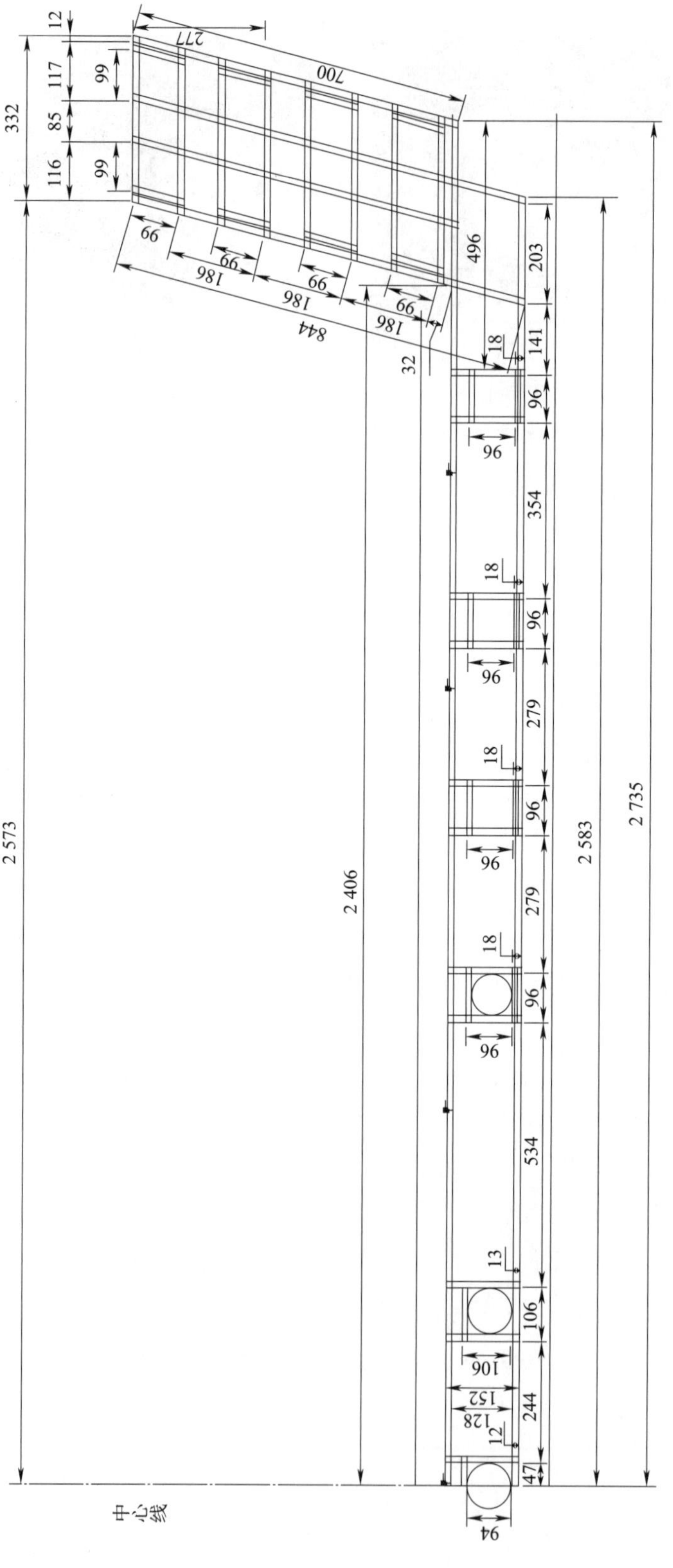

图 3-32 定位网0~3号图纸参数示意（单位:mm）

图 3-33　焊接胎具存储

图 3-34　人工焊接模台

(a) 水平矫直机构　　(b) 垂直矫直机构

图 3-35　线上调直定尺机构

3.3　简支箱梁钢筋骨架自动化加工装备设计输入与场地条件

钢筋骨架由形式不同的四大类部品组成，为此，针对性地研发适应不同部品四类加工设备，较之常规项目，项目工艺及装备的创新性较强，传统设备无法完成相关动作，其主要原因可总结为以下两点：

(1)设备需满足加工流水化工艺设计，无人工干预钢筋半成品，能实现生产线上部品自动流转，传统设备均为独立单体设计。

(2)因加工的钢筋部品尺寸较大，传统小型设备行程无法覆盖大尺寸加工路径。为方便读者理解，介绍应用四类设备时现场需具备的主要外部条件。

3.3.1 不同部品加工设备设计输入

根据梁体单件钢筋工艺形式的不同，将全部钢筋划分为钢筋网、钢带网、大U形钢筋、定位网钢筋以及标准单件，共计五大类别，分别由不同的设备完成对应类别生产后，进行绑扎作业。生产环节全部由自动化加工设备完成，并对生产和绑扎工序之间的关键环节进行自动转运、自动布料入模等工艺提升，实现机械生产、输送转料、高效入模的流水作业形态。除标准单品外，其余均为非标设备。

1. 钢筋网片加工类设备

如图3-36所示，钢筋网片均由横、纵两个方向钢筋组成，其中纵向钢筋均采用盘条原料，由设备进行自动调直、定尺及切断，并根据网片的参数需求，完成自动备料和布料，实现快速切换及柔性生产。生产过程中纵筋按照设定布距拖曳，配合横筋自动落料机构，完成布料动作后，通过上下电极压紧钢筋，进行电阻焊接，使横、纵筋形成网格，在线折弯机构工作实现对横筋两端的自动折弯，循环工作形成网片成品，等待吊装入模拼装。表3-3为设备的相关技术参数。

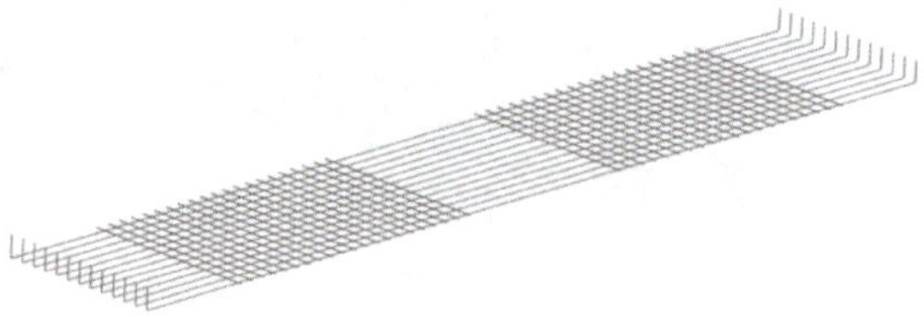

图3-36 钢筋网片及对应加工设备

表3-3 钢筋网类生产线

项目名称	技术参数
网片长度	≤32 000 mm
网片宽度	≤9 700 mm
弯钩方式	两端弯钩
最大焊接能力	ϕ12 mm+ϕ18 mm
纵筋间距	间距为100 mm和150 mm，100 mm以上以50 mm倍数调整
横筋间距	间距100 mm，≥100 mm无极可调
横筋位置	上侧、下侧
纵筋直径及钢筋类型	ϕ12 mm，热轧带肋钢筋
横筋直径及钢筋类型	ϕ16 mm，ϕ18 mm，热轧带肋钢筋
焊接速度	≤10排/min
横筋上料方式	直条棒材步进式机械化上料

续表

项目名称	技术参数
龙门行进速度	≤150 mm/s
弯曲速度	≤1 °/s
控制方式	工业级 PLC+显示终端，模块化设计，可个性化编辑

2. 钢带网加工类设备

梁体内部分通长钢筋无法与其他钢筋形成网片，因此增加钢带作为辅材，采用国内独有的柔性网片生产技术，如图 3-37 所示，网片纵向为直径 12 mm 带肋钢筋、横向为钢带，通过电阻焊接形式将钢筋和钢带进行焊接。纵向带肋钢筋采用盘条钢筋上料，自动调直、定尺切断、自动布料，通长钢筋逐根与钢带焊接。因钢带材质自身具有一定柔性，钢带网成品可进行收卷，便于网片的吊装和转运。表 3-4 为对应的加工设备及相关技术参数。

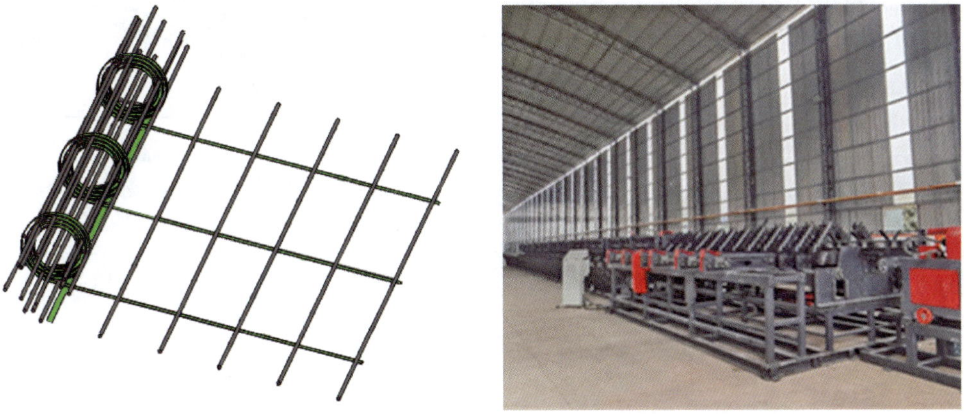

图 3-37　钢带网片及对应加工设备

表 3-4　钢带网类加工设备技术参数

项目名称	技术参数
网片长度	1 000～2 000 mm
网片宽度	≤6 000 mm
钢筋直径	16～18 mm(热轧带肋钢筋)
间距	间距 100 mm，≥150 mm 无极可调
钢带宽度	19 mm
焊接速度	≤15 排/min
单点变压器	40 kVA
电压	380 V，50 Hz
控制方式	工业级 PLC+显示终端，模块化设计，可个性化编辑

3. 定位网加工类设备

依据图 3-38 所示的通用图钢筋大样，设定 0～32 号钢筋定位网片的尺寸规格，并据此形成针对钢筋布料和加工过程中的定位坐标。首先将盘条钢筋进行自动调直与剪切，然后抓料装置根据定位坐标(高铁大箱梁钢筋笼内预应力橡胶棒穿入定位坐标，定位网的钢筋分布于该坐标区域用于限制坐标位置)将单件钢筋摆放至对应工位，最后由电阻焊接机械手完成自动寻点焊接，全部过程均由程控系统输出运动控制指令，伺服电机精确执行相关动作，自动化程度高。焊接工艺采用绿色环保的电阻焊接工艺，经济性更强，可有效避免传统人工焊接过程中损伤钢筋母材的质量问题，机械化生产提升了钢筋布料和网片成型精度。表 3-5 为相关加工设备技术参数。

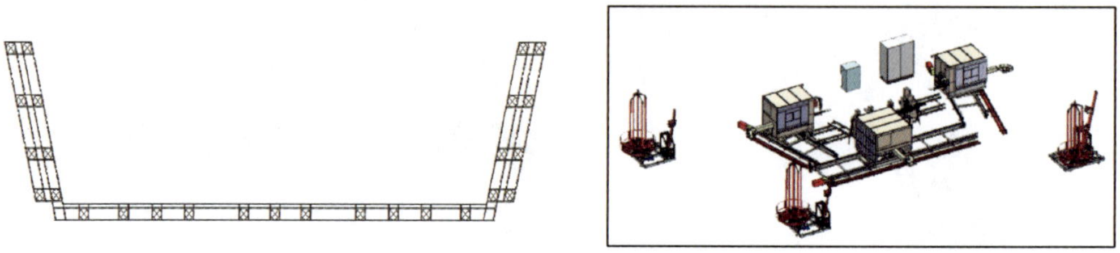

图 3-38　定位钢筋网片及相应加工设备

表 3-5　定位网类加工设备技术参数

项目名称	技术参数
焊接额定功率/kVA	160×3=480
装机运行功率/kW	≈48
钢筋直径/mm	8～12
上料方式/mm	盘条钢筋
传动方式	伺服驱动
焊接方式	电阻焊接
最大焊接能力/mm	ϕ12+ϕ12
焊点数/组	3
侧面钢筋最大数量	6
中间边钢筋最大数量	4
焊接最大钢筋强度	HRB400

4. 大 U 形钢筋类加工设备

大 U 形钢筋采用梁场专用型平面式四机头弯曲中心加工，该设备与剪切生产线可进行联动集成，实现棒材钢筋从剪切到弯曲的加工过程自动供料、无需人工二次调运钢筋半成品，其特点在于：

(1)专用设备突破了大 U 形钢筋图样同时存在弯角和弯弧复杂工艺需求限制，配置专

用模具保证 R 角的一次成型，从而提升加工质量精度，保证最终入模拼装效果。

(2)设备工作全流程，包括钢筋原料的梳理分拣、自动送入弯曲模具、端部自动对齐、自动弯曲成型及自动落料等5大工序，实现了全自动化加工，生产效率大大提升，同时，可实现生产过程无人值守，具有显著的技术优势和极强的实用性。大U形钢筋弯曲加工如图3-39所示，相关加工设备及相关参数见表3-6。

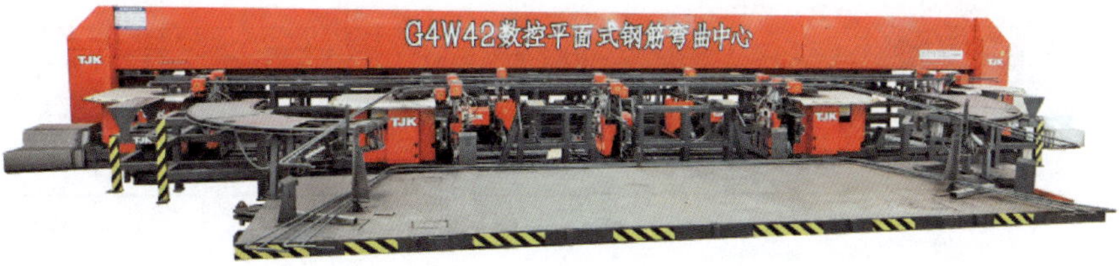

图3-39 大U形钢筋弯曲加工示意

表3-6 大U形钢筋类加工设备技术参数

项　目	数　据
弯曲速度/(°)	48
弯曲机移动速度/(m/s)	0.5～1
弯曲角度/(°)	±180
1、4机头中断距离范围/mm	7 000～12 000
2、3机头中断距离范围/mm	3 000～8 000

5. 标准工件加工

除以上钢筋构件，其余小型构件可采用数控钢筋装备进行生产加工，盘条钢筋加工选用智能钢筋弯箍机，在设备上实现小型箍筋及拉筋全工序自动生产。直条钢筋加工则使用剪切与弯曲设备联动配合，配合套料算法和生产节拍，按需下料和弯曲成型加工。所有钢筋半成品均采用专用的物料收集转运装具，形成标准码垛，便于后续工艺的使用。

3.3.2 各类设备所需外部场地、水电条件

在各类设备进行钢筋加工过程中，需要提供一定外部条件并保持一定的环境条件才能确保设备正常使用和长期稳定运行。这些条件通常包括占地面积、温度、湿度、气压、电源等各方面要求。

1. 占地面积要求

为实现钢筋骨架部品化加工，共研发四大类共五款设备，其中，钢筋网焊接生产线为两台设备，分别适用于10 m、7 m宽的钢筋网焊接任务。表3-7为各类设备所需空间尺寸。

表 3-7　加工设备占地空间

序号	设备名称	型号	数量	占地空间
1	梁场 U 形钢筋弯曲机搬运排料系统	G4W42	1 套	19 m×16.5 m×4 m
2	数控高速铁路箱梁钢筋网焊接生产线	GWC-10M-GTXLW	1 套	115 m×16.5 m×4.2 m
3	数控高速铁路箱梁钢筋网焊接生产线	GWC-7M-GTXLW	1 套	115 m×14 m×4.1 m
4	数控钢带网焊接生产线	GD18 mm-32 M	1 套	55 m×5.5 m×2.3 m
5	箱梁定位网焊接生产	XLWH1200	1 套	30 m×16.5 m×2.1 m
6	其他小型设备	—	1 套	约 200 m^2

2. 通用要求

设备布局时，可借鉴下述各注意要求进行设计：

(1)采用流水化的设计理念，厂房按跨划分为 1 个车间，车间设置龙门，且车间内龙门需要与绑扎台座龙门共轨，以便于生产完成的钢筋网片能通过吊装直接放入绑扎台座。

(2)车间总长度不低于 200 m，跨度选用经济跨度为 40 m。

(3)车间设置 4 m 的贯通通道，每跨车间两端配置 6 m 宽的升降大门。

(4)车间按功能又细分为原料存储区、生产加工区、成品存储发货区。

(5)车间的龙门为贯穿设置(净起升高度不低于 8 m)，共配置 3 台 20 t 的龙门用于车间生产及钢筋网片吊装。

(6)建议厂房整个车间的电路、气路为地埋式。

(7)建议路面混凝土厚度为 250 mm、车间地面混凝土厚度为 200 mm(建议至少铺设单层钢筋网片)，以最大限度保证地面的平整度、避免使用过程中出现沉降影响生产线的运行。

(8)便于排水，建议厂房设计为两个屋脊，仅供参考。

(9)建议采用封闭式厂房设计。

(10)顶部设置彩采光带，配合照明灯，形成合理采光。建议侧墙不设置采光，降低夕阳夕照影响工作视觉。

(11)设置二层参观通道，通道分布于车间长度方向的单侧(亦可设计为环形通道)，通道两侧(靠近车间大门的方向)设有楼梯，用于参观人员上下使用。

(12)设有信息化总控室，便于对车间设备生产的监控管理。

3. 公辅设备要求

根据设备实际生产运行需求，表 3-8 对所需的关键外部条件(包括电、水、气)进行分项汇总统计。由于焊接设备装机功率较大，一般只考虑焊接设备用电需求配置变压器即可，此外，为便于车间的生产管理，建议依表 3-9 配置低噪声节能的螺杆式空压机进行集中供气，冷却水则每条生产线单独控制即可。

表 3-8　各类设备电/水/气需求

<table>
<tr><th rowspan="2">序号</th><th rowspan="2">类　别</th><th rowspan="2">项目名称</th><th colspan="4">设备规格型号</th></tr>
<tr><th>10 m 宽钢筋网</th><th>7 m 宽钢筋网</th><th>钢带网</th><th>大 U 形筋生产线</th></tr>
<tr><td>1</td><td rowspan="3">电力需求</td><td>主线缆直径/mm²</td><td>360×3+95×1（铜芯）</td><td>360×3+95×1（铜芯）</td><td>360×3+95×1（铜芯）</td><td>3×35+1×16（铜芯）</td></tr>
<tr><td>2</td><td>设备电控柜/A</td><td>1 250</td><td>1 250</td><td>1 250</td><td>100×2 个</td></tr>
<tr><td>3</td><td>外部变压器</td><td colspan="2">800 kVA 共用</td><td colspan="2">600 kVA 共用</td></tr>
<tr><td>4</td><td rowspan="3">水源需求</td><td>冷水机总体需求</td><td colspan="3">进水温度在 0～12 之间，外部配置制冷机，流量大于 240 L/min，水泵扬程大于 40 m</td><td>—</td></tr>
<tr><td>5</td><td>冷水机单台配置需求/匹</td><td>25</td><td>25</td><td>25</td><td>—</td></tr>
<tr><td>6</td><td>水管材质</td><td>PPR 管、管径 1.5″</td><td>PPR 管、管径 1.5″</td><td>PPR 管、管径 1.5″</td><td>—</td></tr>
<tr><td>7</td><td rowspan="4">气源需求</td><td>空压机总体需求</td><td colspan="4">外部气源要求为大于等于 0.76 MPa，用气量 15 m³/min</td></tr>
<tr><td>8</td><td>空压机单台配置需求</td><td>共用</td><td>共用</td><td>共用</td><td>共用</td></tr>
<tr><td>9</td><td>气管布设方式</td><td>与电源线共用电缆沟</td><td>与电源线共用电缆沟</td><td>与电源线共用电缆沟</td><td>与电源线共用电缆沟，其余部分单独走管线</td></tr>
<tr><td>10</td><td>气管材质</td><td>2″镀锌管</td><td>2″镀锌管</td><td>1.5″镀锌管</td><td>1.5″镀锌管</td></tr>
</table>

表 3-9　公辅设备外部条件需求

公辅设备类别	二级柜空开/A	电源线缆直径(铜芯)/mm²	电源线长度/m	功率/kW
空压机电源需求(集中供气)	230	95×3+75×1	50	110
10 m 焊网冷水机电源需求	100	16×3+10×2	20	26
7 m 焊网冷水机电源需求	100	16×3+10×2	20	26
钢带网冷水机电源需求	100	16×3+10×2	20	26

3.4　各类加工设备详解

3.4.1　钢筋网类

1. 设备介绍

如图 3-40 所示，数控钢筋网焊接生产线由原材上料区、调直下料区、调直备料区、牵引机构、横筋定位布料机构、焊接机构、网片线上折弯机构、成品接料机构、成品暂存机构等部分组成，纵向钢筋采用盘条钢筋上料形式加工通长钢筋网片，横向钢筋则采用直条钢筋预先剪切下料，根据设定的钢筋间距，将截面上的单件钢筋逐根与通长筋焊接（电阻焊接），每根钢筋焊接完成之后，在线上进行折弯。

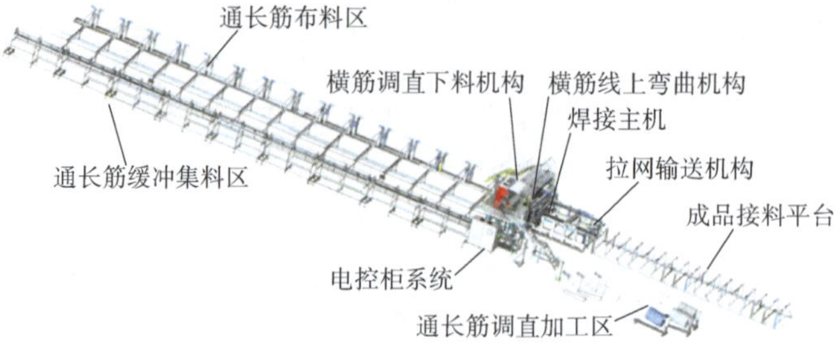

图 3-40 钢筋网部品焊接生产线示意

因折弯后网片要通过辊道装置进行输送，纵筋根据设定的网格间距向前移动，横筋逐根布料定位后进行焊接，因此折弯的方向只能向上，否则弯钩处会与输送辊道发生干涉，导致无法运输，故会存在单件钢筋(横筋)既存在位于通长钢筋上部、也存在位于下部的情况，如图 3-41 所示，所以单件钢筋需要兼顾以上两种送料形式。

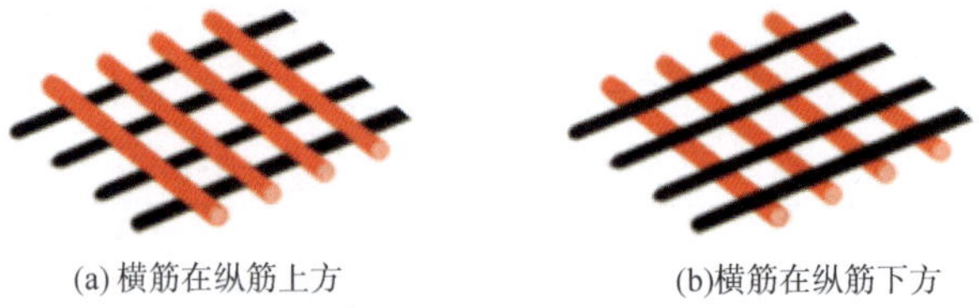

图 3-41 两种布料形式

钢筋网片均由横、纵两个方向钢筋组成，其中纵向钢筋均采用盘条原料，由设备进行自动调直、定尺及切断，并根据网片的参数需求，实现自动备料和布料，保证柔性生产、快速切换。生产过程中纵筋按照设定间距进给，配合横筋自动落料机构，完成布料动作后，通过上下电极压紧钢筋，进行电阻焊接，使横、纵筋形成网格，随后在线折弯机构工作实现对横筋两端的自动折弯，如此往复形成最终的网片成品后，等待吊装入模拼装。

在完成功能需求分析、结构设计和加工装配等机械设计通用流程后，形成如图 3-42 所示数控钢筋网焊接生产线。

图 3-42 生产线外观

钢筋原材进给之后，生产线的各个功能机构依次有序运行，根据钢筋网片规格参数进行自动化生产，实现调直、切断、弯曲、焊接等多部工艺协同作业，直接产出横筋带有弯钩的钢筋网片部品。该生产线可覆盖长度为 24～32 m，宽度为 1.7～12 m 的钢筋网片加工任务，其成品如图 3-43 所示。

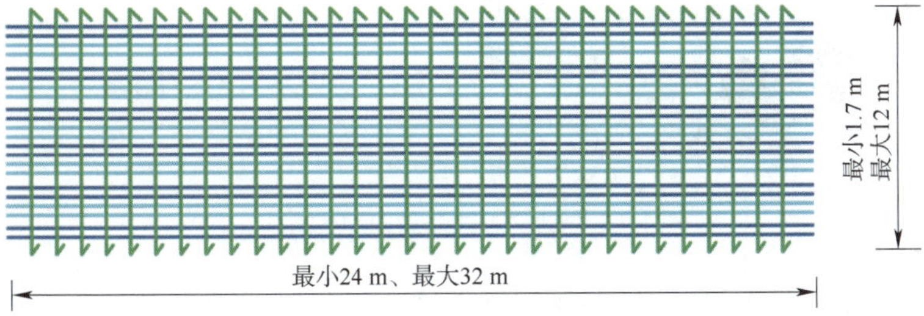

图 3-43　标准钢筋网

2. 技术特点

该设备具备超大网片加工、大直径钢筋加工、在线弯折及横筋上下布置等功能，各功能特点如下：

(1)长 32 m、宽 10 m 超大规格网片加工：生产线满足梁体钢筋需求，实现超大尺寸规格的网片加工，并保证网片的对角线等关键技术指标满足应用需求，实现梁体内钢筋的部品化生产。

(2)18 mm 大直径钢筋网焊接：常规钢筋网片焊接最大直径为 12 mm，需要实现(18＋12)mm 大直径钢筋焊接的需求。

(3)钢筋网线上折弯：根据图纸设计要求，实现设备对钢筋网片两端的线上弯折，采用先焊接定位、再两端折弯的工艺方式，保证折弯角度精度和位置关系。

(4)横筋布料在下模式：一般钢筋网片横筋布料位于纵筋上，由于需要对钢筋进行折弯且考虑到钢筋网片加工成型后，最大限度减少钢筋网片的翻身操作，因此需要开发生产线横筋在下的布料模式。

3. 核心执行机构

(1)通长筋调直精度控制

通长筋调直机构用于将盘条钢筋原料进行调直、定尺、切断，如图 3-44 所示，主要包含原材放线架、理线框及调直主机(含送丝装置、水平调直、牵引装置、牵引调直装置、剪切装置)，采用旋转调直工艺、进行自动剪切，实现按需进行调直下料。

调直主机的核心组件共有两个，如图 3-45 所示。调直机构为旋转筒式调直方式，可减少对钢筋表面的损伤。在调直机构中钢筋先通过预调直压轮机构，将钢筋先预压紧去应力，调直轮为可润滑式设计，延长了调直轮和轴承的使用寿命，采用全封闭式设计，避免了钢筋氧化皮进入电器控制机构，并且配备自动收集装置，保证长钢筋调直后直线度符合设计要

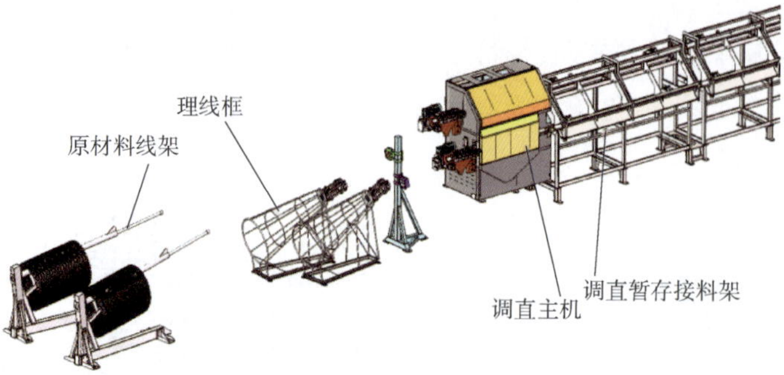

图 3-44　通长筋调直机构

求。最后,由安装于调直主机末端的定尺切断机构按照长度参数对调直后的钢筋进行精确切断。

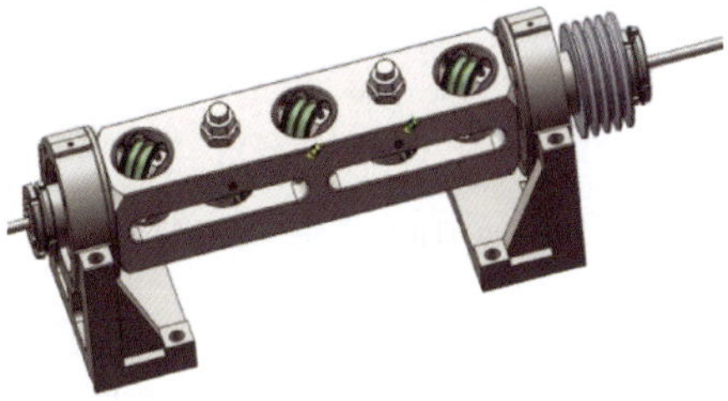

(a) 旋转调直机构

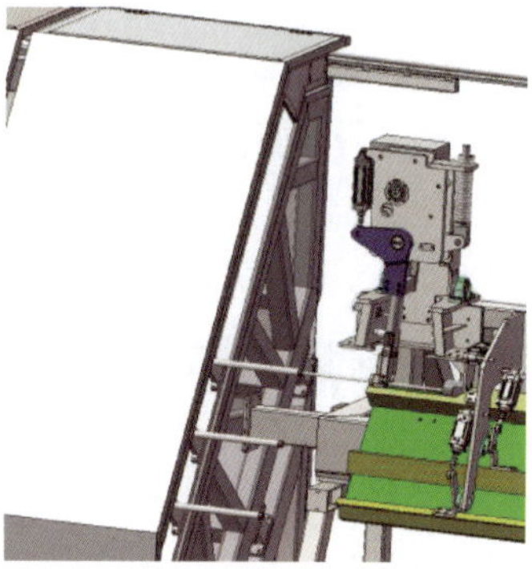

(b) 定尺切断机构

图 3-45　调直主机核心组件

(2)通长筋布料精度控制机构

布料精度控制机构由图 3-46 所示的两组件构成。图 3-46(a)为暂存接料架,该组件与前述调直机构联动使用,用于接收单根调直的通长钢筋,在每根钢筋的调直过程中,接料架拖料装置闭合,对调直中的钢筋进行支撑,防止钢筋跑偏,并保证其在加工过程中不会出现位置偏移或者变形,并具有缓冲收集功能,提高落料效率,主要包括纵筋落料架,纵筋落料架用于将切断的钢筋落入链条储料机构,实现通长筋下料与传输的联动。图 3-46(b)所示组件与前述通长筋暂存接料架联动使用,当调直机每完成 1 根钢筋的调直、定尺、切断后,会将钢筋送入机构,实现对整张钢筋网片所需通长筋用料的临时存储。

通过链式传动装置存放及输送调直后的通长钢筋,链式机构可进行滚动旋转,拖动钢筋向焊接主机区域移动,使通长钢筋能步入焊接主机的覆盖区域,主要由机架、传动轴及输送链条组成,并实现联动控制,其中,链条带有 V 形定位槽,可保证输送时钢筋位置准确。

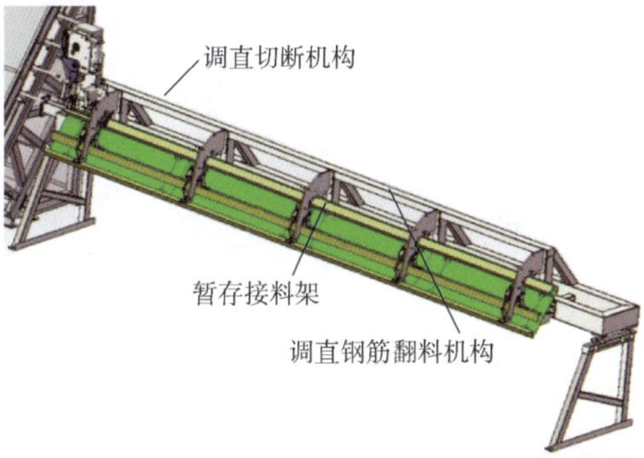

(a) 暂存接料架

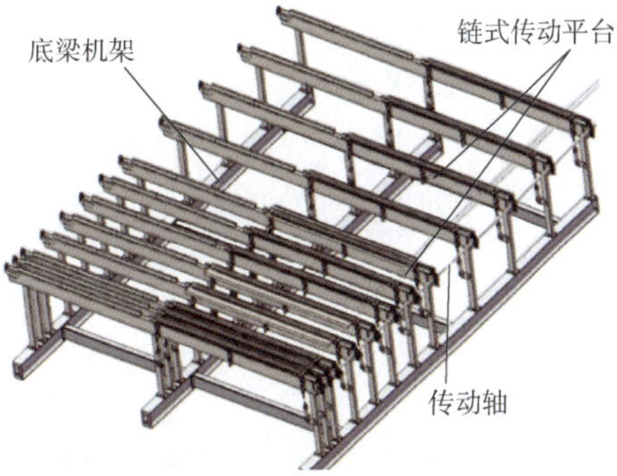

(b) 暂存送料平台

图 3-46　通长筋布料精度控制机构

(3)横筋布料机构

图 3-47 所示为横筋布料机构，主要由人行走台、储料组件、传动轴、输送组件及对齐组件组成，其主要作用是将钢筋逐根输送至横筋输送机构，并保证其与整排纵向钢筋的精准位置关系，完成横向钢筋的初次对齐与整理任务，便于后续工业机器人的定位抓取工作。

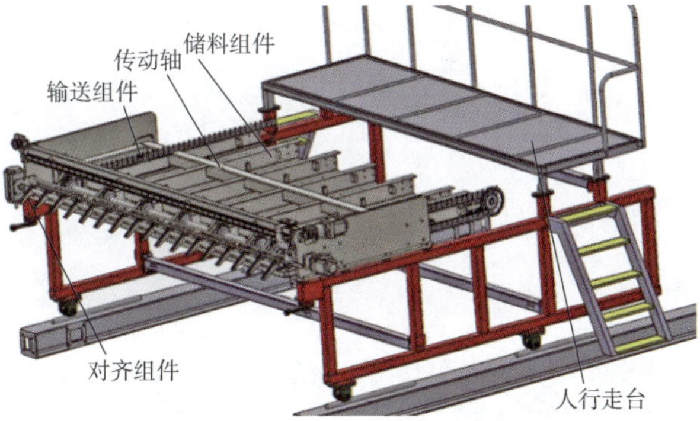

图 3-47　横筋布料机构三维效果

横筋备料完成后，由工业机器人执行横筋抓取动作，并准确放入焊接主机的电机头内，以便于后续电阻焊接，如图 3-48 所示。

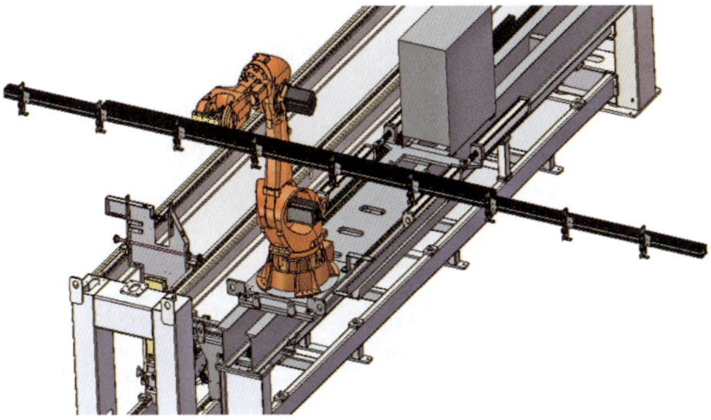

图 3-48　工业机器人进行横筋抓取工作

(4)网片焊接主机

网片焊接采用电阻焊接形式,焊接主机框架上设有整排的焊接电极,可进行横、纵向钢筋的整排批量焊接,焊接过程中上下电极会变热,为保证焊接质量,设备在上、下电极座及变压器导线等处均有强制水冷却管道。主机部分主要包括纵横筋交叉焊接电路、焊接气缸、焊接变压器、储气管、各种电磁阀、水管、磁力定位等,如图 3-49 所示。

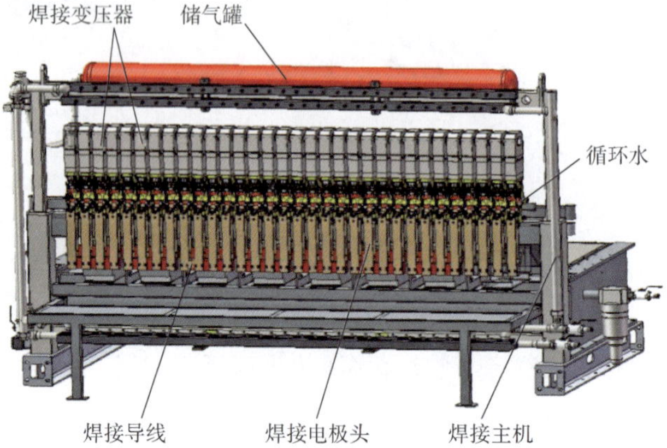

图 3-49　网片焊接主机(三维效果)

由焊接变压器驱动电极头对分布好的钢筋夹紧并释放瞬间大电流,将横、纵向融为一体,具体施工步序可分为两步,如图 3-50 所示,电阻焊对外部变压器要求较大,可根据电极头数量进行分次焊接。

(a) 钢筋送入电极头　　(b) 电阻焊接作业

图 3-50　网片焊接步序

经由上述步骤得到的钢筋网片焊接效果如图 3-51 所示。

(5)横筋端部折弯机构

设备采用了多种弯曲机构,经过不同机构的协同配合来实现横筋端部折弯任务。如图 3-52 所示,为完成横筋两端 135°弯钩任务,在单根横筋焊接完成后,利用两相同折弯机构同步进行两端的 135°钩弯折,即可实现在平面网焊接过程中,同步完成横筋两端的弯钩加工。

图 3-51　焊接成型的钢筋网片

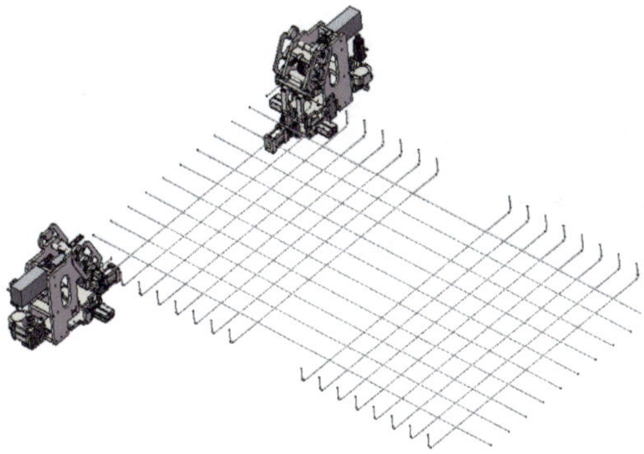

(a) 三维效果

(b) 实物

图 3-52　折弯机构

(6)成品出网平台

如图 3-53 所示,成品出网平台核心部件包括固定钩、活动钩和拉网横梁等。活动钩与气缸相连接,通过气缸带动使活动钩前后活动加紧。拉网横梁由伺服电机牵引,行走定位准确;上拉网机构还负责出网的工作,将焊接完成的网片拉到接网机构上,节约了空间和成本,接网机构运行,将网片掉落到出网机构上,实现网片运出。

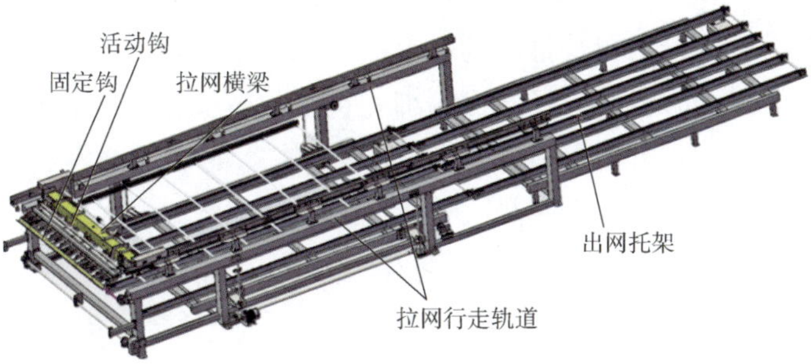

图 3-53　出网平台三维效果

(7)电控系统

如图 3-54 所示，操作台上配置有控制计算机，运行自主开发的控制系统，该系统配有生产任务、状态监控、故障预警、数据通信等功能模块，最终由显示控制屏实时展示。操作人员可以实时显示设备工作状态、设备故障信息和设备各动作部位的运行参数，具备操作方便、显示直观等特点，提高了人机交互的方便程度和设备的智能化水平，有效地提高生产效率。

图 3-54　设备人机交互模块

4. 解决问题

通过研发数控钢筋网焊接生产线，利用前述介绍的各个机构进行协调控制与作业，解决网片加工过程中四个方面问题。

(1)散件加工、绑扎现场二次分料：传统钢筋安装绑扎过程，需要工人在绑扎台座前按照各类钢筋的设计位置进行摆放，在运输过程中钢筋容易缠绕在一起，导致在摆放安装过程中需要专人进行钢筋二次分拣工作，人工费用大幅上升。

(2)人工搬运工作量大：因为钢筋工件较为零散，生产时需人工取料，此过程极易出现取件错漏，人工需要频繁往返于钢筋加工厂和绑扎台座进行钢筋搬运工作，效率极低。

(3)安装速度慢：钢筋安装绑扎过程中，由于是针对单件钢筋进行的，因此效率很低，特别是当单件钢筋尺寸规格较大、需要多人协同配合的情况，效率更低。

(4)钢筋位置关系不准确：单件钢筋的位置由人工确定的，实际生产过程中无法做到逐根检测位置，加之人工操作的误差，导致成品绑扎钢筋位置关系存在较大偏差，从而影响最终质量。

3.4.2　钢带网类

1. 设备介绍

如图 3-55 所示，数控钢带网焊接生产线主要由原材上料机构、理线机构、焊接主机、收卷机构、辅助走台等机构组成，可将所需钢筋按照设定间距与可弯曲的钢带连接起来，钢筋与钢带之间采用电阻焊接、形成钢带网片，生产过程中可将钢带网打包成卷。

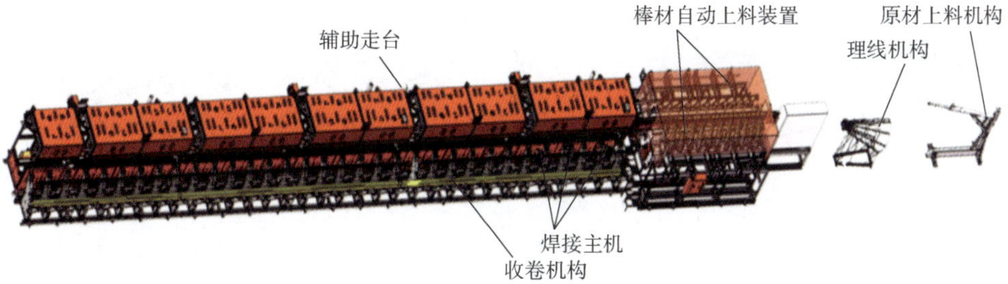

图 3-55　钢带网焊接生产线效果

因梁体内通长钢筋无法与其他钢筋形成网片，因此增加钢带作为辅材，采用国内独有的柔性钢带网片生产技术，网片纵向为直径 12 mm 带肋钢筋、横向为钢带，通过电阻焊接形式将钢筋和钢带进行焊接。直径 12 mm 钢筋采用盘条钢筋上料，自动调直、定尺切断、自动布料，通长钢筋逐根与钢带焊接，因钢带材质自身具有一定柔性，钢带网成品可进行收卷，更加便于网片的吊装和转运，如图 3-56 所示。

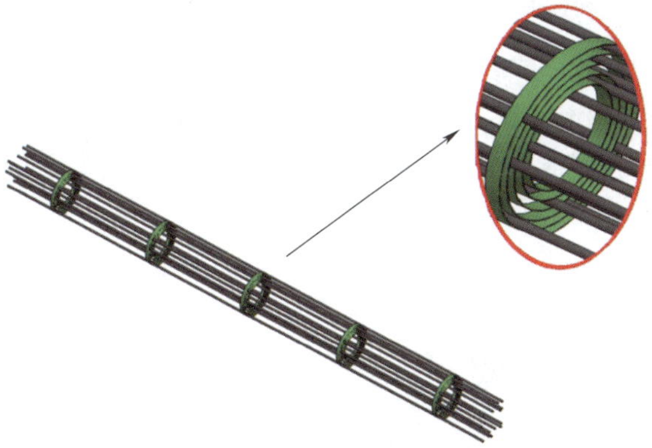

图 3-56　钢带网成品

钢带网通长钢筋与钢带焊接成网片结构，用于固定通长钢筋的位置关系。钢带网在设备生产完成后为收卷状态，卷装中心有临时支撑工件，用以保证钢带网的收卷形态。钢带网吊装到指定位置后，由人工推动使得卷状打开成为平面状态，其具体铺设过程可参考图 3-57 所示。

2. 技术特点

针对钢网带加工工艺要求，该设备具备两大特点，其中柔性钢网带焊接技术为国内首创。

(1)32 m 超长钢筋调直：采用大功率、全主动调直工艺，由伺服系统驱动，可实现精准控制加工钢筋的直线度和长度等核心指标。

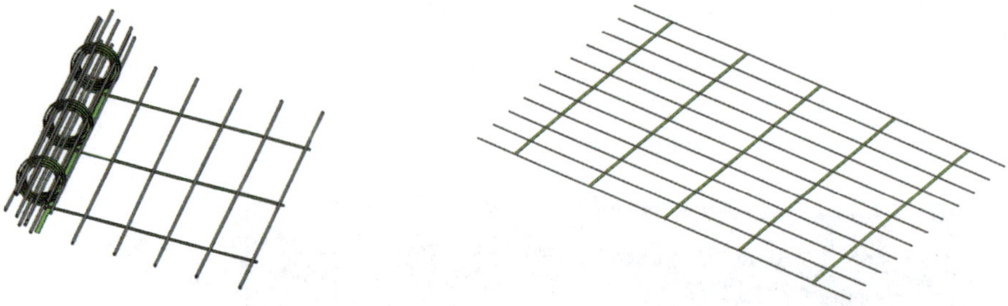

图 3-57 钢带网铺设过程

(2)超大直径钢带网焊接技术:采用电阻焊接工艺,将钢筋与钢带焊接成为柔性网片,因电阻焊接对材质差异的容差度较弱,当钢筋直径增大时,进一步增大了技术难度。目前,设备能满足的最大焊接钢筋直径为 12 mm,为满足方案的技术要求,将进一步将最大焊接直径提升至 16 mm。

3. 核心机构

(1)钢筋分料装置

如图 3-58 所示,钢带网生产线可兼容直条、盘条两种形式的钢筋原料,由于棒材钢筋为批量下料,需在使用过程中逐根进行梳理,故设置有专用分料机构,其作用是将初次梳理完毕的横筋依次排列,方便落料机构快速输送。分料机构主要由链式承料平台、支撑底座、固定板、活动板、驱动轮和排线导料槽构成,活动板在驱动轮的驱动下沿设定轨道轨迹往复运动,完整钢筋阵列分布。

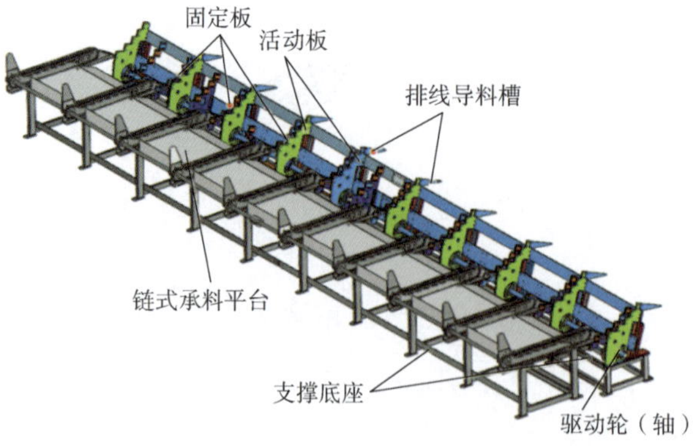

图 3-58 钢筋分料装置

(2)钢带网收卷装置

钢带网焊接完成后并非平面的钢筋网状态。为便于后续吊装以及布设,需对钢带网进行收卷,故设置了专用机构完成此项动作。如图 3-59 所示,收卷机构能将焊接完成的钢带网以卷状收集,通过链条与钢筋的摩擦带动钢带网以卷状收集,待收集完设定长度的钢带网后，活动架可旋转打开，收集好的卷状钢带网自动滚落，进入放置架。

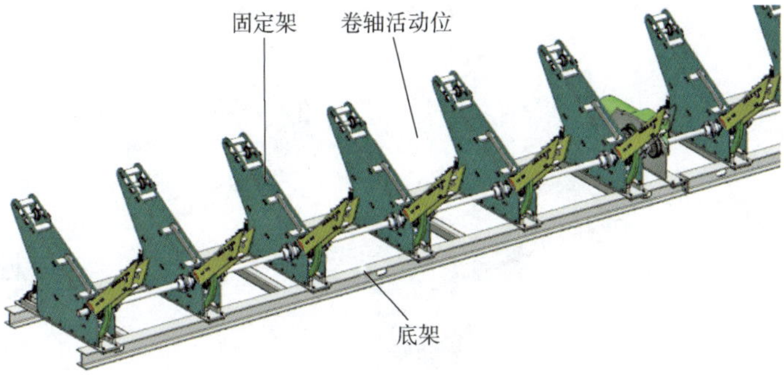

图 3-59　钢带网收卷装置

4. 解决问题

钢筋铺设、间距定位困难。传统模式下，钢带网中通长钢筋等均需人工搬运、摆放并进行定位，操作不便，定位精度受限，钢带网可在生产线上通过伺服将钢筋间距关系锁定，提升了布料安装的精度质量水平。

人工搬运工作量大。因 32 m 通长钢筋的长度过大，导致在从加工区域到绑扎区域的转运过程无法利用天车进行高效吊装，往往采用人工分次搬运的形式，通过网片化生产、自动收卷，有效地提升了存储及转运效率，可通过专用吊具将所需部位的钢带网一次吊装到位，提升物料转运效率。

3.4.3　定位网类

1. 设备介绍

箱梁定位网智能焊接生产线由圆盘式原料放线架、调试定尺下料机构、自动布料机构、电阻焊接机构、可调式定位模具、主机行走轨道等机构组成（图 3-60），设备主要用于高速铁路简支箱梁内定位网片钢筋的生产加工。生产线共配置 3 个工作主机，能实现定位网 3 个作业面的独立作业。该产线采用盘条上料的形式，可根据设定参数将盘条钢筋进行自动调直定尺、剪切下料，并通过主机实现断料后钢筋的自动摆放入模，采用电阻焊的模式将零散的钢筋组合成定位网片，实现流水化自动生产。

最终形成的定位网样式如图 3-61 所示，其生产步骤如图 3-62 所示。

2. 技术特点

该设备在下料、布料及巡点焊接等施工步骤均可实现全自动化。在实际施工中，可依据已存储的图纸信息自动调整控制参数，减少人工干预与参数重设定，有效提高效率。

（1）自动下料：采用盘条上料的形式，可根据加工定位网规格不同，实现自动牵引、调直、定尺、剪切，由伺服系统驱动执行元件，下料精度高、速度快，全过程无需人工干预。

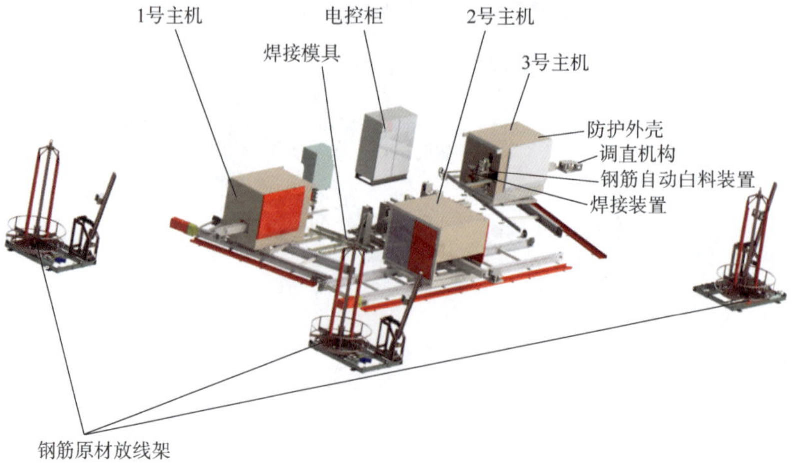

图 3-60　主机外观形式

图 3-61　定位网产品形式

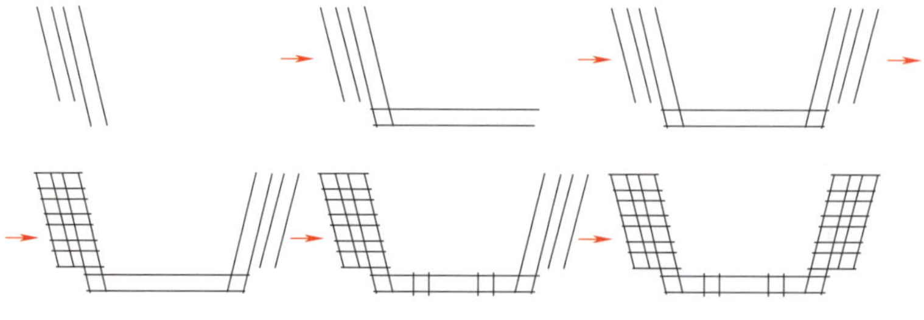

图 3-62　定位网生产工艺步骤

(2)自动布料:钢筋调直下料完成后,可根据程序设定与定位模具配合,实现钢筋自动布料摆放,取代了人工摆料环节、有效避免出错。

(3)自动巡点焊接:采用电阻焊接模式,能自动寻找钢筋交叉点位置并进行快速焊接,焊接质量可靠、效率高。

(4)配方式控制:根据设计图纸预设不同规格定位网的相关参数,并记录相关的断料长度、布料位置等信息，能实现根据定位网标号的选择快速切换网片规格，无需逐项重新编辑生产参数。

3. 核心机构

(1)移动焊接机构

由于定位网 0～32 号钢筋尺寸、位置关系的频繁变化，为满足定位网的柔性生产需求，研制可移动式焊接机构，能根据定位网钢筋位置关系的变化，自主移动至焊接点位并进行电阻焊接。如图 3-63 所示，移动焊接机构主要由上部和下部两部分组成，上部包括送进装置、调直装置、剪切装置、焊接装置，下部包括移动装置。通过上部机构与下部机构的协同配置，实现对焊接位置的巡点、定位和焊接，针对箱梁定位网的特殊外形共设有移动焊接机构三套，分别编号为 1 号机、2 号机、3 号机，焊接不同方向的钢筋网，可针对箱梁定位网不同方向的纵筋进行输送并焊接。

将图 3-63 局部移动焊接机构上部放大，可得图 3-64 所示移动焊接机构上部。其中，调直装置由一调直器和二调直器组成。

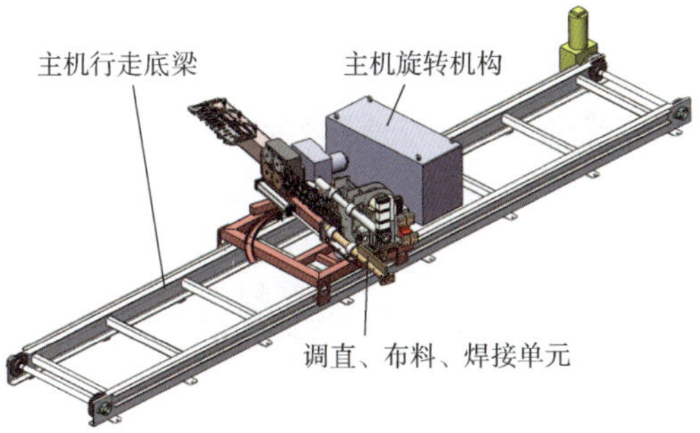

图 3-63　移动焊接机构

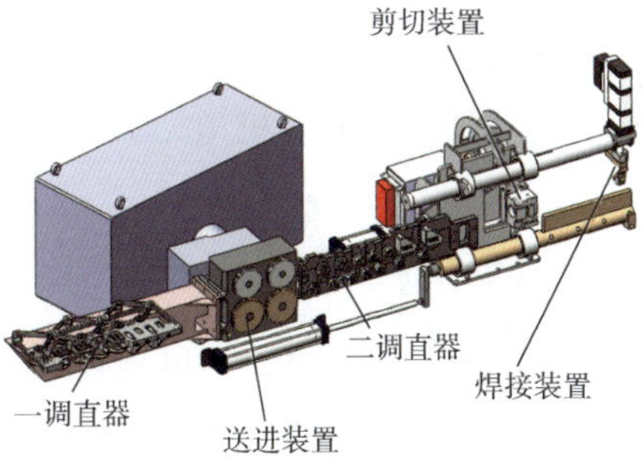

图 3-64　移动焊接机构上部

整套移动焊接机构上部的工作顺序为：先将放线机构中的钢筋手动穿入一调直器中，当调直器直轮压紧时，可对钢筋进行水平方向的调直作用。然后，钢筋由输送装置带动向前输送，依次输送到二调直器、剪切装置、焊接装置。输送装置的上下输送轮上设有齿牙，当上轮压下时可以稳定地向焊接方向输送钢筋，防止打滑现象发生。钢筋经过二调直器，竖直方向的调直，使钢筋达到生产所需直线度后，剪切装置剪切出所需钢筋长度，最后焊接装置对钢筋进行焊接。

(2)焊接模具机构

如图 3-65 所示，焊接模具机构主要由模具底架和模具立柱两部分组成，主要作用为承接由移动焊接机构调直剪切后的钢筋，使其能顺利地完成焊接。模具立柱的悬臂可由内部气缸带动进行旋转，在设备不使用时可把悬臂收回，防止危险事故发生。此外，悬臂上设有导向槽，可使钢筋顺利地进入待焊接的位置，保证钢筋网格精度。

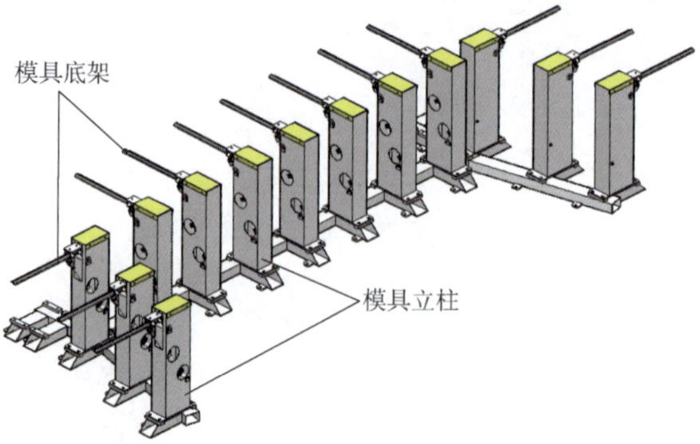

图 3-65　焊接模具机构

4. 解决问题

该设备主要针对 32 种定位网片同台柔性适配与加工及加工过程清洁环保等两方面问题进行探索创新

(1)多规格异型网片的柔性适配

定位网由于图形复杂，且在同一段梁体内存在 0～32 种变化，加工极为困难且综合产量低。目前，主要采取调直机预先下料、人工摆放，配合简易模台进行焊接，需要 3 名焊工配合作业。生产过程中从下料、配料、摆放、焊接、卸料等环节，全部由人工完成，自动化程度低，对成品质量精度控制和监管存在一定困难。

针对定位网钢筋工序繁多、工艺复杂、依赖人工、焊接质量难于控制等实际问题，经过严谨的技术论证评估，对全工艺路线进行深度梳理。一方面是将分步骤工艺实现自动化，另一方面通过有效的机械串联将设备形成完整生产线，以达到原材经过设备直接产出成品的目标。最终，生产线实现定位网片钢筋所需不同长度尺寸规格钢筋的自动调直、快速下料，进而实现下料后钢筋的自动摆放，通过 3 组主机的电阻焊接装置，分别完成定位网三个方向网片成型焊接，并可完成定位网片整片拼装形式的成型加工，即将传统模式的需要人工操作的环节，通过科学合理的机械化设计，转变为自动化加工的模式，对综合生产效能有极大改善。

(2)绿色环保电阻焊取代高烟尘焊条

目前定位网采用焊条的焊接工艺，现场工况环境极差，焊接过程中的烟气量较大，不但污染环境，也对工人的职业健康存在严重影响。

将传统加工方案中污染、能耗较高的焊条焊接形式，转变为更为成熟可靠的电阻焊接模式。电阻焊主要应用于专业钢筋焊网厂，特别适用于标准化工厂生产的模式。生产过程中免去了焊条的使用和消耗，且几乎无烟尘产生，对环境和工人职业健康有较大改善。

3.4.4　大 U 形筋类

1. 设备介绍

数控平面式钢筋弯曲中心由钢筋对齐装置、4 组弯曲机构、弯曲主机移动轨道、U 形筋辅助弯曲接料装置、弯曲成品接料车等机构组成，如图 3-66 所示。该设备主要用于铁路箱梁大 U 形筋、盖筋等不同形状的钢筋，自动上料、自动对齐、自动送料、自动弯曲、自动落料整套加工工序在机器上自动完成，节省了搬运工序，实现了钢筋加工的完全自动化生产，能适应连续和繁重的工作环境，可使生产效率大大提升，具有产量大、操作故障率低、节约原料、降低能耗等优点。

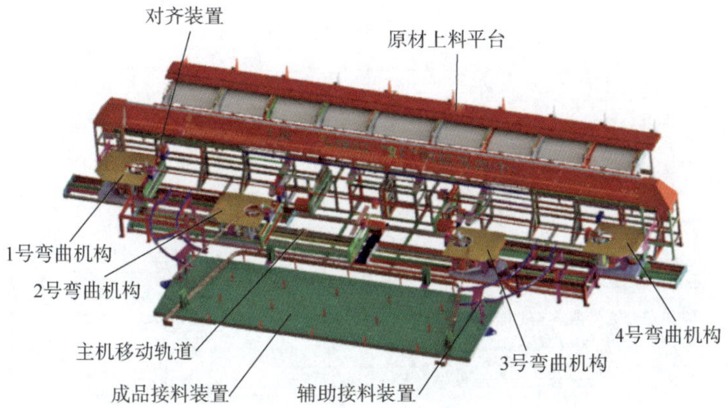

图 3-66　数控平面式钢筋弯曲中心工作示意

数控平面式钢筋弯曲中心主要用于弯曲 U 形筋、元宝筋等不同形状的钢筋，采用自动上料、自动对齐、自动送料、自动弯曲、自动落料整套加工工序在机器上自动完成。主要加工钢筋图例如图 3-67 所示。

图 3-67　主要加工钢筋图例

图 3-68 展示了具体的弯曲加工工艺流程。以自动化加工为基础，对上、下游工艺进行自动化延伸，实现了自动定尺剪切下料、自动成型加工、成品自动翻转收集、吊运入模的全工序自动化工艺。设备具体布局形式如图 3-69 所示。

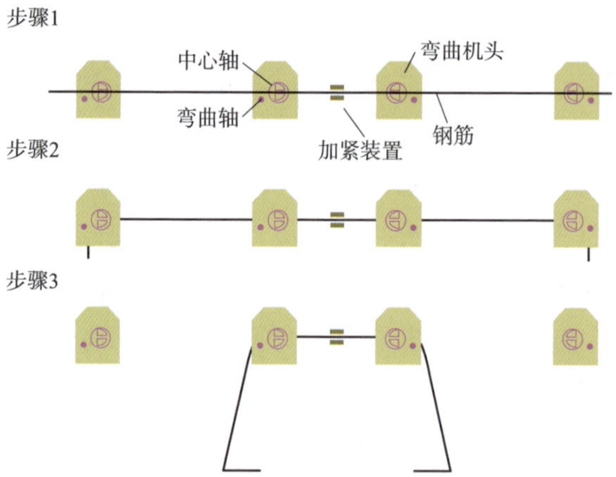

图 3-68　弯曲加工工艺流程

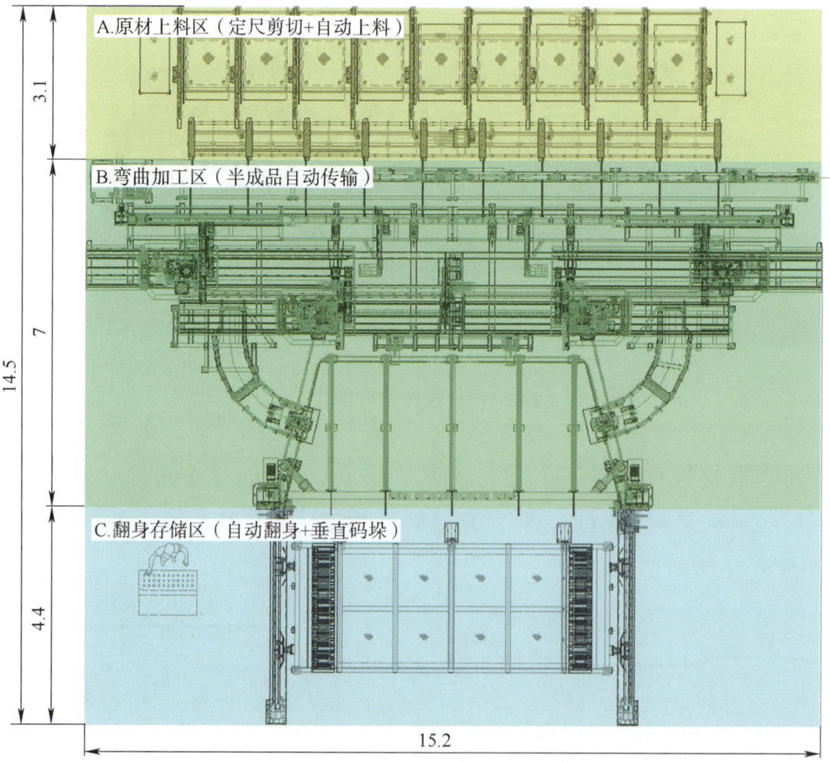

图 3-69　设备三分区示意(单位:m)

加工中心实现的工艺流程如图 3-70 所示。

此前该设备只完成大 U 形筋的加工,本次设备研发将对成品收集功能进行提升,即加工完成的大 U 形筋经过创新的翻转机构,可实现翻身立起的动作,之后配合专用吊具和无轨电动平车,批量转运至绑扎台座、实现批量入模安装,节省了搬运工序,实现了钢筋加工、转运的完全自动化生产。

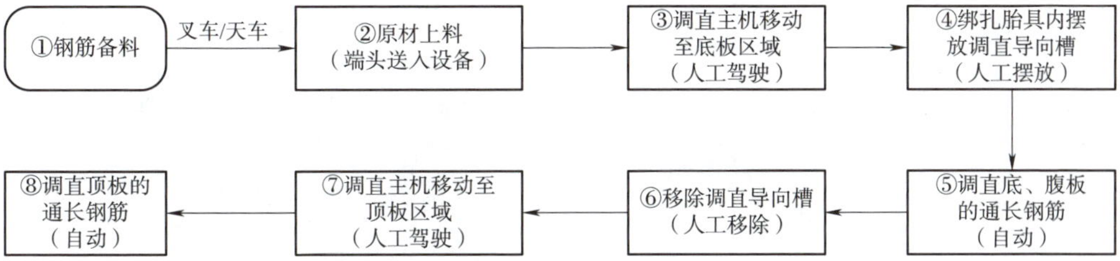

图 3-70　钢筋弯曲工艺流程

2. 技术特点

加工中心具备自动上下料，大 R 角与弯弧、弯曲一次成型等功能。

(1)自动上料技术：生产线能与剪切设备进行组合联动，断料后的钢筋可以通过辊道直接输送到设备上。同时，生产线配置了步进式阶梯上料装置，能实现钢筋原材的自动上料，并可自动将钢筋送入弯曲模具之中，无需人工辅助。

(2)大 R 角一次成型：生产线弯曲主机能力增强、作业面板增大，并配置了梁场 U 形筋加工的专用模具，能满足 R 角 255 mm 的加工需求。

(3)弯弧、弯曲工艺一次成型：生产线配置了 4 组弯曲工作机构，能同时完成弯弧、弯曲加工。目前设备主要普遍具备弯曲功能，基本上都是采取多次折角的形式来赶制多边形，达到近似圆弧的形式，产品质量不可靠、外形不美观，对后期的入模绑扎也造成了一定的困难和阻碍。

(4)自动下料技术：生产线具备自动卸料功能，并配置成品收集、码放小车，无需人工搬运钢筋，有效地降低劳动强度。

3. 核心机构

(1)自动上料装置

为实现设备的无人上料动作，加工中心配置步进式阶梯上料装置，可将整捆的钢筋进行梳理、分拣和计数操作，实现对弯曲主机的自动喂料动作。如图 3-71 所示，该装置主要由原材整理装置、步进上料装置两部分组成，主要用于储存原材钢筋并将钢筋逐根送到钢筋双向对齐装置上进行下一工序。

(2)弯曲主机

弯曲部分由 4 台主机组成，满足大 U 形钢筋同一图形内既存在弯弧又存在弯角的加工作业需求。4 台弯曲主机分布作业、协同配置，共同完成复杂图形的自动弯曲，不同半径一次成形，生产效率高。

如图 3-72 所示，该弯曲主机主要由减速弯曲机构、钢筋夹紧送进装置、行走减速机构、钢筋挡板装置、防尘机构和伸缩式弯曲轴机构等组成。同时，为增加设备的柔性适配能力，一方面对弯曲主机的移动、弯曲动作均采用伺服控制，另一方面配有可拆卸中心轴，可运用中心轴更换技术，使设备的弯曲能力与不同直径的相匹配。

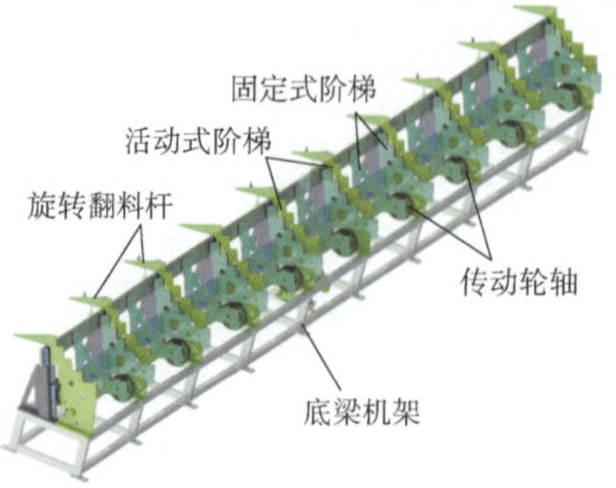

图 3-71　自动上料装置

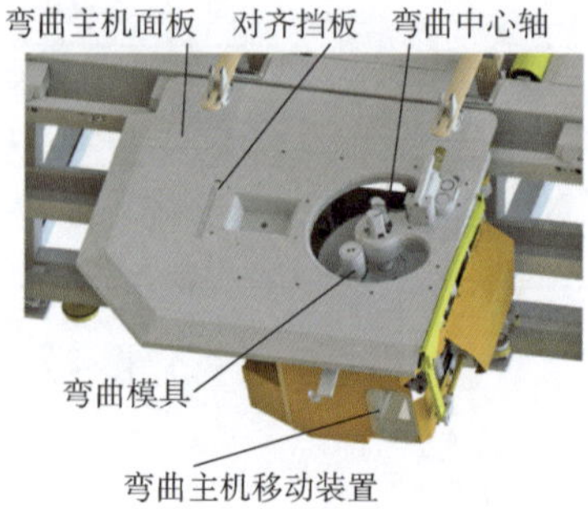

图 3-72　弯曲主机

(3)成品收集与翻转

如图 3-73 所示，成品收集同样采用无人化设计，同时为便于后续的绑扎安装作业，设备端还需将大 U 形筋进行垂直翻转(将大 U 形筋从平面状态翻转为立面状态)，并将翻转后的大 U 形钢筋有序存储在定位卡槽内，通过与专用吊具的配套使用，可实现大 U 形钢筋的批量吊装转运、批量置入绑扎台座。

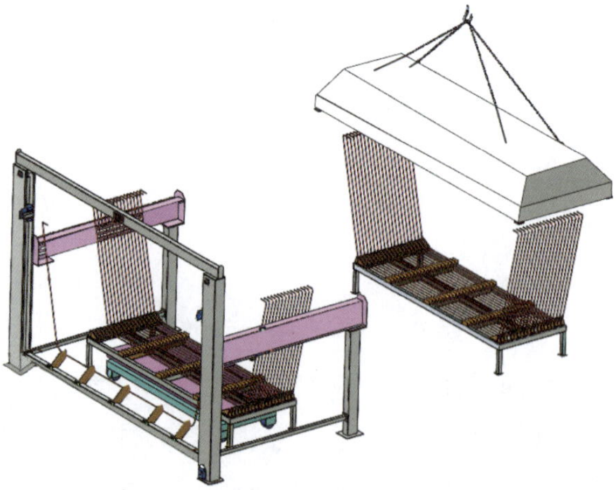

图 3-73　大 U 形筋收料翻转平台及吊装

第4章 高速铁路简支箱梁钢筋骨架装配法拼装工艺与装置

前文针对简支箱梁钢筋骨架一体化设计方法与自动化加工装备开展了系统性研究，但是其配套装配法拼装和整体吊装施工研究较少。为满足钢筋骨架智能建造所需装配智能化、管理信息化、作业标准化、资源节约化的要求，主要从高速铁路简支箱梁钢筋骨架厂房规划及布局、钢筋骨架装配法拼装工艺、钢筋骨架转运及拼装成型装置等方面展开论述，为施工单位实际应用钢筋骨架智能建造提供工艺工法技术支持。

4.1 钢筋骨架自动化生产厂房规划及布局

4.1.1 钢筋骨架自动化生产厂房规划

1. 总体规划及要求

钢筋生产厂房应提前规划，确定合理的布置方式，充分考虑使用时间和产能输出，做到经济、合理、整齐、有序。场内按区划分包含原材存放区、下料区、加工区、半成品存放区、废料区等，整体应科学合理，功能明确，标识清晰，形成标准化、工厂化施工。一般要求包括：

(1)生产厂房建设应统筹规划，总体布局合理、节约用地，满足施工生产的要求。

(2)设施建设用地应尽量少占用耕地，采用红线内永久用地进行临时设计规划，并结合永久设施设计进行选址和建设。

(3)设施选址应不受洪水和泥石流威胁，避开坍方、落石、滑坡、危岩等不良地质区域，避开高压线路及高大树木，与通信线路、光缆保持一定的距离，设置在集中爆破区 500 m 以外。

(4)设施应尽量靠近施工现场，做到运输便利、经济合理；尽量远离居民区、学校等敏感区域，减少对周边环境的干扰。

(5)设施环境整洁卫生、标识标牌齐全、材料堆放整齐、设备机具停放有序，符合环保要求。

2. 建设规模

钢筋骨架自动化生产线每日预计可生产一榀梁所需钢筋笼，应根据施工进度要求合理配置生产线数量，测定厂房建设规模。以茂名梁厂为例，钢筋骨架自动化生产厂房计划用地约 16.6 亩，厂房内采用 2 台起升高度 9 m 的 20 t 龙门吊吊装作业。

3. 厂房设计

钢结构厂房按照工业厂房的标准进行设计验算，确保整体结构稳定、安全。场内吊装可采用门吊、桁吊或电磁桁吊，安装前应根据实际使用情况进行相关受力验算，安装完毕验收合格后方可使用。

场内电气线路布置安全、合理、统一，场内电力布线采用暗线形式，生产区不得有明线，电箱采用安全护网隔离，并由专人保管，确保用电安全。场内运输通道、人行通道及生产区之间设置隔离措施。应设置加工厂简介牌、加工厂平面布置图、安全生产牌、消防保卫牌、质量保证牌、文明施工牌、危险源告知牌、质量安全领导小组牌、管理人员名单及监督电话牌和钢材大样图，钢材大样图应设置在加工区醒目位置。场内路面作硬化处理，主要运输道路采用不小于 20 cm 厚的混凝土硬化，场内排水宜按照中间高四周低的原则预设不小于 1.5% 排水坡度，四周宜设置砖砌排水沟，并采用 M7.5 砂浆抹面。各种气瓶应使用标准色，气瓶间距不小于 5 m，距明火不小于 10 m 且采取隔离措施。气瓶使用或存放应符合相关要求，并有防振圈和防护帽。焊接、切割场所应设置禁止标志、警告标志；使用氧气、乙炔等易燃易爆场所应设置禁止标志和明示标志。

4. 起重设备选择

在生产厂房内，起重机是不可或缺的设备之一。其中，桥式起重机和门式起重机是两种常见的起重机类型。桥式起重机是一种横跨在仓库或车间上方，通过运行轨道在两个立柱之间来回运动的起重设备，由主梁、行走机构、起升机构、电气设备等组成，充分利用桥架下方的空间吊运物料，不受地面设备的阻碍。门式起重机是一种通过立柱支撑，可沿地面轨道运行的起重设备。主梁两端可以具有外伸悬臂梁，其形状类似于门的框架，主要结构包括主梁、支腿、底梁、起升机构、电气设备等，支腿和行走机构在地面上能在轨道上移动，可根据需求在跨度支腿外悬出一部分。

若起重器应用范围超过厂房框架，宜选择门式起重机。起重设备应满足接地和防雷要求。起重机所有的电气设备正常不带电的金属外壳必须可靠接地或接零；可开启的控制柜门必须以软导线与接地金属构件可靠地连接。具备整体金属结构的部分，金属结构可用作接地干线；在金属结构非焊接处较多的部位，应设接地干线。回转部分电气设备接地严禁通过回转支承和车轮台车支承来实现，门吊轨道左、右轨电气连接，起重机轨道接地电阻应小于 4 Ω，整机接地电阻应小于 10 Ω。象鼻架高端或臂架端部处应设避雷针，针体至少高出航空障碍灯 300 mm，起重机应有将雷电安全引至地面的设施。

根据生产线布置，采用门吊行走通道的线形参数符合生产设备运行条件，门吊钢轨固定采用扣件，走道钢轨采用 P50 钢轨，满足现场使用要求。

4.1.2　钢筋骨架自动化生产厂房布局

目前国内传统的钢筋加工车间的布局规划大多属于横列式平行与绑扎台座，很多钢筋半成品材料需由施工人员搬运操作。一般情况下，钢筋加工车间布局与绑扎胎具之间被主干道隔开，导致施工作业时安全性降低，同时加大了材料的搬运成本和难度，提高了施工人员工作强度，不利于高效、高质量完成作业。

成套钢筋骨架自动化生产线布置于独立的车间之内，车间内部按照功能区块，将不同设备进行分布。钢筋加工设备均可实现原料进给后直接产出成品，再通过龙门和专用吊具、配合绑扎胎具，实现对钢筋部品快速转运和拼装，直至箱梁钢筋骨架整体成型。

通过自动化装置串联实现无人化物料转运及摆放，不同钢筋工件之间连接采用电阻焊接模式，效率高、质量可靠。其中，钢筋网片、钢带网片通过电阻焊接的作业方式，在加工中将钢筋之间的位置关系固定，形成钢筋部品钢筋除完成钢筋下料加工，同时完成相应钢筋的定位安装和绑扎工作。通过机械化焊接的方式，在加工的同时完成部分绑扎工作，从而简化后续钢筋安装和绑扎工作量。箱梁钢筋骨架智能建造生产线流程如图 4-1 所示。

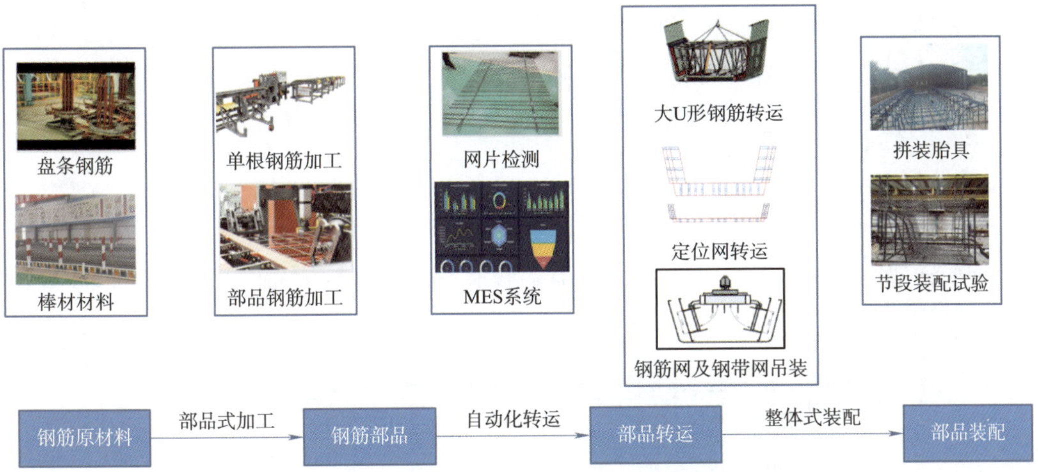

图 4-1　箱梁钢筋骨架智能建造生产线流程

具体至钢筋加工车间而言，主要设备包括钢筋网焊接设备(7 m 钢筋网、10 m 钢筋网)、钢带网焊接生产线、定位网焊接生产线、大 U 形筋成型翻转设备，车间中部设置 3.5 m 宽的贯穿通道，上述设备则依次分布于通道两侧。车间物料流转从左至右按照原材、设备、绑扎模台的顺序进行生产和物料周转组织，如图 4-2 所示。

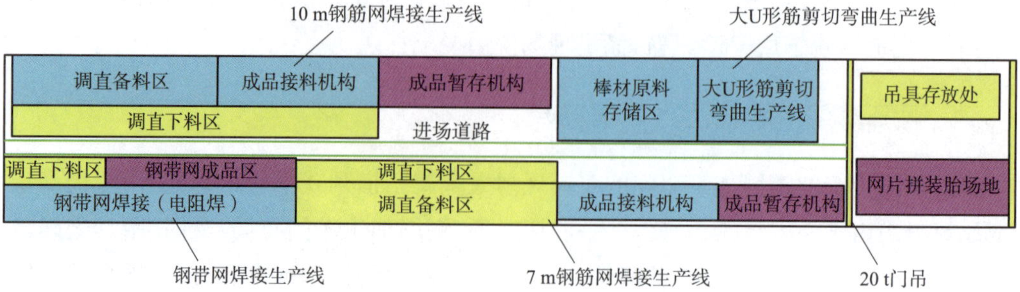

图 4-2　钢筋加工车间布置图

4.2　钢筋骨架装配法拼装工艺

因箱梁钢筋骨架构造复杂、钢筋用量大，为实现智能化、自动化生产，将钢筋骨架进行科学拆解，采用将箱梁主体钢筋拆分为若干部品、再进行拼装绑扎成完整骨架的设计思路开展研究，由此形成钢筋网片、钢带网片、大 U 形钢筋、定位钢筋网等不同部品。

箱梁钢筋骨架整体分解适于自动化加工的部品化构件，实现流水化作业，保证各工序衔接紧密。结合钢筋骨架各部位结构特点，采用专用吊具实现装配式组装，完成主体钢筋整体成型。梁体钢筋骨架全部安装完成后，整体吊装入模。

4.2.1　钢筋骨架部品转运工艺

1. 钢筋骨架钢筋网部品转运工艺

钢筋骨架钢筋网部品采用超大型钢筋网自动焊接机制作，成品网片的效果如图 4-3 和图 4-4 所示。

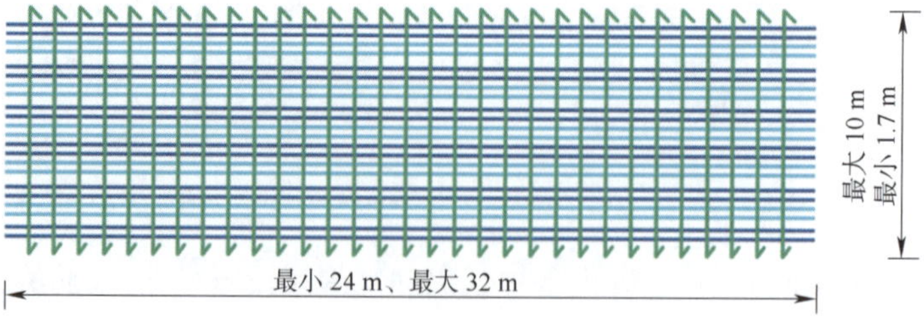

图 4-3　钢筋网部品形式

钢筋网部品转运工艺流程如图 4-5 所示。主要步骤：钢筋网部品加工→吊具挂钩整体吊装→绑扎胎具精确定位→吊具自动松钩→安装报验。

图 4-4　钢筋网部品实物

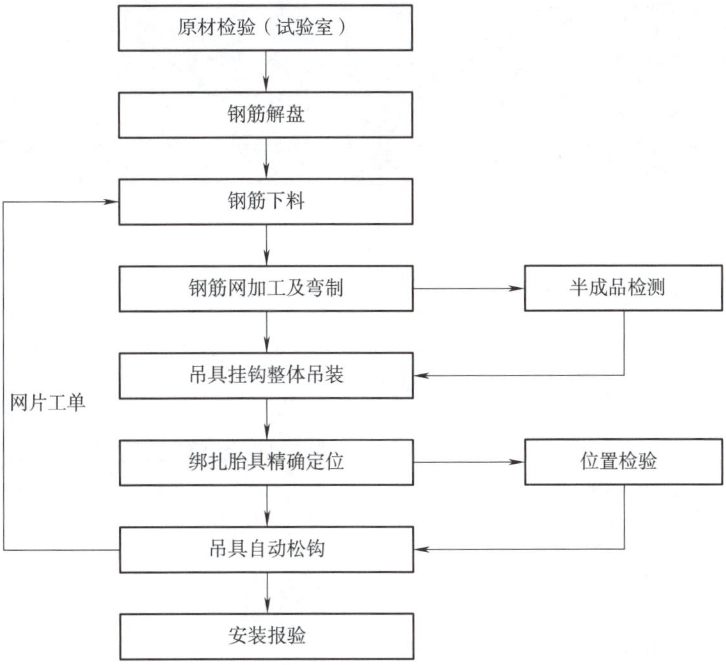

图 4-5　钢筋网部品转运工艺流程

钢筋网部品采用龙门吊配合专用吊具实现整张网片的吊运，吊具采用自主研发的遥控液压专用吊具。钢筋网部品整体拼装进入绑扎胎具，一次就位，相对传统模式能节省超过 10 名绑扎工人、安装速度更快且更能发挥龙门吊等机械运力，实现机械化减人增效。注意事项如下：

(1)为防止钢筋变形，钢筋网片应采用硬质介质垫底，斜放垛位、定点堆放，避免表面变形。

(2)钢筋网片点根据其尺寸、重量及网孔大小的刚度而定，宽度大于 2 m 的水平钢筋网片宜采用四点起吊。

(3)为防止吊点处因为钢筋受力产生扭曲、变形,钢筋网片最外侧横筋、纵筋交点处应全部焊接。

(4)吊装时沿着长度方向,每隔 2 m 需焊接加强作为吊装位置,此处横筋、纵筋钢筋交叉点应满焊。

钢筋网部品转运如图 4-6 所示。

图 4-6　钢筋网部品转运

2. 钢筋骨架钢带网部品转运工艺

钢筋骨架钢带网部品采用超大型钢带网自动焊接机制作,如图 4-7 所示。生产过程中可将钢带网打包成卷,便于网片的吊装和转运。

(a) 钢带网铺设状态　　(b) 钢带网展开状态

图 4-7　钢带网部品

将传统模式中零散、单件的通长钢筋与钢带焊接形成钢筋网片,钢带网经过收卷后具有一定的刚度,为吊装创造基础条件。此外,通过合理布局规划,将钢带网设备布置于绑扎台座附近且可共用同轨龙门,更加便于吊装。钢筋网部品转运如图 4-8 所示。

3. 钢筋骨架大 U 形筋部品转运工艺

钢筋骨架大 U 形筋采用四轴卧式 U 形钢筋弯曲中心加工成型。设备端加工的大 U 形筋成品为平面放置,在绑扎胎具中需要将大 U 形筋翻转为垂直状态。为便于后续的绑扎安

图 4-8　钢带网部品转运

装，增加大 U 形筋翻转收集装置。翻转收集装置可将平面放置的大 U 形筋翻转为垂直状态，还可按照大 U 形筋绑扎间距需求，在翻转的同时完成大 U 形筋的间距设置。最后通过专用的吊具，实现大 U 形钢筋的批量吊装、直接就位。

大 U 形钢筋部品转运工艺流程如图 4-9 所示。主要步骤：大 U 形筋专用吊具吊装→绑扎胎具卡槽精确定位→专用吊具自动松钩→安装报验。

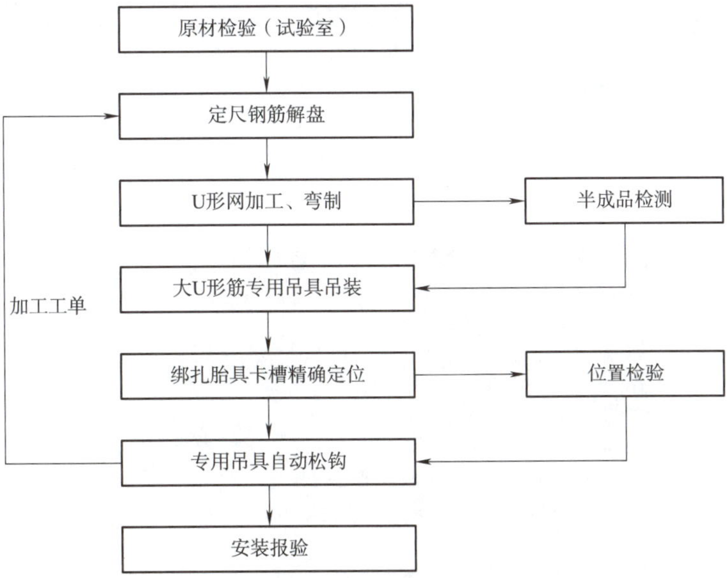

图 4-9　大 U 形钢筋部品转运工艺流程

大 U 形筋翻转装置采用链式提升模式，与四轴式弯曲中心出料位置进行联动配合，通过夹持大 U 形筋梁端的弯钩进行前移和提升，完成对大 U 形筋的变位。翻转工艺过程如图 4-10 所示。

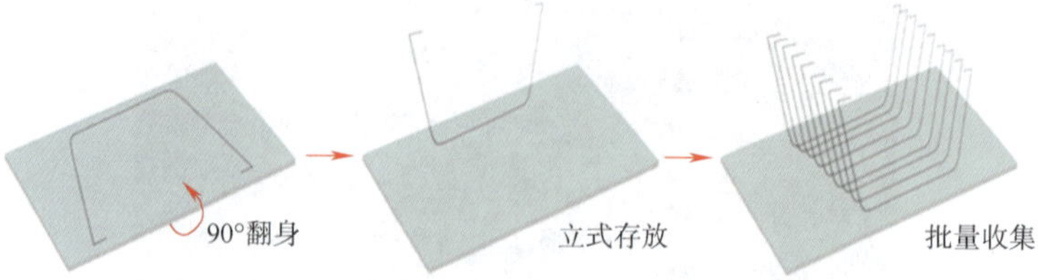

图 4-10　大 U 形筋翻转工艺

翻转之后的大 U 形筋可在专用的存料架上进行批量存储(存储区域设置链式卡槽,可将大 U 形筋按照间距进行垂直存储),待存储区域满仓之后,再使用专用吊具进行批量的吊装转运。大 U 形筋批量存储和转运工艺如图 4-11 所示,大 U 形筋转运吊装如图 4-12 所示。

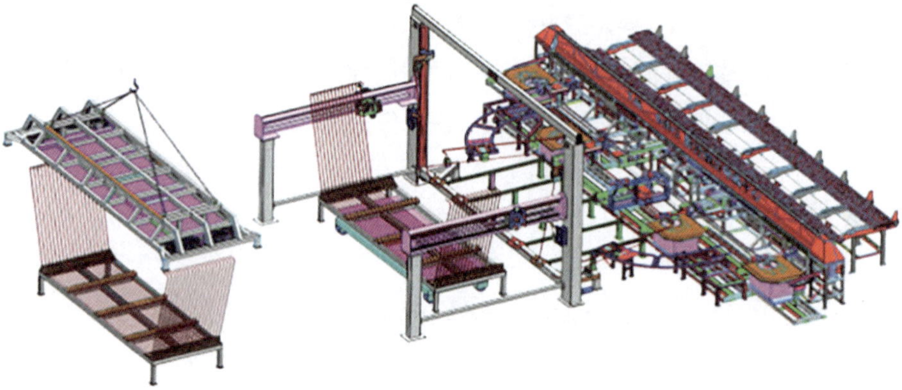

图 4-11　大 U 形筋批量存储和转运工艺

图 4-12　大 U 形筋转运吊装

大 U 形筋从设备端批量吊装后，将直接送入绑扎台座。因大 U 形筋已经在存储位置完成间距摆放，故在吊装过程中，可方便地将大 U 形筋与绑扎胎具卡槽对位。经过数次的批量吊装，即可完成整榀梁内大 U 形筋安装。大 U 形筋批量安装工艺如图 4-13 所示。

图 4-13　大 U 形筋批量安装工艺

4. 钢筋骨架定位钢筋网转运工艺

钢筋骨架定位网钢筋采用预应力管道定位网自动焊接机制作。制作完成后，采用龙门吊配合吊具进行转运。

定位钢筋网部品转运工艺流程如图 4-14 所示。主要步骤：定位网部品加工→门吊转运→绑扎胎具精确定位→摘钩→安装报验。

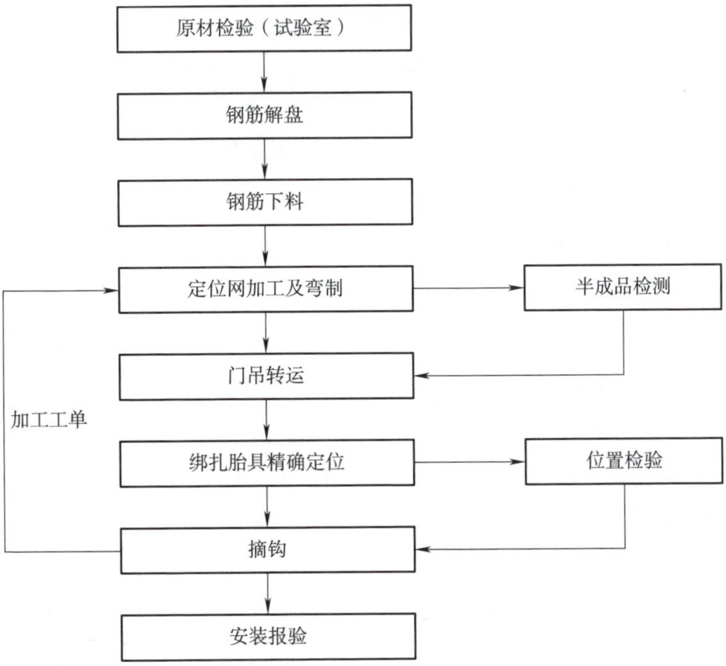

图 4-14　定位钢筋网部品转运工艺流程

在吊装定位网之前，应在绑扎胎具内标记定位网的位置，保证定位网位置准确。箱梁钢筋胎具定位网位置标记如图 4-15 所示，定位网固定如图 4-16 所示。

图 4-15　箱梁钢筋胎具定位网位置标记

图 4-16　定位网固定

4.2.2　钢筋骨架部品装配法拼装施工工艺

传统钢筋绑扎安装主要通过人工搬运的方式，将零散的钢筋在绑扎胎具内进行逐根摆放，耗时长、工人劳动强度大且钢筋安装定位精度不易控制。采用部品化的拼装模式，则可借助门吊、吊具，实现对钢筋部品整体吊装，即将零散的人工搬运转变为机械化整体吊装，有效提升施工现场的机械化作业程度、节省人工。钢筋骨架部品装配法拼装施工工艺流程如图 4-17 所示。

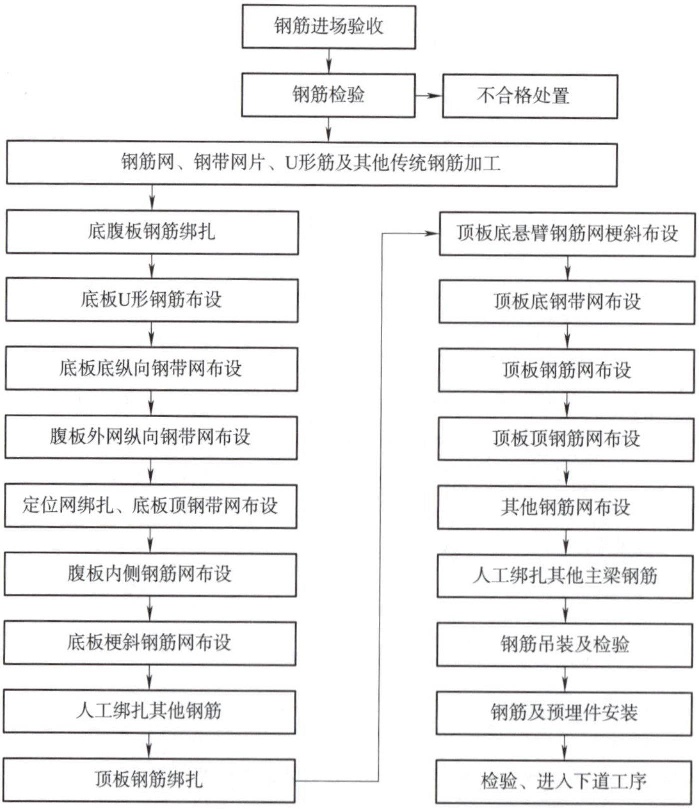

图 4-17　箱梁钢筋骨架部品装配法拼装施工工艺流程

1. 准备工作

采用 BIM 建模方法对箱梁钢筋骨架进行建模，将钢筋骨架分解为适于自动化加工的钢筋部品。分解后的钢筋部品使用专用装备进行自动化加工，再通过拼装式搭建的方式拼装就位，完成主体钢筋(不包含梁端变截面钢筋)的整体拼装成型，如图 4-18 所示。

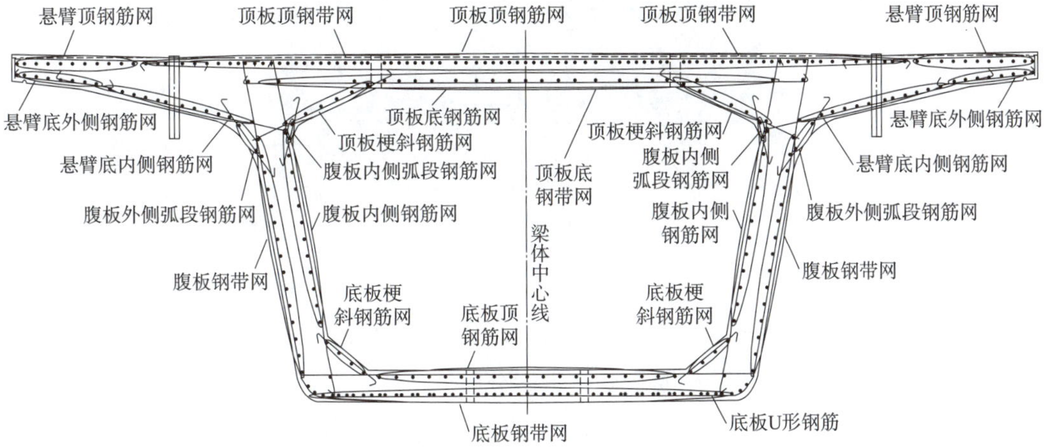

图 4-18　骨架拼装

不能使用新研专用装备加工的架立筋、接触网钢筋等采用半自动化加工，待梁体钢筋骨架全部拼装完成后，人工辅助安装端头变截面段钢筋、架立筋、三墙钢筋以及接触网预埋底座钢筋，梁体钢筋骨架全部安装完成后，整体吊装入模。

2. 底板大 U 形钢筋布设

采用四轴卧式 U 形钢筋弯曲中心及自动排料装置，大 U 形筋一次自动弯曲成形，采用 U 形筋搬运排料系统，在钢筋绑扎胎具开槽处依次摆放 U 形钢筋，如图 4-19 所示。

(1)作业要点：U 形筋逐个入槽。

(2)注意事项：钢筋绑扎时注意扎丝头均须进入钢筋区域内，不得外伸至保护层内。保护层垫块呈梅花形布置，钢筋垫块间距控制在 50 cm 左右，并保证每平方米不少于 4 个，变截面处每平方米不少于 6 个。

(3)质量要求：保护层控制在 3.5 cm。

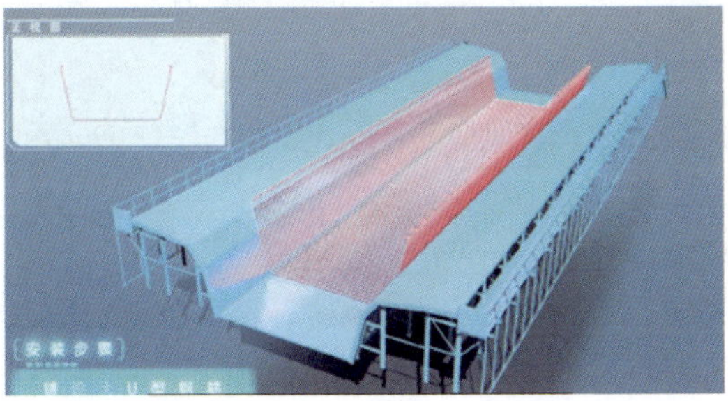

图 4-19　跨中底板 U 形钢筋入模

3. 底板底纵向钢带网安装

采用专用双翅展翼型吊具吊装成卷的钢带网，吊具在离胎具上空 1～1.5 m 位置上静停一下，钢筋不再摇晃时，缓慢下落，将打卷的钢带网分布筋从左往右放置于绑扎胎具水平卡槽位置。入槽时采用挡板防止整体前后偏移，入槽后与 U 形筋绑扎为一体，如图 4-20 所示。

(1)作业要点：通过特制吊具将钢带网精准放置于绑扎胎具端头处水平卡槽。

(2)注意事项：注意控制钢带网分布筋左右侧及前后向位置。

(3)质量要求：梁端保护层控制在 3.5 cm，底板钢筋水平。

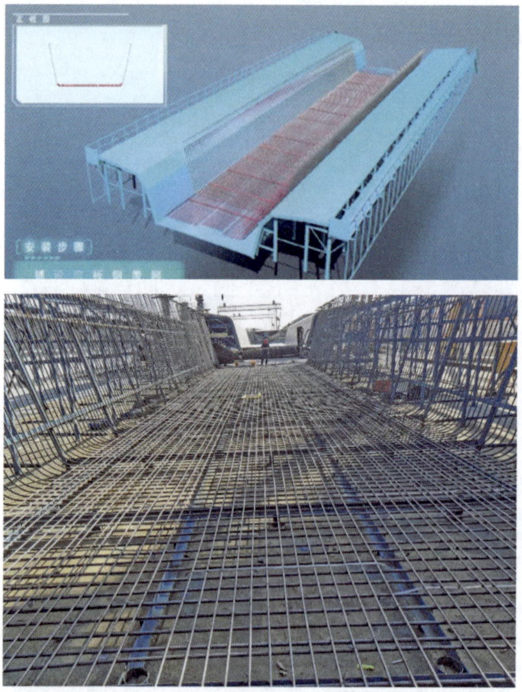

图 4-20　底板底纵向钢带网安装

4. 跨中腹板外网纵向钢带网安装

采用专用双翅展翼型吊具垂直吊装，绑扎胎具腹板位置设置有定位工装，根据具体位置，分布筋放置于绑扎胎具可翻转的水平定位装置，入槽时采用挡板防止整体前后偏移，自上而下进行布设后绑扎，如图 4-21 所示。

(1)作业要点：腹板位置设计液压伸缩定位系统，与后续水平分布筋自动排放系统配合使用。

(2)注意事项：腹板位置水平分布筋注意控制前后及纵向位置。

(3)质量要求：腹板钢筋水平，焊接牢固，位置准确。

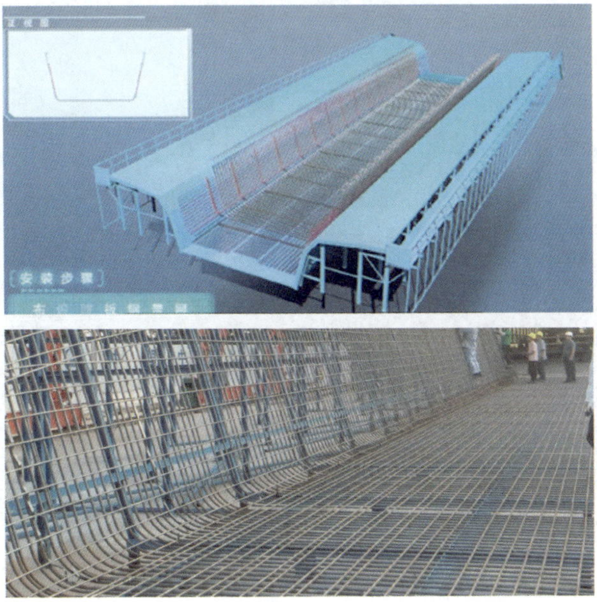

图 4-21　跨中腹板外网纵向钢带网安装

5. 预应力钢筋定位网片及底板顶钢带网安装

根据设计的多组不同形状的预应力孔道定位钢筋网片，将钢筋定位网片成品按照预应力孔道定位网坐标表放线确定其位置。

底板顶钢带网中心位置及四角在绑扎胎具处做好标记，采用新研发的双翼展翅型专用吊具，利用其液压吊钩起吊钢筋网片，底板顶钢带网采用挡板防止整体前后偏移，到位后与定位筋绑扎为一体，如图 4-22 和图 4-23 所示。

(1)作业要点：定位网与 U 形筋竖直方向保持一致、通过特制吊具高度精准放置于绑扎胎具端头处水平卡槽，焊接马凳筋须控制底板厚度。

(2)注意事项：定位网按照编号放置于准确位置、腹板位置水平分布筋注意控制前后及纵向位置。

(3)质量要求：钢筋水平，焊接牢固，位置准确。

图 4-22　定位网片安装

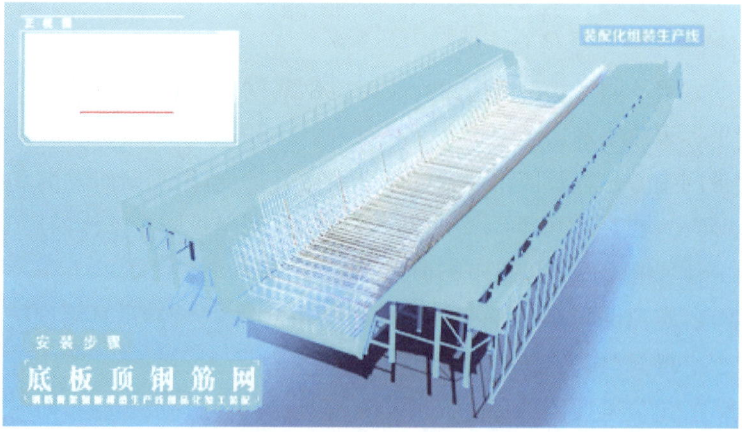

图 4-23　底板顶钢带网安装

6. 跨中腹板内侧钢筋网安装

跨中腹板内侧钢筋网的钢筋底部焊接 5 根长度 15 cm 的螺纹钢筋做高度定位，钢筋架立于底板钢带网边缘顶部，采用尺量等方式控制腹板厚度，5 人配合绑扎挂钩筋，如图 4-24 所示。

(1)作业要点：绑扎胎具设计定位装置，通过特制吊具将腹板内侧钢筋网定位准确后通过马凳筋及时固定，焊接马凳筋时须控制腹板厚度。

(2)注意事项：腹板位置水平分布筋注意控制前后及纵向位置。

(3)质量要求：腹板钢筋纵向水平，焊接牢固，位置准确。

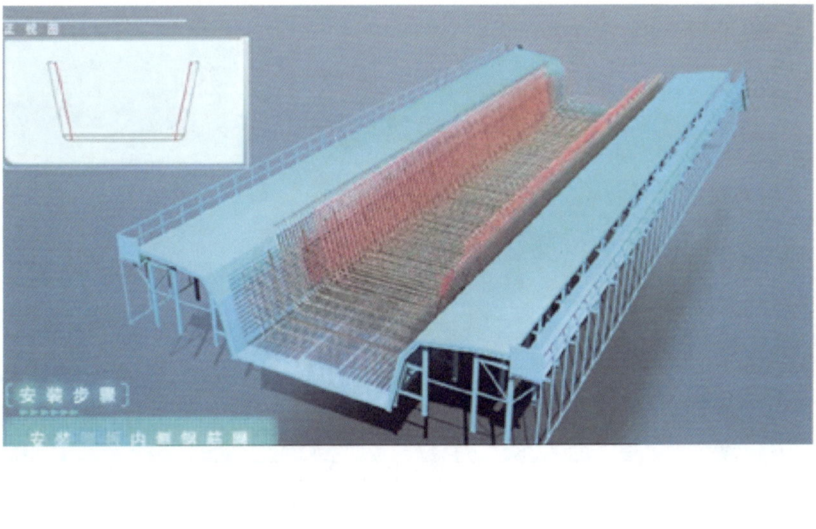

图 4-24　跨中腹板内侧钢筋网安装

7. 底板梗斜钢筋网安装

与底板顶钢筋网和腹板内侧钢筋网安装为一体，梗斜钢筋绑扎于底腹板主筋，如图 4-25 所示。

(1)作业要点：通过特制吊具安装底板梗斜钢筋网，须控制底板梗斜保护层厚度。

(2)注意事项：底板梗斜安装时需避开预应力孔道。

(3)质量要求：焊接牢固，位置准确。

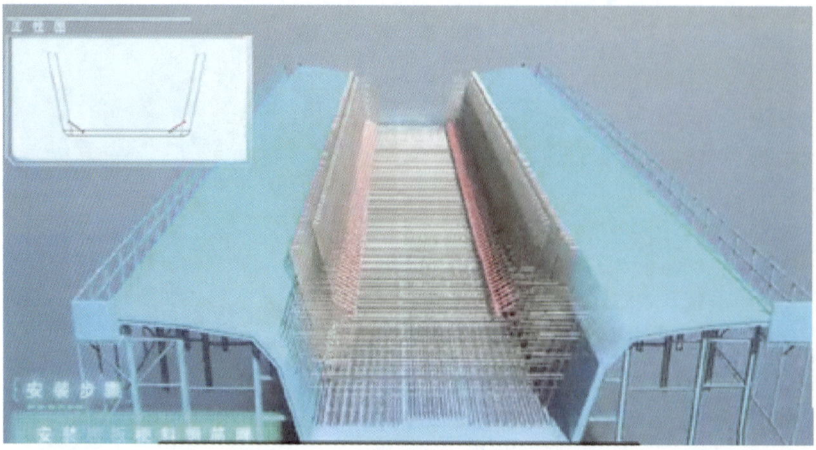

图 4-25　底板梗斜钢筋网安装

8. 人工绑扎梁端其他钢筋

人工绑扎梁端其他钢筋采用传统方式，其主要工艺流程有施工准备、钢筋加工、钢筋安装、钢筋绑扎、质量检查、记录与验收等步骤。

（1）作业要点：核对钢筋型号、直径、数量，检查是否有锈蚀、弯曲变形等问题，确保符合设计要求。检查钢筋间距、保护层厚度，使用垫块确保保护层符合要求。

（2）注意事项：混凝土浇筑前，严禁踩踏梁端钢筋，必要时设置马凳或钢筋支架。

（3）质量要求：浇筑前发现钢筋移位偏移，需重新校正并加焊限位筋；若绑扎松动，补绑扎丝，加密绑扎点；保护层不足时，增加垫块数量，调整钢筋位置。

9. 悬臂底内侧钢筋网及顶板底梗斜钢筋网安装

两端先安装顶板内支撑架，悬臂底内侧钢筋网及顶板底梗斜钢筋网吊装时，分布筋放置于绑扎胎具水平位置，入槽时采用挡板防止整体前后偏移，分布筋直接与大 U 形筋外侧安装为一体，可精准放置于绑扎胎具；绑扎横向钢筋，如图 4-26 和图 4-27 所示。

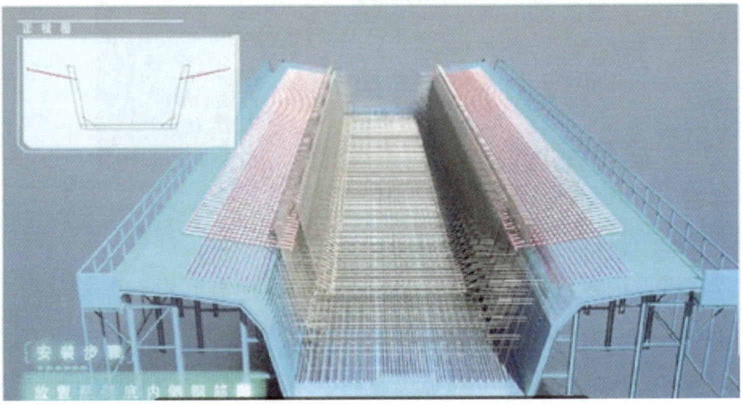

图 4-26　悬臂底内侧钢筋网安装

图 4-27　顶板底梗斜钢筋网安装

(1)作业要点:搭设内支撑架,通过特制吊具将钢筋网分布筋精准放置于绑扎胎具翼缘板水平卡槽。

(2)注意事项:注意控制分布筋左右侧及前后向位置。

(3)质量要求:梁端保护层控制在 3.5 cm,翼缘板钢筋水平。

10. 跨中顶板底加强钢带网和顶板底钢筋网安装

顶板底加强钢带网先绑扎于顶板底钢筋网底部，顶板底钢筋网吊装时，根据其中心位置，调整钢筋的下落方向，分布筋照准放置于绑扎胎具水平内模卡槽中心位置，入槽时采用挡板防止整体前后偏移，内支撑架上提前做好标记，如图 4-28 所示。

分布铺设纵向分布筋，从梁端向跨中分布绑扎，挂钩钢筋。顶板下层标准截面段采用 4 个/m^2 普通垫块进行布置，顶板底部双筋处使用平垫块和变截面处垫块加密。

(1)作业要点：通过特制吊具将钢带网分布筋精准放置于绑扎胎具内模水平卡槽。

(2)注意事项：注意控制分布筋左右侧及前后向位置。

(3)质量要求：保护层控制在 3.5 cm，钢筋水平。

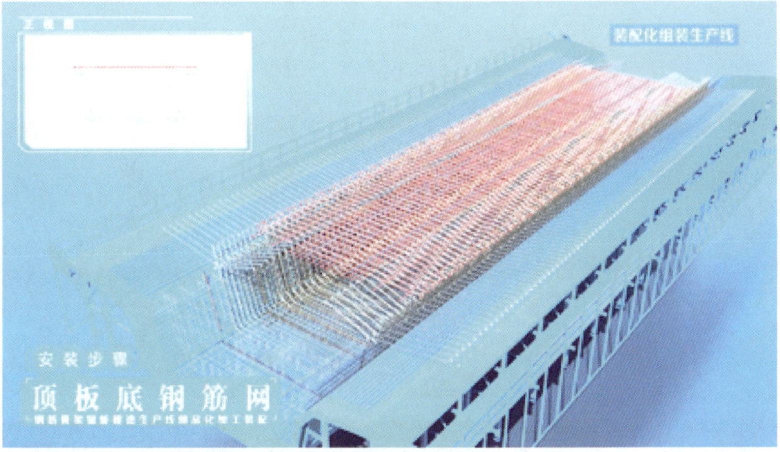

图 4-28　跨中顶板底加强钢带网＋顶板底钢筋网安装

11. 顶板横向钢筋与顶板顶横向加强筋钢带网安装

顶板横向钢筋吊装前放置 60 根高度 35 cm 公称直径为 16 mm 的板凳筋作为架立支撑,顶板横向钢筋吊装时根据其中心位置,调整钢筋的下落方向,分布筋照准放置于绑扎胎具水平内模卡槽中心位置(提前标记),采用挡板防止整体前后偏移,如图 4-29 所示。

采用专用吊具吊装横向加强筋钢带网,将打卷的钢带网布设于顶板如图 4-30 所示。

(1)作业要点:通过特制吊具将钢筋网分布筋精准放置于绑扎胎具内模水平卡槽。

(2)注意事项:注意控制分布筋左右侧及前后向位置。

(3)质量要求:保护层控制在 3.5 cm,钢筋水平。

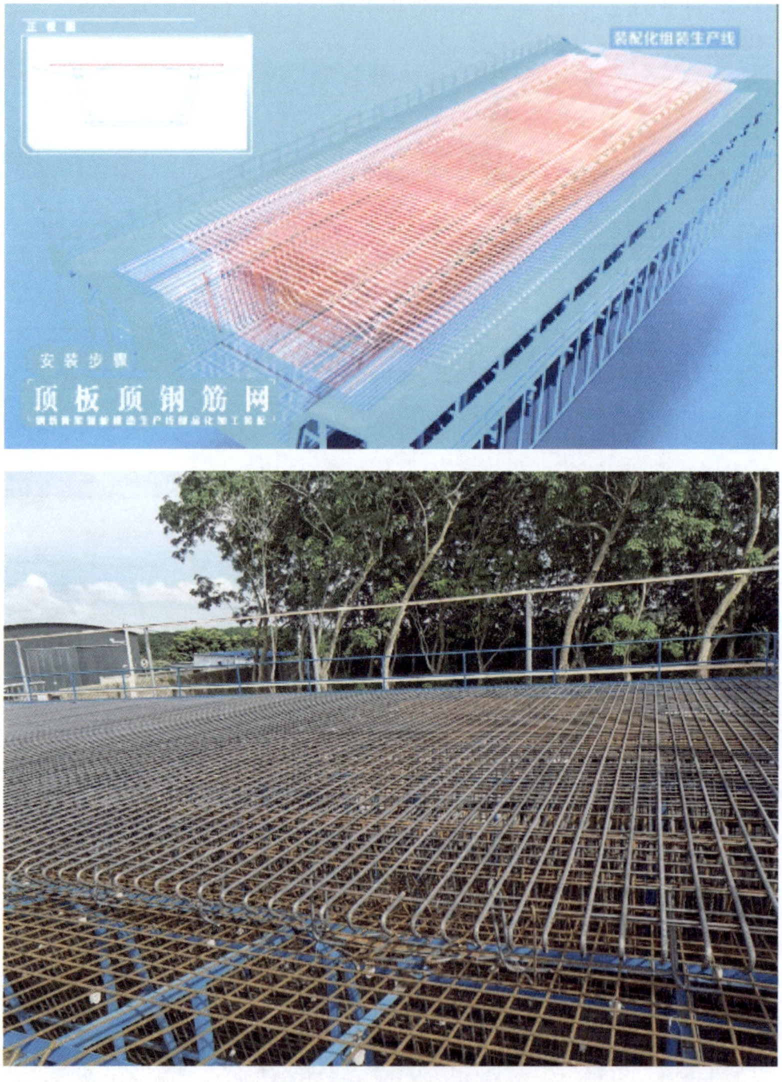

图 4-29　顶板横向钢筋安装

图 4-30　顶板顶横向加强筋钢带网安装

12. 跨中顶板底悬臂两侧钢筋网和跨中顶板顶悬臂两侧钢筋网安装

顶板底悬臂两侧钢筋网分布筋放置于绑扎胎具内模水平卡槽，距离绑扎胎具边缘 3.5 cm，如图 4-31 所示。

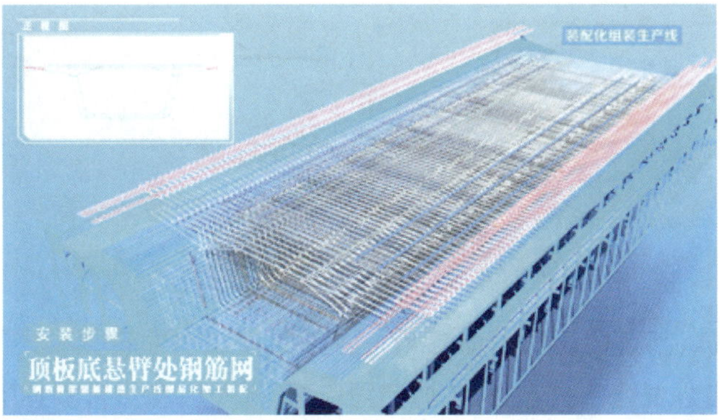

图 4-31　跨中顶板底悬臂两侧钢筋网安装

顶板顶悬臂两侧钢筋网布筋距离绑扎胎具边缘 3.5 cm,将顶板顶悬臂两侧钢筋网水平放置,采用挡板防止整体前后偏移,马凳筋焊接顶板底板定位,如图 4-32 所示。

图 4-32　跨中顶板顶悬臂两侧钢筋网安装

(1)作业要点:通过特制吊具将钢筋网分布筋精准放置于绑扎胎具内模水平卡槽。

(2)注意事项:注意控制分布筋左右侧及前后向位置。

(3)质量要求:保护层控制在 3.5 cm,钢筋水平。

铺设顶板顶层横钢筋并与通长钢筋进行绑扎,绑扎挂钩筋。从下往上绑扎吊装孔加强筋和吊装螺旋筋以及顶板泄水孔螺旋筋,吊装孔间距 7 cm。从梁端跨中向两侧绑扎挡水台钢筋,钢筋间距 20 cm。

(1)作业要点:通过特制吊具将钢筋网分布筋精准放置于上层,马凳筋焊接顶板底板定位。

(2)注意事项:注意控制分布筋左右侧及前后向位置。

(3)质量要求:保护层控制在 3.0 cm,钢筋水平。

13. 钢筋骨架吊装、就位及调整

采用简支箱梁预制施工的一体化棚吊,钢筋绑扎工作在简支箱梁胎具上绑扎完成,然后将钢筋笼整体吊入箱梁预制台座内,形成流水式施工,节省钢筋绑扎占用箱梁外模的时间,并且能保证钢筋在整体吊装过程中不发生变形且安全稳定。

(1)作业要点:施工中严格按照有关技术要求进行操作,绑扎允许误差控制在规范范围内。

(2)注意事项:绑扎成型的钢筋骨架确保保护层厚度、预留管道位置准确。

(3)质量要求:钢筋绑扎要求见表 4-1。

表 4-1　钢筋绑扎要求

序号	项　　目	要求/mm
1	预应力管道在任何方向与设计位置偏差	±4
2	桥面主筋间距及位置偏差(拼装后检查)	±15
3	底板钢筋间距与设计位置偏差	±8
4	箍筋间距及位置偏差	±15
5	腹板箍筋的不垂直度(偏离垂直位置)	±15
6	混凝土保护层厚度与设计值偏差	0~5
7	其他钢筋偏差	≤20

14. 竖墙、防护墙、接触网及下拉锚线钢筋绑扎

根据图纸要求与以上钢筋同步绑扎。综合接地采用 ϕ16 mm 圆钢,单面焊、焊缝长度 16 cm,焊接后质检人员进行接地电组测试,最后按图纸要求预埋套筒,预埋套筒安装要保证垂直度及安装位置符合要求,如图 4-33 所示。

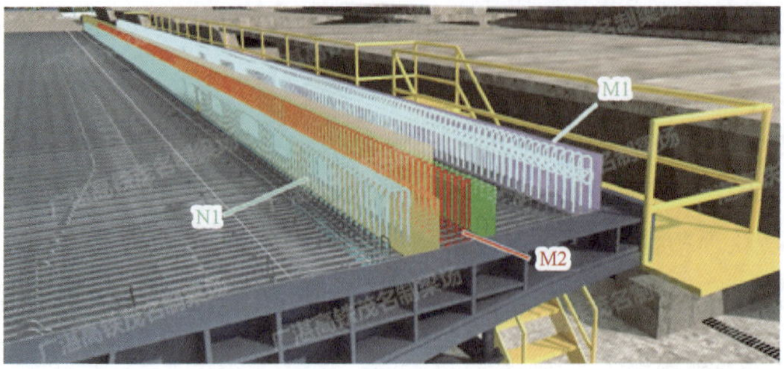

图 4-33　竖墙及防护墙钢筋

4.2.3　钢筋骨架成品整体吊装工艺

在钢筋组装模台内装配完箱梁钢筋骨架后，采用一体化棚吊进行整体吊装。转运进入混凝土浇筑模台内，检查钢筋骨架是否因吊装引起变形并及时调整，确保钢筋平面位置准确，最后完成整体钢筋骨架验收，如图 4-34 和图 4-35 所示。

图 4-34　钢筋骨架制作完成

图 4-35　钢筋骨架成品吊装

4.3　钢筋骨架组装成型装置

钢筋部品机械化运输有助于打造钢筋工程模块化生产、装配式拼装体系。钢筋骨架组装成型装置包括钢筋骨架组装成型用专用吊具和钢筋骨架组装成型用新型胎具。

4.3.1　钢筋骨架组装成型用专用吊具

箱梁钢筋骨架分解成钢筋网、钢带网和大 U 形筋等部品钢筋，通过门吊、网片专用吊具和大 U 形筋吊具进行箱梁钢筋骨架自动化拼装，拼装完成后采用一体化棚吊进行整体转运入模。

1. 超大型网片专用吊具

将铁路预制箱梁钢筋骨架分解成多个钢筋网和多个钢带网，通过中吊梁、下吊梁和翼梁进行吊运，实现机械智能化部品网片加工、自动化拼装，机械化换人、自动化减人。

超大型网片专用吊具具有吊装钢带网和钢筋网的功能，包括上吊梁、中吊梁、下吊梁和钩爪，如图 4-36～图 4-42 所示。

上吊梁是一根方钢大梁，上吊梁上设有两个吊耳，两个吊耳分别位于上吊梁的两端，用于连接起重设备进行起吊；中吊梁固定在上吊梁下方，上吊梁两端伸出中吊梁，二者固定连接，中吊梁具有一定宽度，具体宽度与两个腹板内侧钢筋网之间的间距相适配（略小于两个腹板内侧钢筋网之间的间距），以中吊梁两个翼梁吊运两个腹板内侧钢筋网之后，能准确进行腹板内侧钢筋网定位为准。

在中吊梁宽度方向的两侧对应铰接有翼梁，翼梁长度与中吊梁相同，在翼梁展开后，吊具宽度与桥梁顶面宽度相适配。

下吊梁位于中吊梁下方，下吊梁宽度小于中吊梁，并通过升降驱动件连接在上吊梁上，以此可以进行底板顶钢筋网的吊运，在吊运过程中，使吊具不会与已经安装的腹板外钢带网发生磕碰。

多个钩爪对应分布在中吊梁、翼梁和下吊梁上，以挂取钢筋网片，钩爪在纵向投影上呈阵列分布，且钩爪朝向吊具的同一端。

每个翼梁上的钩爪有一排，对应排列在翼梁外侧的侧沿；中吊梁上的钩爪为两排，两排钩爪对应排列在中吊梁的两侧；下吊梁上的钩爪为三排，三排钩爪对应排列在下吊梁的两侧以中线。

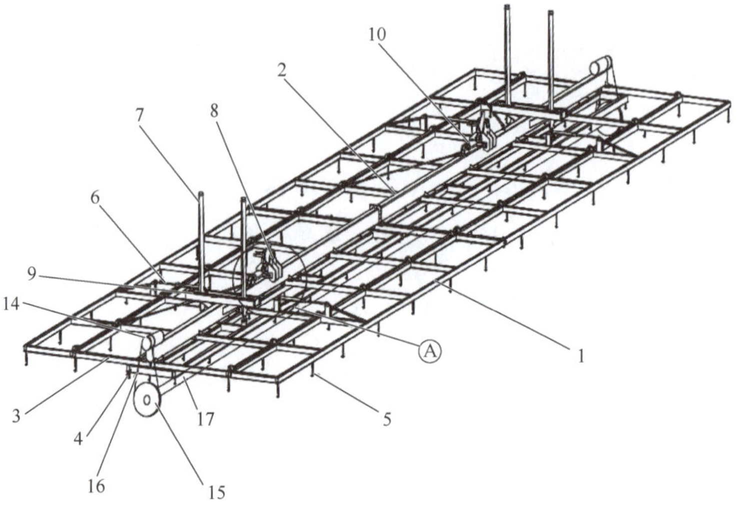

(a) 结构图

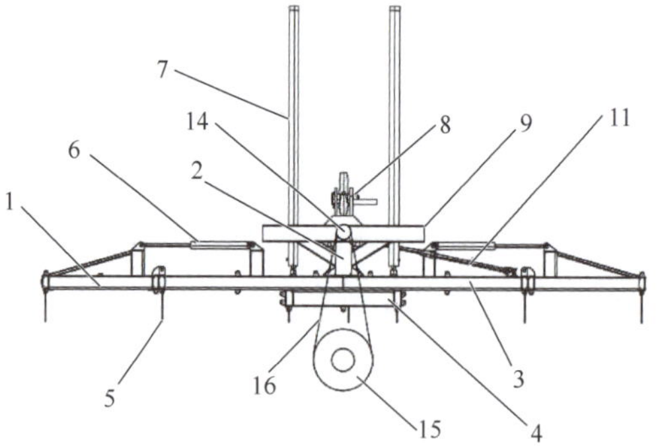

(b) 主视图

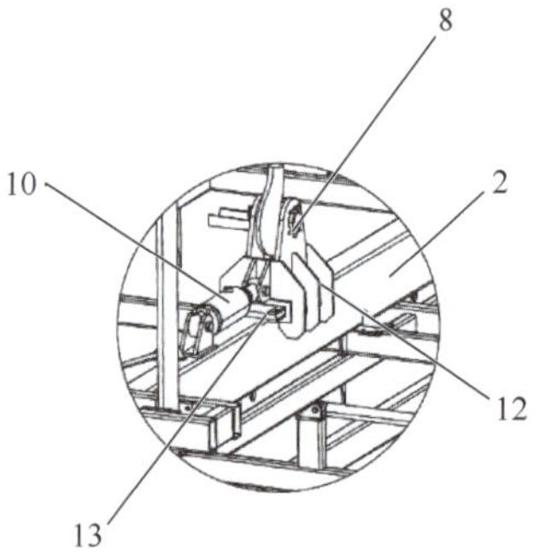

(c) A局部放大图

1—翼梁；2—上吊梁；3—中吊梁；4—下吊梁；5—钩爪；6—旋转驱动件；
7—升降驱动件；8—吊耳；9—横撑；10—位移驱动件；11—拉杆；12—滑座；
13—滑轨；14—上链轮；15—下链轮；16—传动链；17—卷轴。

图 4-36 超大型网片专用吊具构造

图 4-37 吊具模型

图 4-38 吊具实物

(a) 未展翼 (b) 展翼

图 4-39 吊具

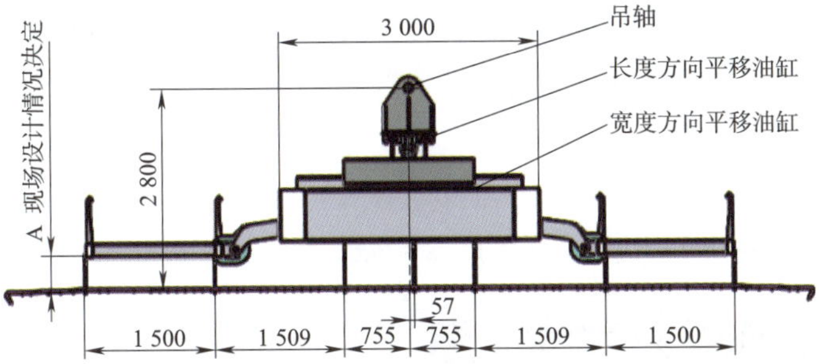

图 4-40 大网片吊装(单位:mm)

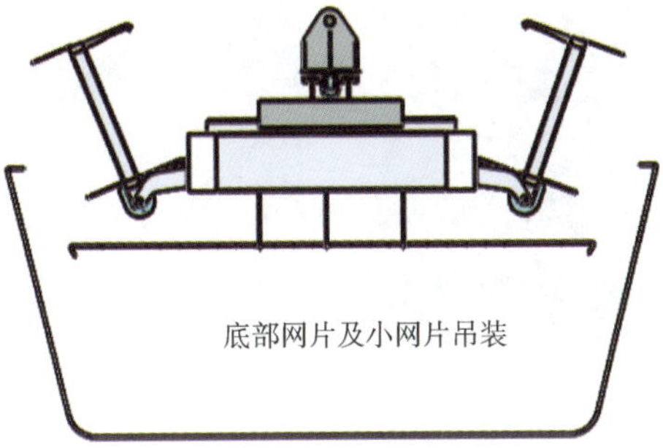

图 4-41 底部网片及小网片吊装

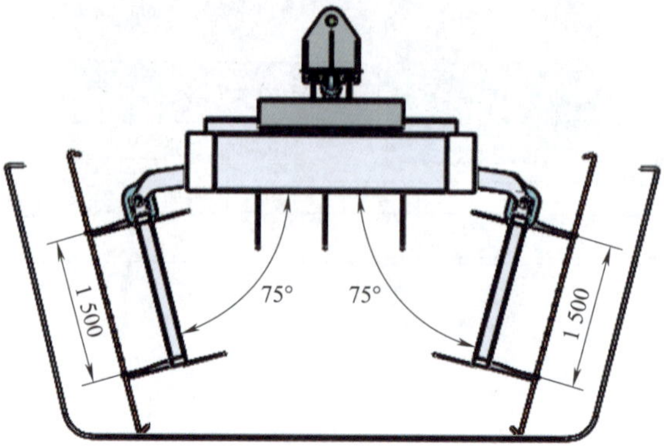

图 4-42　75°网片吊装(单位:mm)

2. 技术特点

超大型网片专用吊具具有千余吊点同步起吊严格控制网片变形、适应全系列网片吊装及安装的特点，并具有集约性强、轻型化、柔性设计和经济性好等特征。

吊具可根据钢筋网片生产顺序快速调整，可翻转以适应网片外形尺寸的变化，切换吊具能力时间缩短 50%。

吊具能实现批量挂钩和摘钩，节省 1～2 名工人，且单次操作用时可缩短 75%以上。

3. 解决问题

钢筋网及钢带网采用超大型网片专用吊具进行吊装，吊具整体由两台 20 t 轨道式门吊进行起吊。通过吊装实测，单个钢带网及小型钢筋网片吊装时间基本保持在 18 min；大型钢筋网吊装时间基本保持在 30 min。

吊装中存在以下问题：吊钩无法实现自动抓取、自动脱钩动作；吊钩前后无法活动，部分吊钩无法勾到网片。部分钢筋网片吊装情况如图 4-43 所示。

(a) 现场吊装底板顶钢筋网片

(b) 现场吊装悬臂顶钢筋网片

图 4-43　钢筋网片吊装

根据吊装中发现的问题，对超大型网片专用吊具进行改进。具体改进内容有：将专用吊具更换为液压吊钩并结合活动吊钩进行钢筋网吊装；采用工字形吊具配合活动吊钩进行钢带网的吊装。改进后的两种吊具如图 4-44 所示。

(a) 钢筋网液压吊具吊装

(b) 钢筋网液压吊具详图

(c) 钢带网工字形吊具

(d) 可活动吊钩

图 4-44　调整后的钢带网及钢筋网吊具

4. 大 U 形钢筋专用吊具

(1)装置介绍

大 U 形钢筋专用吊具采用型钢焊接形成，中间为桁架式，端部设置卡扣，可以方便地布置并卡住大 U 形钢筋。

(2)技术特点

大 U 形钢筋专用吊具，如图 4-45 所示，主要特点：①自动抓取、自动落料定位、自动夹送钢筋及走位摆放一体化式设计，操作简单，生产效率高；②采用智能化伺服系统，自动抓取钢筋沿轨道垂直提升并水平移动定位，之后通过柔性夹紧移送机构将其移动至定位模具中精准定位，有序排列，自动化程度高；③无需辅助机械调整，可实现数控功能的自动切换，操作简单，节省人工；④机、电、气联合控制，替代传统的由人工多步骤完成方式，节省了搬运工序，减少了空间占用，消除了诸多的中间环节；⑤专用吊具的应用，实现了多根 U 形钢筋有序整体等距自动抓取转运，操作便捷、可靠；⑥特制的排料储料装置，可将多根 U 形钢筋等距有序的存储排列，便于专用吊具整体抓取搬运。

图 4-45　大 U 形钢筋专用吊具

(3)解决问题

大 U 形钢筋专用吊具主要用于成品 U 形筋吊运并定位安放于箱梁对应的位置中，减少了由于超大规格的 U 形钢筋造成的人工搬运困难，省去了人工搬运、排料的环节，实现了 U 形钢筋从加工、排料定位、吊装于轨枕梁中的过程完全自动化生产，能适应连续和繁重的工作环境，可极大地降低工人劳动强度，安全可靠和生产效率高。

大 U 形钢筋专用吊具具有与自动排料装置无缝对接、钢筋间距可自适应调整等功能，批量吊装，提升工效。主要用于加工钢筋直径 16～20 mm，特别适合于高铁梁场大 U 形钢筋的搬运。

5. 钢筋骨架成品吊装用一体化棚吊

一体化棚吊由三角形钢管桁架、多个链条式吊具、两个吊环等组成。三角形钢管桁架底部的链条式吊具与钢筋骨架连接，其中，位于简支箱梁钢筋骨架长度方向中间的链条式吊具需要伸入简支箱梁底板钢筋骨架上，能将在简支箱梁胎具上组装完成的简支箱梁钢筋骨架整体吊装到在箱梁预制台座内，如图 4-46 所示。

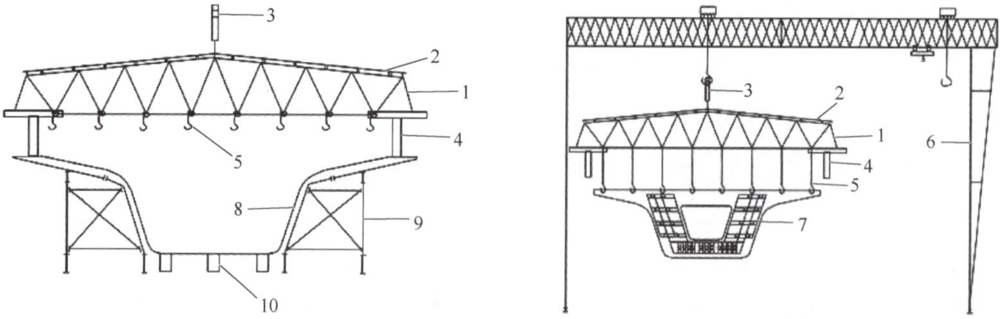

(a) 一体化棚吊放置在箱梁预制台座上结构　　(b) 一体化棚吊吊起钢筋笼时正面

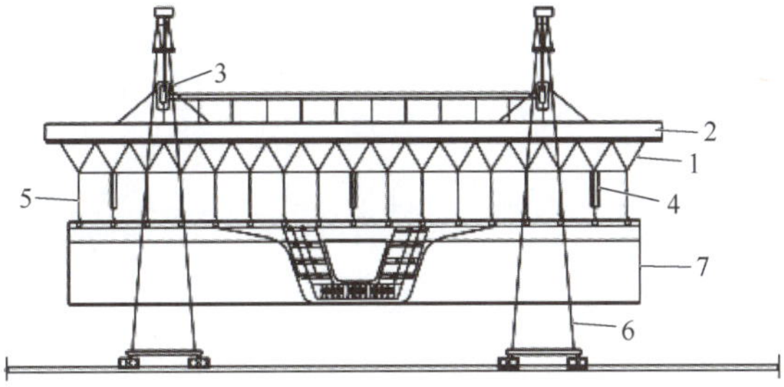

(c) 一体化棚吊吊起钢筋笼时侧面示意

1—三角形钢管桁架；2—棚体；3—吊环；4—钢支腿；5—链条式吊具；6—轨道式龙门吊；7—钢筋笼；8—箱梁外模板；9—箱梁外模板支撑架；10—制梁支座。

图 4-46 一体化棚吊示意

采用一体化棚吊整体吊装钢筋骨架成品。钢筋骨架通过两台轨道门吊在其上空吊着一体化棚吊来实现钢筋骨架组装、混凝土浇筑的防雨、防晒和钢筋骨架吊装作业，如图 4-47 所示。

图 4-47 一体化棚吊

4.3.2 钢筋骨架组装成型用新型胎具

箱梁钢筋骨架部品装配式安装胎具如图 4-48 所示，实物图如图 4-49 所示。新型胎具由槽钢、角钢、钢管等型材焊接而成，其外形根据设计尺寸确定。根据底板钢带网铺装要求优化内支架立柱设计，避免与钢带网铺装的干扰；根据钢筋骨架智能建造设计完成 U 形钢筋卡具设计，满足快速布置要求；根据不同钢带网及钢筋网定位需求，设置临时定位卡具及马凳筋等结构，实现部品高精度定位要求。

1. 装置介绍

胎具外形尺寸、定位件卡槽和套管分别与箱梁钢筋骨架外形尺寸、钢筋位置和支座板、防落梁措施、通风孔、雨水孔一致，套管焊接固定于胎具上。胎具钢材强度不应小于 Q235；钢筋胎具设在制梁区内，并固结于混凝土地坪面上。

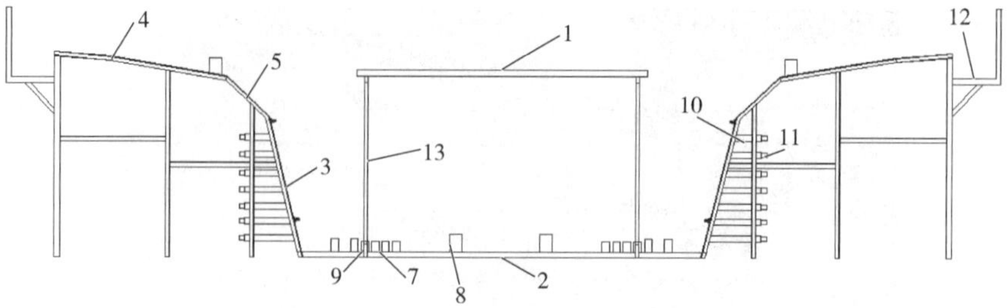

(a) 胎具主视图

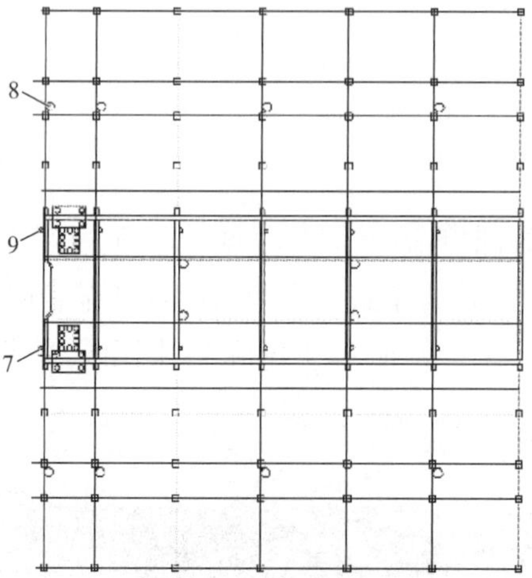

(b) 胎具俯视图

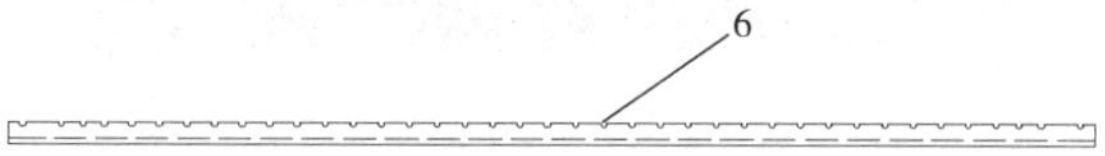

(c) 卡槽定位件结构示意

1—顶板钢筋支撑架；2—底板钢筋支撑架；3—腹板钢筋支撑架；4—翼板钢筋支撑架；5—挂钩钢筋支撑架；6—卡槽定位件；7—第一套管；8—第二套管；9—第三套管；10—第四套管；11—定位杆；12—工作台；13—支撑杆。

图 4-48　箱梁钢筋骨架部品装配式安装胎具

图 4-49　新型胎具实物

2. 技术特点

新型拼装胎具适宜于 7 人操作，具有柔性设计、辅助定位、拼装快捷和辅助定位等特点。

新型胎具能保证钢筋网、钢带网等部品化结构实现快速装配，配备钢筋网及钢带网定位及调整装置，满足钢筋骨架智造精度要求。

新型胎具预埋件位置为活动式，可拆卸。

3. 解决问题

钢筋骨架装配式拼装胎具适用于超大型系列网片及构件系统装配，具有卡位、定位、支撑、平台等功能。各种钢筋部品按照安装顺序，采用专用吊具转运至新型拼装胎具处进行装配，拼装成型后采用龙门吊吊运至模板中浇筑。

第 5 章 高速铁路简支箱梁钢筋骨架全部品质量检测与管理

以电阻点焊为核心的钢筋骨架自动化生产技术，通过将钢筋部品精密加工与整体拼装技术结合，可显著提升钢筋骨架的生产效率以及标准化程度。尽管整体制造水平已取得突破性进展，钢筋骨架的质量检测与管理仍然面临诸多挑战，主要体现在人工尺量的传统检测方法效率较低且质量稳定性差，亟须更加科学系统的方案以满足高铁建设严格标准下质量检测与管理需要。本章将深入探讨高速铁路简支箱梁钢筋骨架的质量检测与管理问题，涵盖钢筋原材、钢筋部品以及钢筋骨架三个层次的质量检测与管理，为高速铁路简支箱梁钢筋骨架的质量检测与管理提供方法与实践引导。

5.1 钢筋原材质量检测与管理

高速铁路箱梁钢筋骨架的钢筋原材质量检测与管理是保障箱梁结构安全的首要环节。因为高速铁路箱梁承受着巨大的荷载和复杂的应力，钢筋原材质量直接影响箱梁的整体性能和结构安全。具体来说，钢筋原材的重要性体现在 3 个方面：首先，优质的钢筋原材能提供足够的强度、刚度和稳定性，确保箱梁在长期使用过程中能抵抗裂缝、变形甚至坍塌等潜在安全隐患，而劣质钢筋则可能在列车高速运行时无法承受冲击，进而导致灾难性的后果。其次，钢筋原材的质量还直接关系高铁运行的平稳性和乘客的舒适体验。如果钢筋质量差，引起钢筋骨架受力不均匀或出现尺寸偏差，影响箱梁变形特性，最终导致轨道不平，列车在行驶过程中出现颠簸和振动，不仅影响乘客的舒适度，还可能对列车零部件造成损坏。最后，高质量的钢筋原材对延长箱梁的使用寿命也具有重要意义。具有优良耐腐蚀性和耐久性的钢筋原材，经过严格的检测和管理后，能有效减缓锈蚀和老化过程，从而降低维护和更换频率，节省人力、物力和财力。

因此，钢筋原材的质量检测与管理，不仅是确保高速铁路箱梁结构安全和性能稳定的基础，也是高铁建设不可或缺的重要环节，有助于提高整体工程质量，降低长期运营成本，最终实现高铁项目安全、经济和可持续发展。

5.1.1　钢筋原材的质量标准

在建筑工程中，钢筋作为重要的结构材料，其质量至关重要。从大型基础设施建设到普通的民用建筑，钢筋都起着不可替代的支撑作用。确保钢筋的质量，需要依据严格的质量标准。高速铁路箱梁钢筋骨架主要采用热轧带肋钢筋，热轧带肋钢筋原材的质量标准主要规定了钢筋原材的化学成分、力学性能、尺寸偏差和表面质量四个方面。

1. 化学成分

根据 GB 1499.2—2024《钢筋混凝土用钢　第 2 部分：热轧带肋钢筋》相关规定，钢筋的主要化学成分应满足如下要求：

(1)碳(C)：普通热轧钢筋牌号中除了 HRB600，碳含量不大于 0.25%，HRB600 的碳含量不大于 0.28%。

(2)硅(Si)：不大于 0.80%。

(3)锰(Mn)：不大于 1.60%。

(4)磷(P)和硫(S)：都不大于 0.045%。

此外，根据文献相关规定，除上述要求外，钢中还可加入钒(V)、铌(Nb)、钛(Ti)等元素。不同牌号钢筋的碳当量(C_{eq})也有相应限制，例如 HRB400 和 HRB400E、HRBF400、HRBF400E 的碳当量不大于 0.54%；HRB500 和 HRB500E、HRBF500、HRBF500E 的碳当量不大于 0.55%，HRB600 的碳当量不大于 0.58%。

2. 力学性能

高速铁路箱梁钢筋骨架的钢筋原材力学性能应符合 GB 1499.2—2024《钢筋混凝土用钢　第 2 部分：热轧带肋钢筋》要求。钢筋原材力学性能具体指标见表 5-1。

表 5-1　钢筋原材力学性能具体指标

<table>
<tr><th rowspan="2">牌号</th><th>下屈服强度 R_{eL}/MPa</th><th>抗拉强度 R_m/MPa</th><th>断后伸长率 A/%</th><th>最大力总延伸率 A_{gt}/%</th><th>R°_m/R°_{eL}</th><th>R°_{eL}/R_{eL}</th></tr>
<tr><th colspan="5">不小于</th><th>不大于</th></tr>
<tr><td>HRB400</td><td rowspan="4">400</td><td rowspan="4">540</td><td rowspan="2">16</td><td rowspan="2">7.5</td><td rowspan="2">—</td><td rowspan="2">—</td></tr>
<tr><td>HRBF400</td></tr>
<tr><td>HRB400E</td><td rowspan="2">—</td><td rowspan="2">9</td><td rowspan="2">1.25</td><td rowspan="2">1.30</td></tr>
<tr><td>HRBF400E</td></tr>
<tr><td>HRB500</td><td rowspan="4">500</td><td rowspan="4">630</td><td rowspan="2">15</td><td rowspan="2">7.5</td><td rowspan="2">—</td><td rowspan="2">—</td></tr>
<tr><td>HRBF500</td></tr>
<tr><td>HRB500E</td><td rowspan="2">—</td><td rowspan="2">9.0</td><td rowspan="2">1.25</td><td rowspan="2">1.30</td></tr>
<tr><td>HRBF500E</td></tr>
<tr><td>HRB600</td><td>600</td><td>730</td><td>14</td><td>7.5</td><td>—</td><td>—</td></tr>
</table>

注：R°_m为钢筋实测抗拉强度；R°_{eL}为钢筋实测下屈服强度。

3. 尺寸偏差

GB 1499.2—2024《钢筋混凝土用钢　第 2 部分：热轧带肋钢筋》对热轧带肋钢筋的内径、横肋高、纵肋高、横肋宽、纵肋宽、间距以及横肋末端间隙等尺寸的偏差都有详细规定，见表 5-2。

表 5-2　钢筋尺寸及允许偏差　　mm

<table>
<tr><th rowspan="2">公称直径 d</th><th colspan="2">内径 d_1</th><th colspan="2">横肋高 h</th><th rowspan="2">纵肋高 h（不大于）</th><th rowspan="2">横肋宽 b</th><th rowspan="2">纵肋宽 a</th><th colspan="2">间距 l</th><th rowspan="2">横肋末端最大间隙（公称周长的 10%弦长）</th></tr>
<tr><th>公称尺寸</th><th>允许偏差</th><th>公称尺寸</th><th>允许偏差</th><th>公称尺寸</th><th>允许偏差</th></tr>
<tr><td>6</td><td>5.8</td><td>±0.3</td><td>0.6</td><td>±0.3</td><td>0.8</td><td>0.4</td><td>1.0</td><td>4.0</td><td rowspan="7">±0.5</td><td>1.8</td></tr>
<tr><td>8</td><td>7.7</td><td rowspan="6">±0.4</td><td>0.8</td><td>+0.4
−0.3</td><td>1.1</td><td>0.5</td><td>1.5</td><td>5.5</td><td>2.5</td></tr>
<tr><td>10</td><td>9.6</td><td>1.0</td><td>±0.4</td><td>1.3</td><td>0.6</td><td>1.5</td><td>7.0</td><td>3.1</td></tr>
<tr><td>12</td><td>11.5</td><td>1.2</td><td rowspan="3">+0.4
−0.5</td><td>1.6</td><td>0.7</td><td>1.5</td><td>8.0</td><td>3.7</td></tr>
<tr><td>14</td><td>13.4</td><td>1.4</td><td>1.8</td><td>0.8</td><td>1.8</td><td>9.0</td><td>4.3</td></tr>
<tr><td>16</td><td>15.4</td><td>1.5</td><td>1.9</td><td>0.9</td><td>1.8</td><td>10.0</td><td>5.0</td></tr>
<tr><td>18</td><td>17.3</td><td>1.6</td><td rowspan="2">±0.5</td><td>2.0</td><td>1.0</td><td>2.0</td><td>10.0</td><td>5.6</td></tr>
<tr><td>20</td><td>19.3</td><td rowspan="3">±0.5</td><td>1.7</td><td>2.1</td><td>1.2</td><td>2.0</td><td>10.0</td><td rowspan="3">±0.8</td><td>6.2</td></tr>
<tr><td>22</td><td>21.3</td><td>1.9</td><td rowspan="3">±0.6</td><td>2.4</td><td>1.3</td><td>2.5</td><td>10.5</td><td>6.8</td></tr>
<tr><td>25</td><td>24.2</td><td>2.1</td><td>2.6</td><td>1.5</td><td>2.5</td><td>12.5</td><td>7.7</td></tr>
<tr><td>28</td><td>27.2</td><td rowspan="3">±0.6</td><td>2.2</td><td>2.7</td><td>1.7</td><td>3.0</td><td>12.5</td><td rowspan="6">±1.0</td><td>8.6</td></tr>
<tr><td>32</td><td>31.0</td><td>2.4</td><td>+0.8
−0.7</td><td>3.0</td><td>1.9</td><td>3.0</td><td>14.0</td><td>9.9</td></tr>
<tr><td>36</td><td>35.0</td><td>2.6</td><td>+1.0
−0.8</td><td>3.2</td><td>2.1</td><td>3.5</td><td>15.0</td><td>11.1</td></tr>
<tr><td>40</td><td>38.7</td><td>±0.7</td><td>2.9</td><td>±1.1</td><td>3.5</td><td>2.2</td><td>3.5</td><td>15.0</td><td>12.4</td></tr>
<tr><td>50</td><td>48.5</td><td>±0.8</td><td>3.2</td><td>±1.2</td><td>3.8</td><td>2.5</td><td>4.0</td><td>16.0</td><td>15.5</td></tr>
</table>

注：(1)纵肋斜角为 0°～30°。
　　(2)a、b 为参考数据。

不同公称直径的热轧带肋钢筋，其尺寸偏差要求不同。例如，对常见的一些公称直径钢筋，在尺寸偏差方面有明确的数值限制，以确保钢筋质量和使用性能符合标准要求。在实际应用和质量检测中，需严格按照标准规定的尺寸偏差要求进行检验和判定。

4. 表面质量

GB 1499.2—2024《钢筋混凝土用钢　第 2 部分：热轧带肋钢筋》规定，钢筋应无有害的表面残缺。当经钢丝刷刷过的试样的重量、尺寸、截面面积和力学性能不低于 GB 1499.2—2024《钢筋混凝土用钢　第 2 部分：热轧带肋钢筋》要求时，锈皮、表面不平整或氧化铁皮不作为拒收的理由。当带有上述残缺以外的表面缺陷试样不符合力学性能或工艺性能要求时，则认为这些残缺是有害的。

5.1.2　钢筋原材的检测方法

在建筑工程中，钢筋作为重要的结构材料，其质量直接关系建筑物的安全性和耐久性。为确保钢筋的质量符合标准要求，需要对钢筋原材进行严格的检测。钢筋原材检测主要包括化学成分、力学性能、尺寸偏差和表面质量等。

5.1.2.1　化学成分测试

1. 光谱分析法

光谱分析是一种高效的检测技术，在钢筋化学成分分析中发挥着重要作用，其利用被测物质对不同波长光的吸收、发射或散射特性，来确定物质的化学成分，主要优势在于能快速、准确地分析多种元素，且对样品的破坏性极小。

光谱分析的核心设备通常由光源、分光系统和检测器组成。在使用时，光源发出特定波长范围的光，照射到钢筋样品上，样品中的元素会吸收特定波长的光，经过分光系统将不同波长的光分开，检测器可检测到经过样品后光强度的变化。通过分析光强度的变化，可以确定样品中各种元素的含量。

光谱分析不仅能检测钢筋中的主要元素，如碳、硅、锰等，还能精确测定微量元素含量。这一过程基于不同元素对特定波长光的独特吸收特性。吸收强度与元素浓度直接相关，通过对吸收光谱分析，能获取钢筋中各种元素准确含量。

此外，结合先进的数据处理算法，光谱分析的检测数据可以进一步优化。通过对大量历史数据的学习和分析，数据处理算法能自动识别光谱中的特征峰，提高元素含量测定的精度。通过这种智能化的数据处理方式，光谱分析在钢筋化学成分检测中的应用更加精准、高效。

2. 化学分析法

钢材的碳、硅、锰、磷、硫元素是最重要、最基本的元素，习惯称为钢材五大元素。五大元素含量直接影响钢筋的机械性能。为确保结构质量和安全，这些钢材应具有较高的强度性能、塑形和韧性性能以及良好的加工性能。因此，提高化学五元素试验准确性尤为重要。

化学分析是一种传统而可靠的检测方法，广泛用于钢筋化学成分测定。它通过化学反应来确定物质的组成和含量，具有较高的准确性和可靠性。

化学分析的核心步骤通常包括样品制备、试剂选择和反应过程控制。首先，将钢筋样品进行适当的处理，如切割、研磨等，以获得均匀的分析样品。然后，根据需要检测的元素选择合适的试剂，进行化学反应。在反应过程中，严格控制反应条件，如温度、时间、酸碱度等，以确保反应的完全性和准确性。

化学分析不仅能定量分析钢筋中主要化学成分，还能通过特定的化学反应鉴别微量元素的存在。这一过程基于不同元素与特定试剂的化学反应特性。反应产物的性质和数量与元素的种类、含量直接相关，通过对反应产物的分析，便能确定钢筋中各种元素的含量。

此外，结合现代分析仪器，如分光光度计、原子吸收光谱仪等，化学分析的检测精度可进一步提高。这些仪器能对反应产物进行精确的测量和分析，提供更加准确的数据。通过这种传统与现代技术相结合的方式，化学分析在钢筋化学成分检测中依然具有重要地位。

5.1.2.2 力学性能测试

1. 万能试验机拉伸法

万能试验机拉伸法是一种常用的检测钢筋力学性能的方法，广泛用于钢筋质量评估与检验。万能试验机拉伸法通过对钢筋施加载荷，测量钢筋在拉伸过程中的变形和破坏特征，以确定钢筋的强度、韧性等力学性能指标，其主要优势在于能准确模拟钢筋在实际工程中的受力情况，为工程设计和施工提供可靠的数据支持。

万能试验机的核心设备通常由加载系统、测量系统和控制系统组成，如图 5-1 所示。使用时，将钢筋样品夹持在试验机的夹具中，通过控制系统逐渐施加拉伸载荷。加载系统以一定的速率增加载荷，测量系统则实时记录钢筋的变形量和载荷大小。在拉伸过程中，钢筋会经历弹性变形、屈服、强化和断裂等阶段，这些阶段的特征可通过载荷-变形曲线反映。

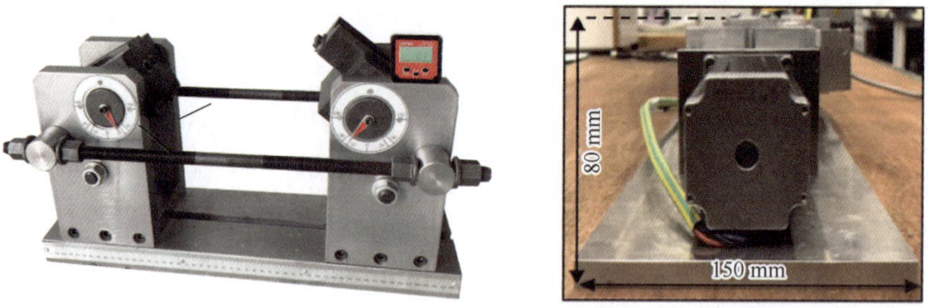

图 5-1 万能试验机

万能试验机拉伸法不仅能测量钢筋的抗拉强度，还能通过分析曲线形状和特征评估钢筋韧性和延展性，这一过程基于钢筋在不同受力阶段的力学行为特性。曲线斜率、屈服点、最大载荷等参数与钢筋的力学性能直接相关，通过对这些参数的分析，能获取钢筋力学性能的准确评估。

此外，结合数据分析软件，万能试验机的检测数据可以进一步处理。通过输入拉伸试验数据，软件可对曲线进行拟合和分析，计算出各种力学性能指标，生成详细的报告。此外，可以通过软件比较不同批次钢筋的试验结果，帮助质量管理人员监控钢筋质量的稳定性。通过这种智能化的数据处理方式，万能试验机拉伸法在钢筋力学性能检测中的应用更加高效、准确。

2. 冲击试验法

冲击试验法是一种用于检测钢筋韧性的重要技术，在钢筋力学性能评估中起着关键作用。它通过使钢筋样品承受瞬间的冲击载荷，测量钢筋在冲击过程中的能量吸收能力，以确定钢筋的韧性和抗冲击性能。冲击试验法主要优势在于能快速评估钢筋在突发载荷下的表现，为工程结构的安全性提供重要保障。

冲击试验的核心设备通常由冲击试验机、样品夹具和测量系统组成。在使用时，将钢筋样品制成标准的冲击试样，夹持在试验机的夹具中。冲击试验机通过释放摆锤或落锤等冲击装置，使试样瞬间受到冲击载荷。测量系统记录冲击过程中的能量吸收值和试样破坏形态。

冲击试验法不仅能测量钢筋的冲击吸收能量，还能通过观察试样断裂面评估钢筋的韧性和脆性，这一过程基于钢筋在冲击载荷下的断裂行为特性。断裂面的形态、粗糙度、纤维状特征等与钢筋的韧性直接相关，通过对这些特征的分析，能判断钢筋的抗冲击性能。

此外，运用有限元前处理软件 Truegrid，建立混凝土及钢筋混凝土材料轻气炮试验有限元模型，用 Ansys/LS-DYNA 3D 有限元软件数值模拟 200～500 m/s 不同速度下飞片撞击混凝土及钢筋混凝土靶板的过程。对比数值模拟结果和试验结果可知，利用有限元前处理软件 TrueGrid 建立的有限元模型，并利用 LS-DYNA 有限元程序数值模拟混凝土和钢筋混凝土材料轻气炮试验的动态破坏过程是合理可行的，所选用的计算单元、材料模型、计算方法和破坏准则等能较准确地反映混凝土及钢筋混凝土材料在冲击条件下的破坏过程。数值模拟结果能为将来的试验、理论分析和工程应用提供重要的指导作用。

5.1.2.3　尺寸偏差测试

1. 卡尺测量法

卡尺测量法是一种常见的检测钢筋尺寸偏差的方法，广泛用于钢筋生产和质量检验环节。它通过使用精密的卡尺工具，直接测量钢筋的直径、长度等尺寸参数，以确定钢筋是否符合标准要求，主要优势在于操作简单、测量快速且成本较低。

卡尺测量法的核心工具是高精度的卡尺，通常由主尺和游标尺组成。在使用时，将卡尺的测量爪轻轻夹住钢筋，确保卡尺与钢筋垂直且接触紧密。读取卡尺上的刻度值，即可得到钢筋的准确尺寸。对不同规格的钢筋，可选择不同量程的卡尺，以满足测量精度要求。

基于卡尺的精确测量原理，卡尺测量法不仅能测量钢筋的直径，还可以通过多次测量不同位置来评估钢筋的直径均匀性。测量值与标准尺寸的差值反映了钢筋的尺寸偏差程度，通过对多个测量点的数据分析，便能全面了解钢筋的尺寸状况。

此外，结合数据记录和统计分析软件，卡尺测量的结果可以进一步处理。将测量数据输入软件，可以自动计算平均值、标准差等统计参数，生成详细的测量报告。通过对大量测量数据的分析，可以监控钢筋生产过程中的尺寸稳定性，及时发现和纠正尺寸偏差问题。通过这种规范化的数据处理方式，卡尺测量法在钢筋尺寸偏差检测中的应用更加可靠、高效。

2. 激光扫描法

激光扫描法是一种先进的检测钢筋尺寸偏差技术，在高精度测量领域具有广泛的应用。它通过发射激光束并接收反射光，快速获取钢筋表面的三维点云数据，从而精确测量钢筋的尺寸和形状。激光扫描法主要优势在于非接触式测量、精度高且速度快。

激光扫描法的核心设备通常由激光发射器、接收器和数据处理系统组成。使用时，将激光扫描仪对准钢筋，激光发射器发射出的激光束照射到钢筋表面，接收器接收反射回来的激光信号。通过测量激光信号的飞行时间和角度，计算出钢筋表面各点的三维坐标。随着扫描仪的移动，不断获取新的点云数据，最终形成完整的钢筋表面模型。

激光扫描法不仅能测量钢筋的整体尺寸，还能检测钢筋表面的细微缺陷和变形，这一过程基于激光扫描的高精度测量特性。点云数据的密度和精度决定了尺寸测量的准确性，通过对大量点云数据的分析处理，可以精确计算钢筋的直径、长度、弯曲度等尺寸参数。

此外，结合三维建模和分析软件，激光扫描的检测数据可进行更深入地分析。利用软件可以对钢筋的三维模型进行可视化展示，方便操作人员直观地观察钢筋尺寸和形状。同时，软件可以进行尺寸偏差分析、形状比较等操作，帮助质量管理人员快速评估钢筋的质量。通过这种智能化的检测技术，激光扫描法在钢筋尺寸偏差检测中的应用更加精准、全面。激光扫描和点云再生如图 5-2 所示。

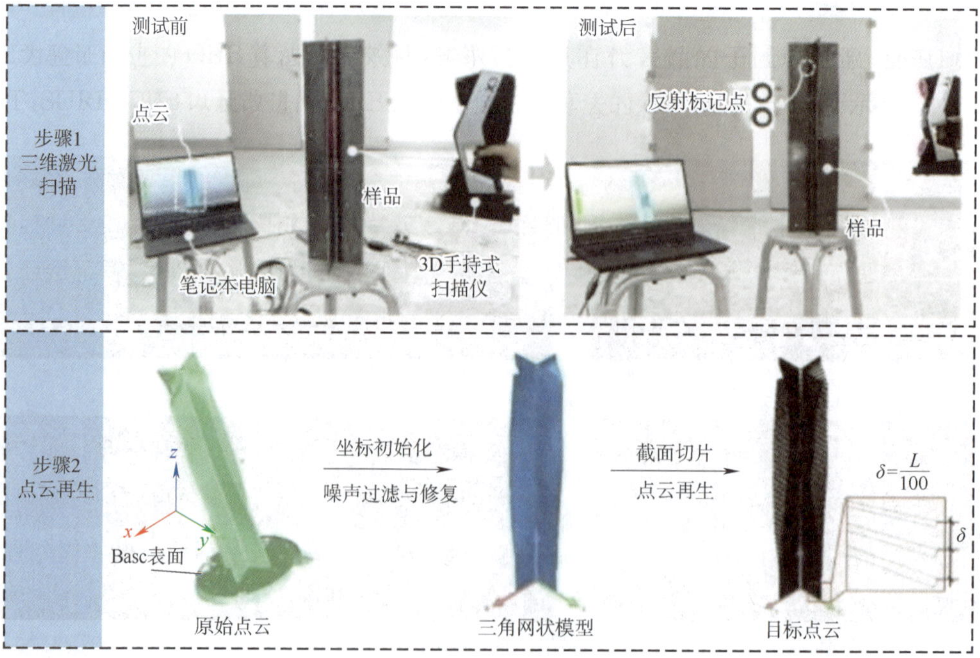

图 5-2　激光扫描和点云再生

5.1.2.4　表面质量检测——显微镜观察法

显微镜观察法是一种精确检测钢筋表面质量的技术，对钢筋表面微观结构分析具有重要价值。它通过使用显微镜放大钢筋表面的细节，以便更清晰地观察和分析表面缺陷，主要优势在于能提供高分辨率的图像，帮助检测人员深入了解钢筋表面微观状况。

显微镜观察法的核心设备是显微镜，通常包括光学显微镜、电子显微镜和原子力显微镜等不同类型。原子力显微镜工作原理，如图 5-3 所示。使用时，将钢筋样品制备成适合显微镜观察的状态，如切割、抛光等。然后，将样品放置在显微镜下，调整焦距和放大倍数，观察钢筋表面的微观结构，可以观察到钢筋表面的纹理、晶粒结构、微小裂纹等细节。

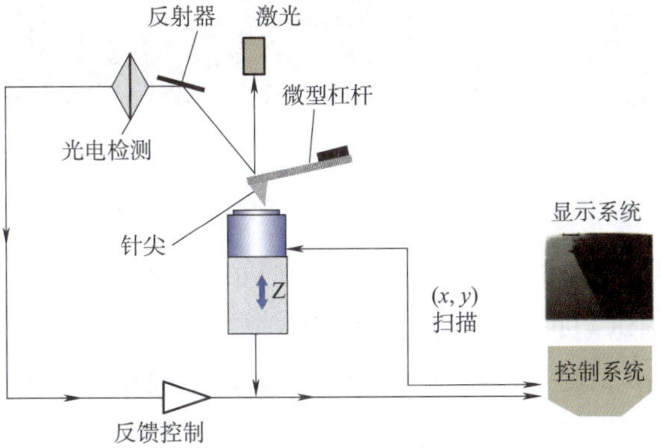

图 5-3　原子力显微镜工作原理示意

基于显微镜的高分辨率成像能力，显微镜观察法不仅能检测钢筋表面的微观缺陷，还可以通过分析缺陷的形态和特征来推断其形成原因。观察到的微观缺陷与钢筋生产工艺、储存条件等因素有关，通过对这些缺陷分析，可为改进生产工艺和质量控制提供依据。

此外，结合图像分析软件，对显微镜观察结果可以进行定量分析。利用软件可以测量缺陷的尺寸、面积、深度等参数，生成详细的分析报告。通过对大量样品的观察和分析，可建立钢筋表面质量数据库，为质量评估和改进提供数据支持。基于这种科学的检测方法，显微镜观察法在钢筋表面质量检测中具有重要的地位。

5.2　钢筋部品质量检测与管理

钢筋网片作为钢筋骨架最重要的组成部分之一，是质量检测与管理的重点研究对象。在传统的质量检测方法中，钢筋网片的尺寸检测主要依赖于质量检查员使用简单的测量工具(如尺子)手动进行。随着高速铁路简支箱梁建设的规模扩大，尤其是在 32 m×10 m 超大型钢筋网片的应用中，这种手动检测方法面临极大挑战。

手动检测过程耗时极长。对如此大尺寸的钢筋网片，一名工人需要耗费长达 3 h 才能完成一次完整的质量检查。这种低效的检测方式极大地延缓了钢筋骨架的自动化生产进程，进而影响到整个项目的进度。

此外，传统的手动检测往往在钢筋网片焊接完成后才进行。当检查发现尺寸不合格时，钢筋网片已经处于成品状态，返工所需时间和材料成本非常高昂。这不仅增加了项目成本，还可能导致部分工人在压力下冒险交付不合格产品，进而引发巨大的安全隐患。

因此，针对超大型钢筋网片的质量检测与管理，需要采用更为快速、准确的实时检测技术。这种技术不仅能显著缩短检测时间，减少人工操作误差，还可在生产过程中及时发现问题并进行纠正，从而降低返工率和材料浪费，确保钢筋网片的尺寸和质量符合高标准要求。这对提升钢筋骨架的整体质量、加快生产进度，以及保障工程安全都有重要意义。

5.2.1 钢筋部品尺寸质量标准

钢筋网片的尺寸质量检测项主要包括钢筋间距、网片长度、宽度及对角线尺寸。根据 GB/T 1499.3—2022《钢筋混凝土用钢 第 3 部分：钢筋焊接网》、JGJ 114—2014《钢筋焊接网混凝土结构技术规程》，钢筋网片的尺寸质量检测要求见表 5-3。

表 5-3 钢筋网片尺寸质量检测要求

名 称	具体要求
钢筋间距	±10 mm 和规定间距±5%的较大值
长度、宽度	±25 mm 和规定长度的±0.5%的较大值
对角线	±0.5%

5.2.2 钢筋部品图像检测方法

超大型钢筋网片尺寸的图像检测方法主要分为三步：

(1)钢筋网片划分：基于“全局—局部—全局”的思想，将超大型钢筋网片拆分为多个子区域，研发特定的图像采集模式及装备在加工过程实时采集子区域图像。

(2)关键交叉点检测：提出 FS-DETR 目标检测算法，逐一检测子区域图像的关键交叉点，输出钢筋数量、直径及间距等信息。

(3)钢筋网片重塑：提出改进的 ORB 图像拼接算法，将所有子区域图像重塑为完整的钢筋网片，输出钢筋网片的整体长度、宽度及对角线尺寸。整个检测过程中及时将检测尺寸与设计尺寸做比较，根据误差程度设置预警等级及时调整生产状况，确保产品合格率 100%。

1. 网片划分

钢筋网片尺寸可高达 32 m×10 m，直接拍摄整个钢筋网片所需的视野范围太大，实际项目中由于工厂的高度限制而无法采集图像。此外，过大的视野范围意味着较长的工作距离，图像检测的准确性将随之降低。网片划分后子区域的视野范围由工业相机参数和工作距离决定。计算公式为

$$\text{芯片长边尺寸}=\text{长边分辨率}\times\text{像素大小} \tag{5-1}$$

$$\text{工业相机视场长边}=\frac{\text{工作距离}}{\text{焦距}}\times\text{芯片长边尺寸} \tag{5-2}$$

$$\text{工业相机视场短边}=\frac{\text{长边分辨率}}{\text{短边分辨率}}\times\text{工业相机观察范围长边} \tag{5-3}$$

$$\text{与单位像素对应真实尺寸}=\frac{\text{视野}}{\text{分辨率}} \tag{5-4}$$

通过研发定制的图像采集设备完成对子区域的图像采集，图像采集设备模型如图 5-4 所示。该设备包括带有伺服电机和滑动导轨的龙门架结构(黄色标示)，工业计算机(蓝色标示)，两个检测盒子(红色标示)。其中，每个检测盒子包含一个工业相机和三个光电传感器。此外，焊接机构用绿色标示。

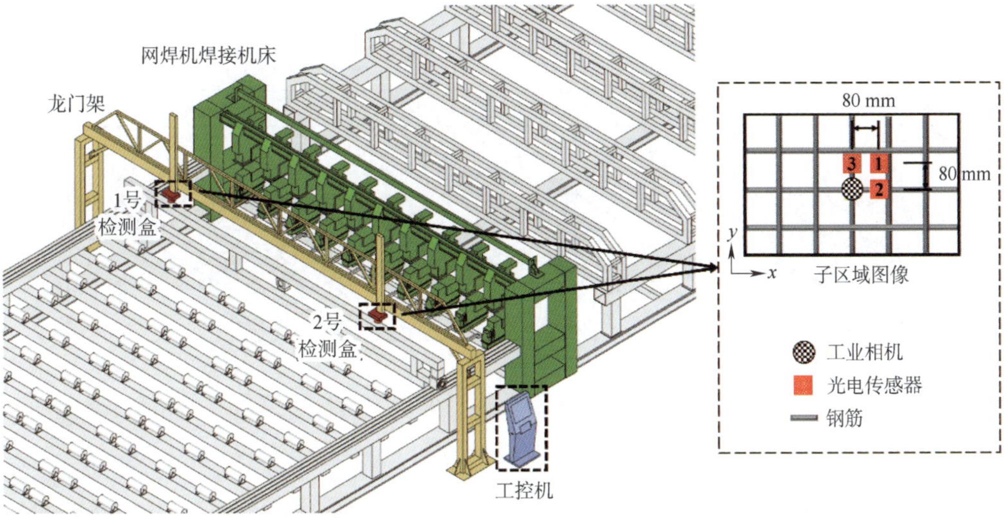

图 5-4　图像采集设备模型示意

图像采集的工作流程：

(1)焊接机构的 PLC 控制器将设备状态和钢筋网片的设计规格发送给工控机。

(2)当龙门架上的伺服电机接收到移动指令后，驱动检测盒子沿滑动导轨移动。

(3)当光电传感器检测到物体通过时，工业相机进行图像采集并上传；最后，钢筋网片生产完成时，图像采集任务完成。

值得注意的是，检测盒子的数量越多，图像采集时间越短，成本也越高。经过实际测试，两个检测盒子可以很好地完成超大钢筋网片的图像采集任务。图像采集共包含三个阶段，能完成对钢筋网片最不利位置(即钢筋网片外侧)的图像采集，如图 5-5 所示。

图 5-5 中，图 5-5(a)为网片焊接机；图 5-5(b)为开始生产时，检测装置中的相机的视野范围由红色移动至黄色；图 5-5(c)为随着生产进行，相机依次进行检测；图 5-5(d)为生产即将结束时，检测装置中相机视野范围由黄色移回红色。

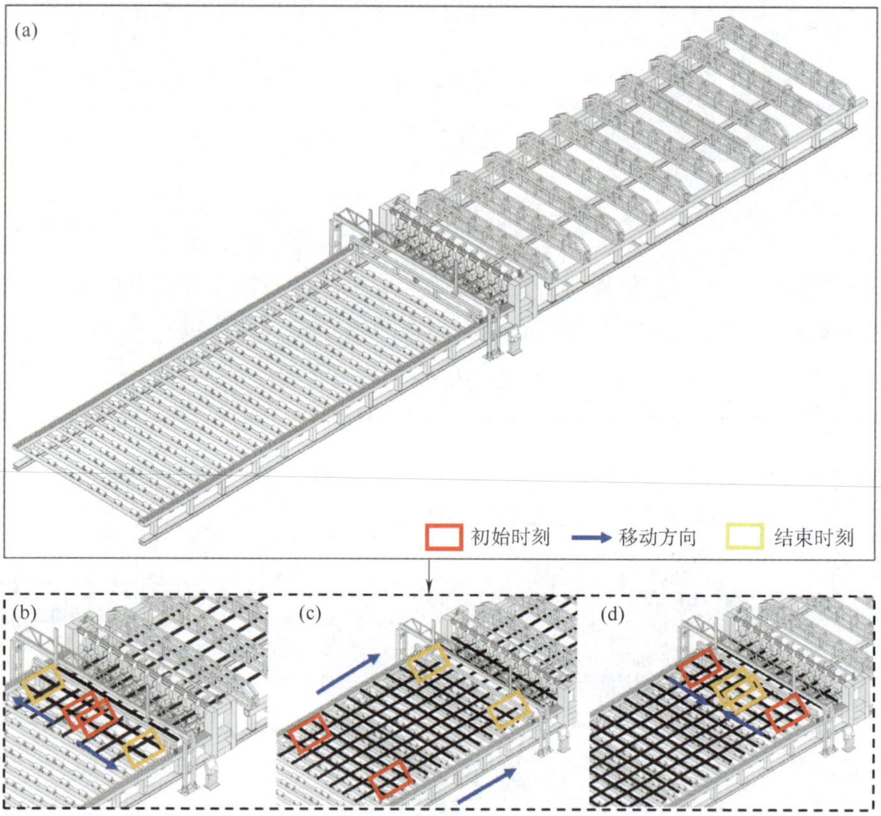

图 5-5　网片焊接机及图像采集三个阶段

2. 目标检测

关键交叉点检测指的是在每个子区域图像中识别和提取关键交叉点，从而获取钢筋网片中钢筋的数量、直径和间距等信息。进一步地，这些关键交叉点将用于钢筋网片重建，以生成钢筋网片的总长度和宽度。交叉点是指钢筋网片水平钢筋和垂直钢筋交叉形成的矩形重叠区域。关键交叉点是指在所有交叉点中位于子区域图像中心的交叉点，以及最靠近该交叉点并且处于检测盒子移动方向上的交叉点，如图 5-6 所示。

近年来，目标检测在自动驾驶、监控和机器人技术等领域越来越普遍。一方面，传统两阶段目标检测方法(例如 Faster-RCNN)将任务分为候选区域生成和目标分类两个子过程。前者涉及生成一组候选目标区域，而后者对每个区域的目标进行分类。另一方面，引入 YOLOv5 等单阶段目标检测方法，用于克服两阶段模式局限性。通过使用单一网络预测目标类别和边界框，这些方法显著提高了检测过程的效率。

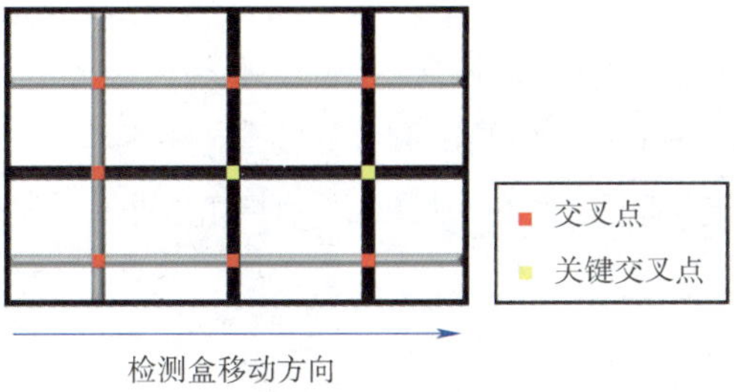

图 5-6　交叉点和关键交叉点示意

2020 年，Facebook AI Research 提出一种名为 DETR 的新方法。这种方法是第一个真正的端到端目标检测器，也是第一个在目标检测领域采用 Transformer 架构的方法。通过结合 CNN 和 Transformer 的编码器-解码器架构，研究人员利用 Transformer 的多功能和强大的关系建模能力成功完成目标检测任务，以取代手动设计的规则。然而，DETR 在训练时间长和小目标检测性能差方面受到批评。为解决这些问题，SenseTime Research 的研究人员在 2021 年引入 Deformable DETR 模型。通过将 Deformable 的稀疏空间采样优势与 Transformer 的关系建模能力相结合，Deformable DETR 模型有效地克服了 DETR 模型缺点。本团队提出 FS-DETR 目标检测算法作为目标检测器，如图 5-7 所示。

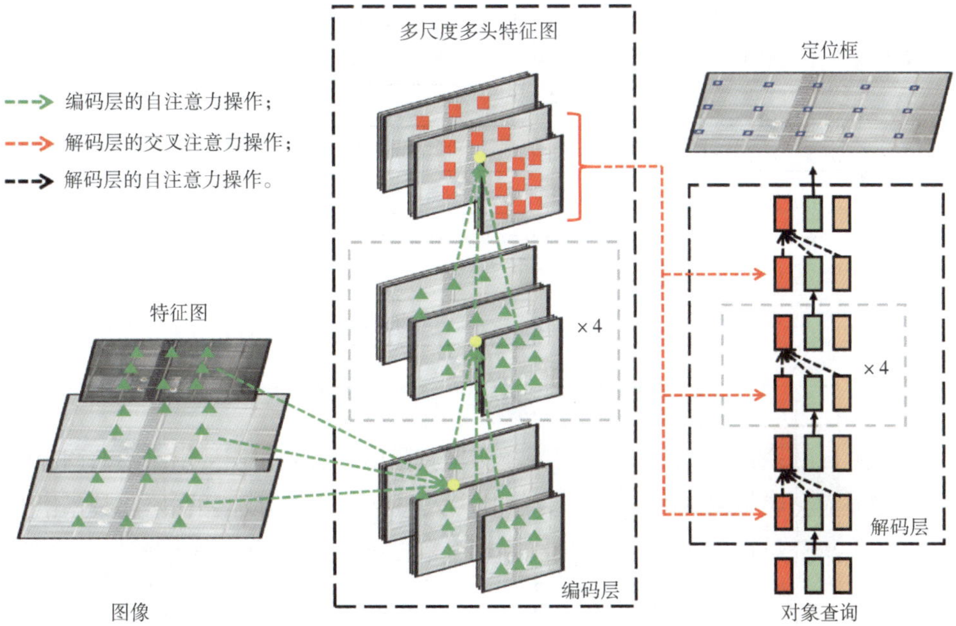

图 5-7　改进的 FS-DETR 目标检测器

3. 钢筋网片重塑

钢筋网片重建是将所有子区域图像拼接在一起生成超大钢筋网片的外轮廓，从而获得钢筋网片的总长度和宽度。图像拼接是将具有重叠区域的图像组合成具有广阔视野和高分辨率的图像的过程，主要过程包括特征匹配、图像配准和接缝去除。特征匹配是图像拼接的关键，也是本方法的重点。SIFT 方法是由 David G. Lowe 于 1999 年提出的，最初用于特征检测。SIFT 算法具有高匹配精度、良好的尺度不变性和对强照明和视角变化具有鲁棒性的特点。然而，需要大量计算特征点和特征描述子计算过程的复杂度较高，无法满足快速图像拼接的要求。BAY 于 2005 年改进了 SIFT 算法的兴趣点提取和特征向量描述，提出了高度鲁棒的局部特征点检测(速度改进的鲁棒特征，SURF)算法。与 SIFT 算法相比，SURF 算法充分利用积分图像，降低了计算复杂度和计算量，计算速度更快，但该算法对尺度和旋转变化的稳定性较差。Ruble 等在 2011 年基于著名的 FAST 关键点检测器和 BRIEF 描述符提出了 ORB(方向 FAST 和旋转 BRIEF)算法。ORB 算法在这些图像拼接任务上表现与 SIFT 相当(甚至优于 SURF)，同时速度几乎快两个数量级。ORB 算法的主要步骤如下：

(1)通过下采样构建图像金字塔，将图像上的每个像素视为候选点。

(2)以每个候选点为中心建立离散圆，计算离散圆上的像素值与候选点像素值之间的差异。

(3)当有多个差异超过预定阈值时，将候选点识别为关键点，表示它具有强大的特征表示能力。

由于本方法的尺寸质量检查任务需要同时处理和检测，图像拼接的实时性是最重要的，因此选择 ORB 算法进行特征匹配。

ORB 算法在本方法的应用过程中存在两个缺点。钢筋网图像中最显著的特征点是检测到的钢筋交汇点。这是一个矩形重叠区域，离散圆模板的构建方式不同。无法有效捕捉钢筋交汇点周围的语义信息，如图 5-8(a)所示。因为图像拼接的关键点位于钢筋交汇处，水平和垂直方向上的像素值几乎相同，所以离散圆上的大部分像素值与候选点的像素值(绿色显示)几乎无法区分。因此，使用离散圆选择关键点的有效性不理想。因此，我们设计了一种基于“井字棋”模板的关键点检测方法，如图 5-8(b)所示。

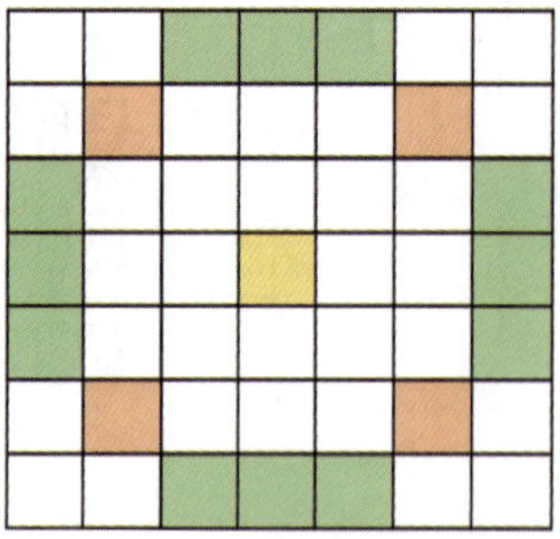

(a) 离散圆

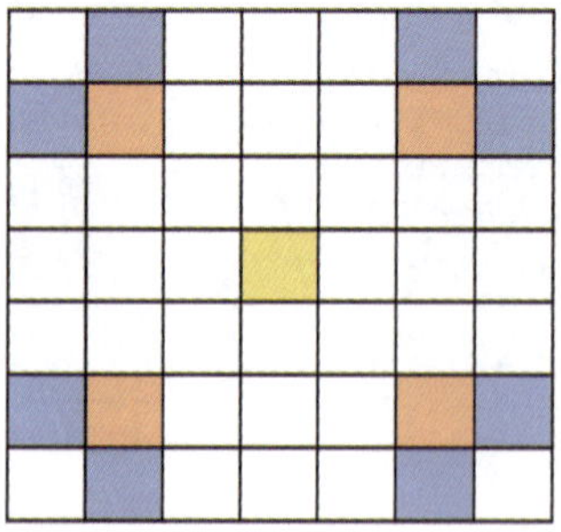

(b) 井字棋

图 5-8 模版

5.2.3 钢筋部品检测精度分析

将 FS-DETR 与其他常用的目标检测算法进行比较分析，以验证 Faster RCNN、YOLOv5l、DETR 算法精度和可变形 DETR 算法精度。5 种算法的平均精度 AP 的收敛曲线如图 5-9 所示。

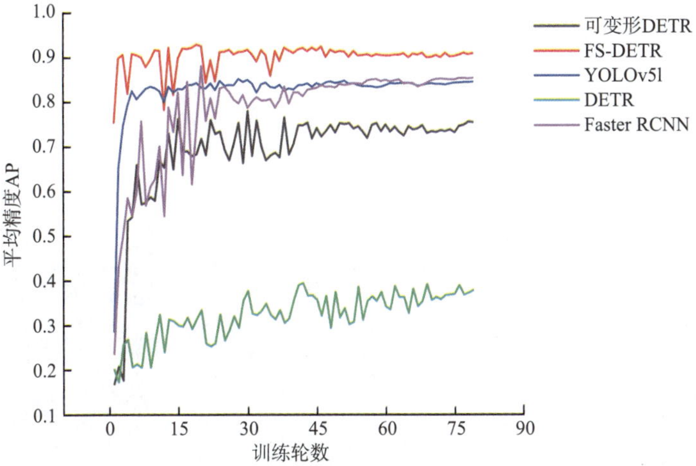

图 5-9 目标检测算法对比

结果分析分为 4 个阶段：

(1)在初始阶段(第 0～1 轮)，性能排名为 FS-DETR＞YOLOv5l＞Faster RCNN＞DETR＞可变形 DETR。FS-DETR 表现出优异的性能，这可能归因于固定间距矩阵帮助算法更快地定位至钢筋交叉点。

(2)在早期阶段(第 2～12 轮)，YOLOv5l 表现出明显的性能提升，这可能归功于其轻量级的结构和高效的训练策略。与此同时，Faster RCNN、可变形 DETR、FS-DETR 均呈现平稳增长态势，DETR 进展非常缓慢。

(3)在中期阶段(第 13～45 轮)，YOLOv5l、可变形 DETR、FS-DETR 表现相对稳定，接近收敛，Faster RCNN 和 DETR 则继续保持上升。

(4)在后期阶段(第 46～80 轮)，除 DETR 继续呈现缓慢增长态势外，其余 4 种算法均已收敛，最终性能排序为 FS-DETR(0.911)＞Faster RCNN(0.854)＞YOLOv5l(0.846)＞可变形 DETR(0.755)＞DETR(0.379)，结果显示 FS-DETR 在本文的 DQI 任务上表现优于其他算法。计算过程的精度 P、召回率 R、F_1 得分及平均精度 AP 见表 5-4。

表 5-4 目标检测算法对比结果

算　法	精度 P	召回率 R	F_1 得分	平均精度 AP
DETR	0.385	0.391	0.388	0.379

续表

算　法	精度 P	召回率 R	F_1 得分	平均精度 AP
Deformable DETR	0.771	0.764	0.767	0.755
YOLOv5l	0.858	0.852	0.855	0.846
Faster RCNN	0.867	0.859	0.863	0.854
FS-DETR	0.922	0.917	0.919	0.911

为直观展示 FS-DETR 的检测能力，从测试数据集中选取三张有代表性的子区域图像，即不同的间距、背景和光照条件下，检测结果如图 5-10 所示。结果表明，FS-DETR 能在各种工况下很好地完成检测任务。

(a) 不同间距　　(b) 不同背景　　(c) 不同光照条件

图 5-10　目标检测算法各个工况检测结果

为验证改进的 ORB 算法的有效性，选取两幅具有代表性的子区域图像，直观地比较 SIFT、SURF、ORB 以及改进的 ORB 四种图像拼接算法的效果，如图 5-11 所示。

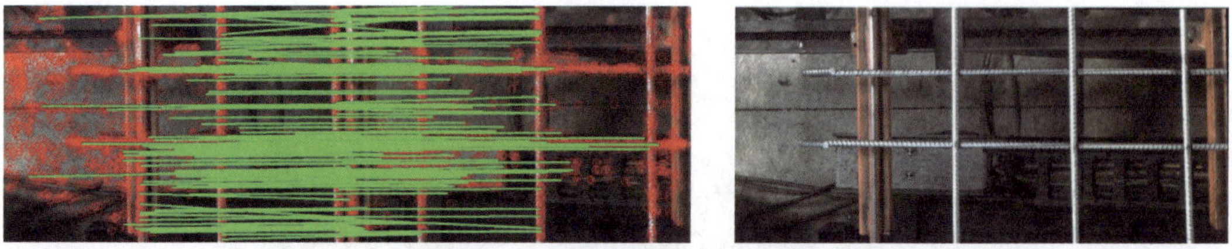

(a) SIFT 算法

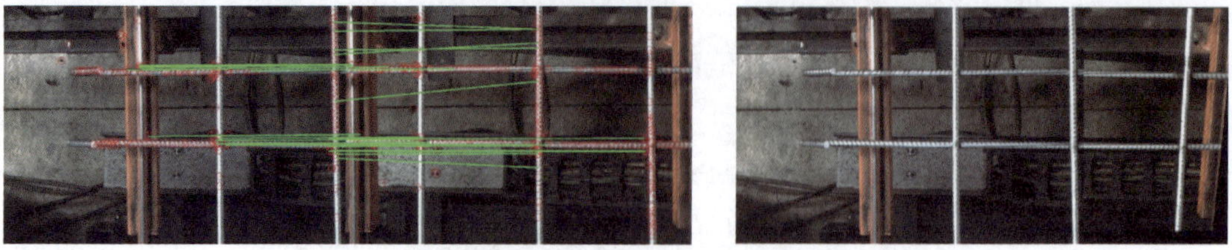

(b) SURF 算法

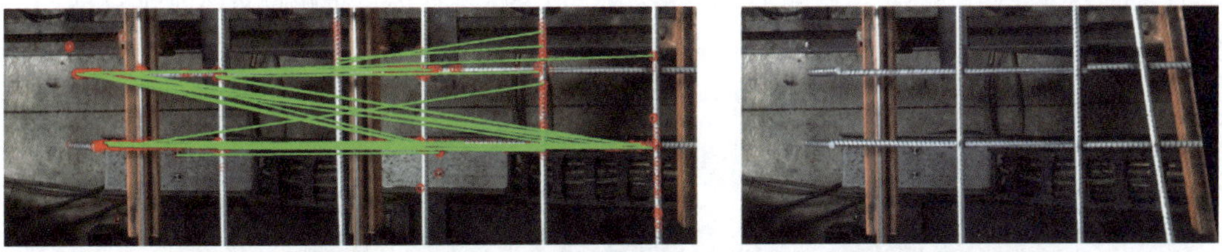

(c) ORB 算法

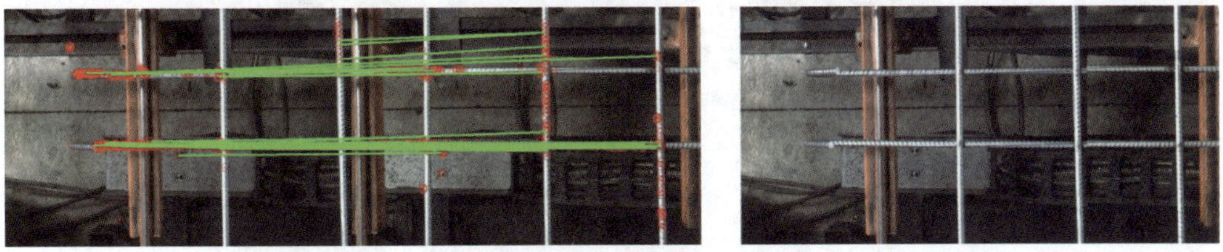

(d) 改进的 ORB 算法

图 5-11　算法比较

可视化结果显示，SURF 和改进前的 ORB 算法拼接结果均存在一定错误倾斜现象，这主要是两个子区域图像的特征点匹配错误导致的，而改进后的 ORB 与 SIFT 均无倾斜现象，只是第二个钢筋间距略有不同。为进一步量化和比较，计算 4 个算法的平均拼接精度(正确匹配特征点数量/匹配特征点总数)和拼接时间，如图 5-12 所示。

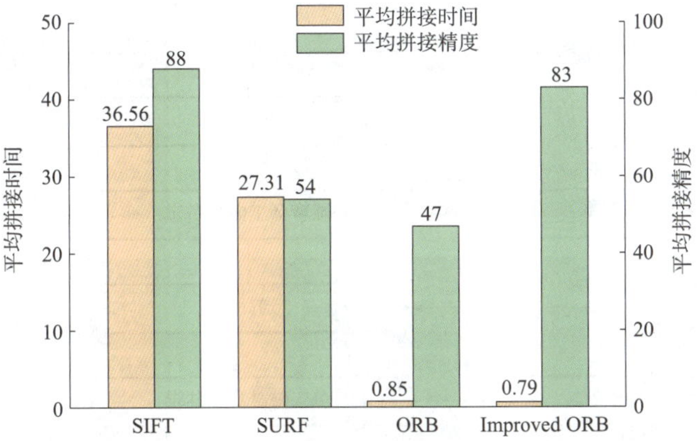

图 5-12　图像拼接算法平均拼接精度和时间

SIFT 和 SURF 平均拼接时间较长，均为 1 min 以上，不适用于本研究中对实时性的要求。改进后的 ORB 与原始 ORB 的平均拼接时间都在 1 s 以内，在工程应用的背景下，可认为满足实时性要求。拼接时间的减少可以归因于设计的“井字型”模板提高了特征点检测的准确率，一定程度上减少了无效点的产生。此外，改进后的 ORB 的平均检测精度由原始 ORB 的 47.6%提升至 87.2%，略高于 SIFT 的 83.7%，也说明改进后的 ORB 算法效果优于 SIFT 算法，能很好地执行检测任务。

为进一步评估和量化整体方法的有效性和算法的精度，在广湛铁路茂名制梁场钢筋网焊接机上安装定制大型龙门架，开展现场应用，图像采集装备如图 5-13 所示。

图 5-13 现场应用图像采集装备

在广湛铁路现场应用中共搜集子区域图像 14 400 余张，累计检测网片数量超 30 个，部分现场图像如图 5-14 所示，经统计，钢筋间距平均检测误差为 0.63 mm，长度和宽度平均检测误差为 23.10 mm 和 3.27 mm，满足规范要求。

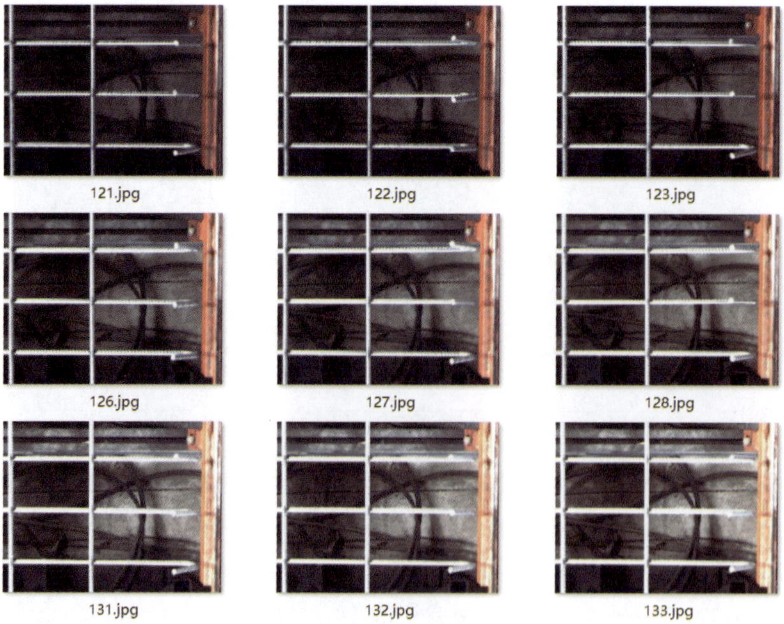

图 5-14 现场图像

5.2.4　钢筋部品检测管控平台

钢筋部品检测管控平台分为单机版和 Web 网页版。单机版如图 5-15 所示，主要包含分析日志、操作日志、相机监控画面以及初始化设置等功能。其中，分析日志用于记录设计尺寸和检测尺寸，进而判断尺寸是否合格；操作日志用于记录设备操作情况；相机监控画面主要用于采集子区域图像并监控生产状况；初始化设置用于设定图像采集模式并完成伺服电机初始化。

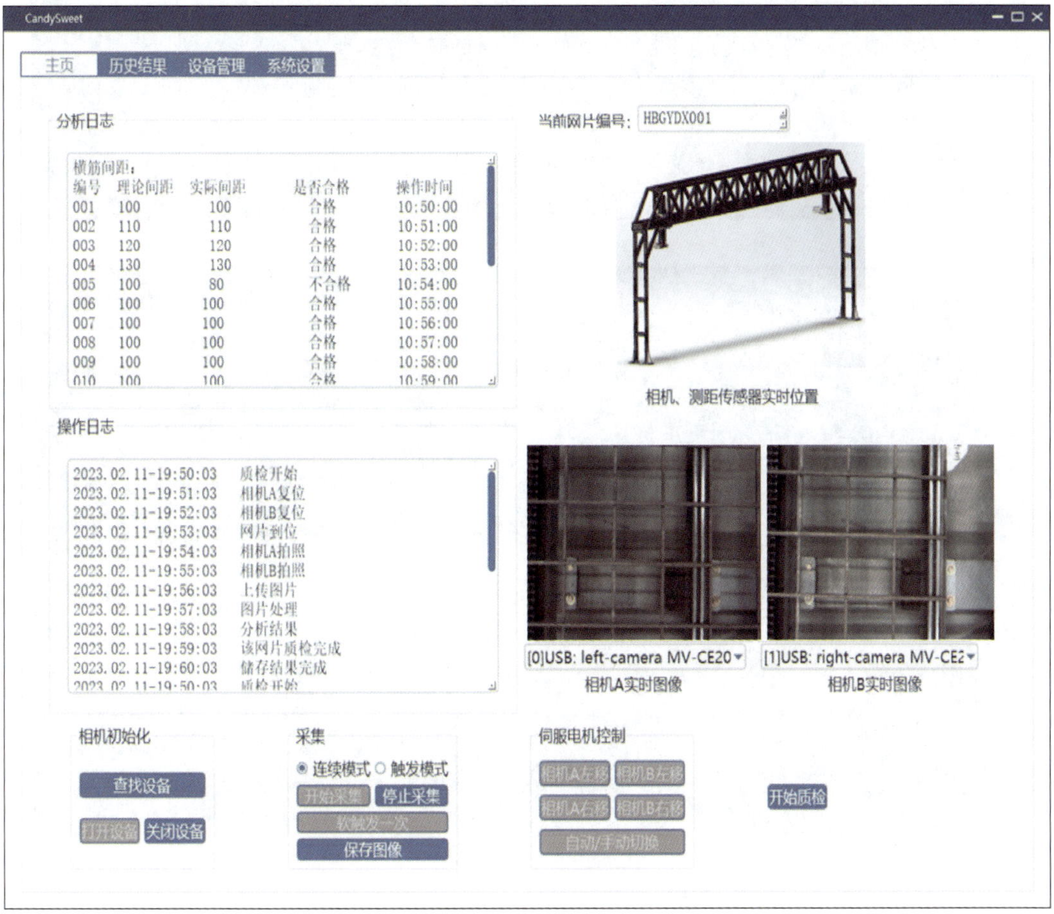

图 5-15　钢筋部品检测管控平台单机版

为进一步提升检测管控平台的可视化能力，开发了钢筋部品检测管控平台的网页版本，能动态展示检测及拼接结果，并进行分级预警：0～3 mm(绿色—正常生产)，3～10 mm(黄色—界面提示)，>10 mm(红色—警报提醒)。钢筋网片智能质检系统如图 5-16 所示。

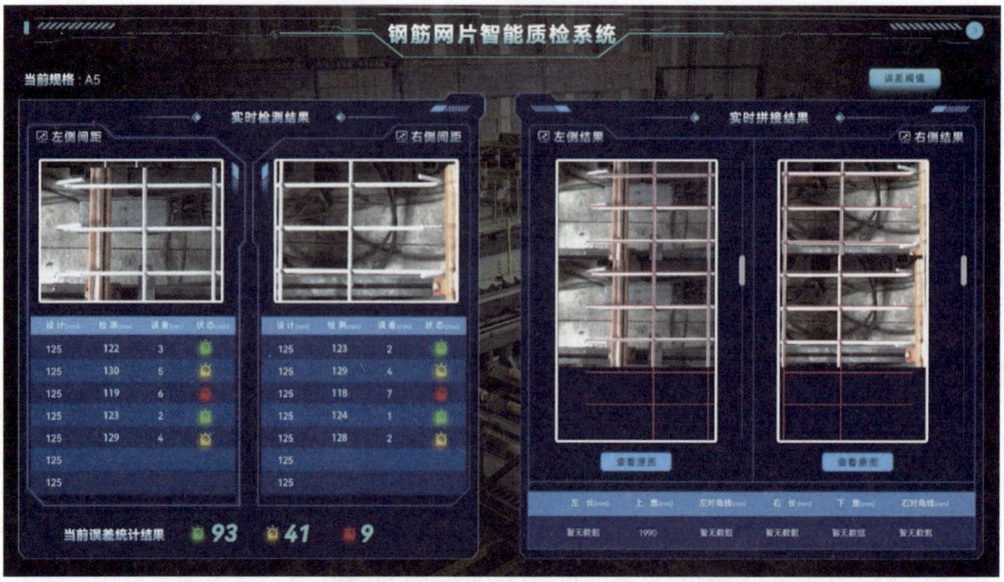

(a) 动态监管及分级预警

(b) 历史记录查询及数据管理

图 5-16　钢筋网片智能质检系统

5.3　钢筋骨架质量检测与管理

钢筋骨架质量检测与管理是箱梁质量检查的重要环节。作为装配式建筑的骨骼，成型钢筋骨架的质量在预制构件中发挥着举足轻重的作用。钢筋骨架质量检查是预制钢筋混凝土构件质量检查的重要方面，其质量对预制钢筋混凝土构件的质量具有决定性影响。钢筋骨架是混凝土结构的核心组成部分，不仅承载着建筑物的主要荷载，还对混凝土的形态和稳定性起到关键作用。高效、精确的质量检测能及时发现并纠正施工过程中的问题，防止潜在隐患的积累，从而降低建筑物在使用过程中的风险。因此，钢筋骨架质量直接决定建筑物的安全性和使用寿命。

5.3.1　钢筋骨架的质量标准

1. 钢筋骨架焊接质量要求

钢筋骨架焊接质量检验与验收应包括外观质量检查和力学性能检验。

由 JGJ 18—2012《钢筋焊接及验收规程》可知，焊接骨架可按下列规定的检验标准进行外观质量检查：

(1)凡钢筋牌号、直径及尺寸相同的焊接骨架和焊接网应视为同一类型制品，且每 300 件作为一批，一周内不足 300 件的亦应按一批计算，每周至少检查一次。

(2)外观质量检查时，每批应抽查 5%，且不得少于 5 件。

(3)焊点的压入深度应为较小钢筋直径的 18%～25%。

(4)每件制品的焊点脱落、漏焊数量不得超过焊点总数的 4%，且相邻两焊点不得有漏焊及脱落。

(5)质量检验时应量测焊接骨架的长度、宽度和高度，并应抽查纵、横方向 3～5 个网格的尺寸。

(6)焊接接头进行外观质量检查时，当各小项不合格数均小于或等于抽检数的 15%，则该批焊接接头外观质量评为合格；当某一小项不合格数超过抽检数的 15%时，应对该批焊接接头该小项逐个进行复检，并剔出不合格接头。对外观质量检查不合格接头采取修整或补焊措施后，可提交二次验收。

(7)钢筋焊接网焊点开焊数量不应超过整张网片交叉点总数的 1%，并且任一根钢筋上开焊点不得超过该支钢筋上交叉点总数的一半；焊接网最外边钢筋上的交叉点不得开焊。

JGJ 18—2012《钢筋焊接及验收规程》规定了焊接骨架的允许偏差，见表 5-5。

表 5-5　焊接骨架的允许偏差

项　目		允许偏差/mm
焊接骨架	长度	±10
	宽度	±5
	高度	±5
骨架钢筋间距		±10
受力主筋	间距	±15
	排距	±5

由 GB/T 1499.3—2022《钢筋混凝土用钢　第 3 部分：钢筋焊接网》可知，焊接骨架可按下列规定的检验标准进行力学性能检验。

（1）焊接网钢筋的力学与工艺性能应分别符合相应标准中相应牌号钢筋的规定。对公称直径不小于 6 mm 的焊接网用冷轧带肋钢筋，冷轧带肋钢筋的最大力总伸长率 A_{gt}应不小于 2.5%，钢筋的强屈比 $R_m/R_{p0.2}$应不小于 1.05。

（2）钢筋焊接网焊点的抗剪力应不小于试样受拉钢筋规定屈服力值的 0.3 倍。

焊接骨架可按下列规定的检验标准进行力学性能检验。由 TB 10424—2018《铁路混凝土工程施工质量验收标准》可知，钢筋进场时，应对其质量指标进行全面检查，按批检查其直径、每延米重量并抽取试件做屈服强度、抗拉强度、伸长率和冷弯试验，其质量应符合设计要求和国家现行标准《钢筋混凝土用钢》GB/T 1499 等规定。由 TB 10424—2018《铁路混凝土工程施工质量验收标准》可知，对由热轧钢筋制成的成型钢筋，当有施工单位或监理单位的代表驻厂监督生产过程，并提供原材钢筋力学性能第三方检验报告时，可仅进行重量偏差检验；受力钢筋的连接方式、接头位置应符合设计要求。钢筋接头应设置在承受应力较小处，并应分散布置，同一连接区段内，有接头的受力钢筋截面面积占受力钢筋总截面面积的百分率应符合设计要求；焊接接头在受弯构件的受拉区不应大于 50%，轴心受拉构件不应大于 25%；钢筋接头应避开钢筋弯曲处，距弯曲点的距离不应小于钢筋直径 10 倍；在同一根钢筋上应少设接头，同一连接区段内，同一根钢筋上不应超过一个接头；钢筋保护层的垫块规格、数量、位置应符合设计要求，设计无要求时，构件侧面和底面的垫块数量不应少于 4 个/m^2，并应均匀分布，设置牢固。

2. 钢筋骨架尺寸质量要求

由 GB/T 50010—2010《混凝土结构设计标准》(2024 年版)可知，钢筋骨架可按下列规定的检验标准进行尺寸要求检验：

（1）钢筋焊接宜用于直径不大于 28 mm 受力钢筋的连接。

（2）钢筋绑扎搭接接头连接区段的长度为 1.3 倍搭接长度，且不小于 500 mm；凡搭接接头中点位于该连接区段长度内的搭接接头均属于同一连接区段。同一连接区段内纵向受力钢筋搭接接头面积百分率为该区段内有搭接接头的纵向受力钢筋与全部纵向受力钢筋截面面积的比值。当直径不同的钢筋搭接时，按直径较小的钢筋计算。

（3）位于同一连接区段内的纵向受拉钢筋接头面积百分率不宜大于 50%。

（4）余热处理钢筋不宜焊接；细晶粒钢筋及直径大于 25 mm 的普通热轧钢筋的焊接应经试验确定。

（5）纵向受力钢筋的焊接接头应相互错开；钢筋焊接接头连接区段的长度为 35d（d 为连接钢筋的较小直径）且不小于 500 mm；纵向受拉钢筋的接头面积百分率不宜大于 50%。

（6）需进行疲劳验算的构件，其纵向受拉钢筋不得采用绑扎搭接接头，也不宜采用焊接接头，且严禁在钢筋上焊有任何附件，端部锚固除外。

(7)当直接承受吊车荷载的钢筋混凝土吊车梁、屋面梁及屋架下弦的纵向受拉钢筋必须采用焊接接头时，必须采用闪光接触对焊，并去掉接头的毛刺及卷边；同一连接区段内纵向受拉钢筋焊接接头面积百分率不应大于 25%，此时焊接接头连接区段的长度应取为纵向受力钢筋的较大直径的 45 倍。

TB 10424—2018《铁路混凝土工程施工质量验收标准》规定了钢筋加工允许偏差和检验方法，见表 5-6。同一连接区段纵向受拉钢筋绑扎搭接接头如图 5-17 所示。图 5-17 中，连接区段内的同直径搭接钢筋为两根，钢筋搭接接头面积百分率为 50%。

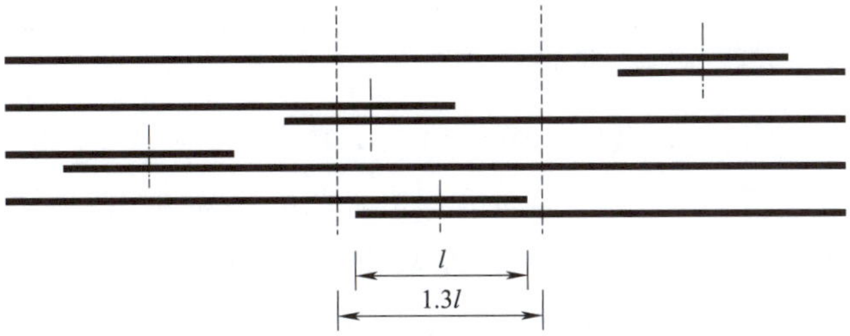

图 5-17　同一连接区段纵向受拉钢筋绑扎搭接接头

表 5-6　钢筋加工允许偏差和检验方法

序号	检验项目	允许误差/mm	检验方法
1	受力钢筋全长	±10	尺量
2	弯起钢筋的弯折位置	±20	
3	箍筋内净尺寸	±3	

由 GB 50204—2015《混凝土结构工程施工质量验收规范》可知：

(1)对一般结构构件，筋弯钩的弯折角度不应小于 90°，弯折后平直段长度不应小于箍筋直径的 5 倍；对有抗震设防要求或设计有专门要求的结构构件，箍筋弯钩的弯折角度不应小于 135°，弯折后平直段长度不应小于箍筋直径的 10 倍。

(2)圆形箍筋的搭接长度不应小于其受拉锚固长度，且两末端弯钩的弯折角度不应小于 135°，弯折后平直段长度对一般结构构件不应小于箍筋直径的 5 倍，对有抗震设防要求的结构构件不应小于箍筋直径的 10 倍。

3. 钢筋骨架安装质量要求

由 GB 50010—2010《混凝土结构设计规范》可知，钢筋安装及钢筋保护层厚度允许偏差和检验方法应符合设计要求和相关专业验收标准的规定，无要求时应符合表 5-7 要求。

表 5-7　钢筋安装及钢筋保护层厚度允许偏差和检验方法

<table>
<tr><th>序号</th><th colspan="2">检验项目</th><th>允许偏差/mm</th><th>检验方法</th></tr>
<tr><td>1</td><td colspan="2">受力钢筋排距</td><td>±5</td><td rowspan="3">尺量两端、中间各一处</td></tr>
<tr><td rowspan="2">2</td><td rowspan="2">同一排中受力钢筋间距</td><td>基础、板、墙</td><td>±20</td></tr>
<tr><td>柱、梁</td><td>±10</td></tr>
<tr><td>3</td><td colspan="2">分布钢筋间距</td><td>±20</td><td rowspan="2">尺量连续 3 处</td></tr>
<tr><td>4</td><td colspan="2">箍筋间距</td><td>±10</td></tr>
<tr><td>5</td><td colspan="2">弯起点位置(加工偏差 20 mm 包括内)</td><td>30</td><td>尺量</td></tr>
<tr><td rowspan="2">6</td><td rowspan="2">钢筋保护层厚度 c</td><td>$c \geqslant 30$ mm</td><td>±100</td><td rowspan="2">尺量两端、中间各 2 处</td></tr>
<tr><td>$c < 30$ mm</td><td>±50</td></tr>
</table>

注:钢筋保护层厚度的实测偏差不应超出允许偏差范围。

由 JGJ 18—2012《钢筋焊接及验收规程》可知,施工单位项目专业质量检查员应检查钢筋、钢板质量证明书、焊接材料产品合格证和焊接工艺试验时的接头力学性能试验报告。钢筋焊接接头力学性能检验时,应在接头外观质量检查合格后随机切取试件进行试验。试验方法应按现行行业标准 JGJ/T 27《钢筋焊接接头试验方法标准》有关规定执行。试验报告应包括:工程名称、取样部位,批号、批量,钢筋生产厂家和钢筋批号、钢筋牌号、规格,焊接方法,焊工姓名及考试合格证编号,施工单位,焊接工艺试验时的力学性能试验报告。

5.3.2　钢筋骨架的检测方法

为确保钢筋骨架的质量符合设计规范和施工标准,需采取多种检测方法进行全面检查和评估,包括探地雷达、超声波检测、无人机检测、机器视觉、点云扫描等方法。

1. 探地雷达

探地雷达是一种非侵入式的检测技术,广泛用于钢筋混凝土结构的探测和评估。它通过电磁波在不同介质中的传播与反射,快速获取地下或隐蔽结构的特征信息。探地雷达主要优势在于可以不破坏被检测的混凝土结构,仅需接触混凝土的表面,便能有效探测钢筋的布置、尺寸以及其他地下特征。

探地雷达的核心设备通常由发射和接收天线组成的单基地传感器构成。使用时,传感器直接与混凝土表面接触,发射天线以一定角度发射电磁波,这些波在遇到地下物体时产生反射,反射信号则由接收天线捕捉。在设备平移过程中,传感器会生成连续的雷达回波信号,这些信号通常以波形图的形式呈现。通过将各个相邻信号组合,可以形成整个检测区域的图像,帮助操作人员直观了解钢筋位置及其分布情况。

探地雷达不仅能探测钢筋的位置,还能通过分析雷达信号的反射强度来估算钢筋的直径。这一过程基于雷达信号与混凝土和钢筋不同介质的交互特性。反射信号的强度与钢筋尺寸、形状等物理特性直接相关,通过对这些信号的分析,便能获取钢筋直径的近似值。

此外，结合多层感知器神经网络技术，探地雷达的检测数据可以进一步处理。MLP 网络利用其强大的学习能力，可以通过输入雷达信号，对数据进行深度分析并生成具体的目标输出，例如钢筋尺寸、位置等。MLP 网络通过训练大量的历史数据，能识别出信号中的复杂模式，从而提高钢筋直径估算精度。通过这种智能化的数据处理方式，探地雷达在钢筋检测中的应用变得更加精准、自动化。

2. 超声波检测

超声波检测技术是用于评估和监测预制钢筋混凝土构件质量的重要手段之一，其核心优势在于能进行无损检测，快速获取混凝土内部的结构信息，并准确检测内部缺陷。这种技术不仅能检测混凝土构件的尺寸精度，还能探测构件内部可能存在的裂缝、空洞、分层等问题，极大地提升了构件的质量控制水平。与传统检测方法相比，超声波检测具有高效、精确、自动化程度高的优点，尤其适合全尺寸预制钢筋混凝土构件的质量评估。

在具体操作过程中，超声波检测通常通过使用高频超声波探头进行数据采集。超声波探头会发射超声波脉冲进入混凝土构件，波在传播过程中遇到不同介质（如混凝土和空气）时，会发生反射、折射等现象。反射回来的超声波信号被探头接收，形成一系列信号数据。通过分析这些回波信号，技术人员可以识别出混凝土构件内部的缺陷以及构件的厚度变化。通常，超声波检测设备可以放置在混凝土构件的不同表面上，覆盖整个构件的检测区域，以确保检测的全面性和准确性。

数据处理的自动化是超声波检测技术的一大特点。在数据采集过程中，超声波信号的反射和折射数据会被系统自动记录并存储。接下来，通过计算机软件，能自动对这些数据进行分析和处理。具体而言，软件首先会根据预设的参数进行信号的放大和滤波处理，消除干扰信号，保留关键的检测数据。随后，系统会通过算法提取混凝土构件的关键尺寸特征，并生成详细的缺陷分布图。这些自动化的处理步骤不仅提高了检测效率，还减少了人为干预带来的主观误差，确保检测结果的客观性和一致性。

此外，超声波检测技术还可以通过多角度、多频率的检测手段进一步提升其检测的精度和可靠性。具体而言，技术人员可使用不同频率的超声波检测构件的不同层次。高频超声波适合检测较表层的缺陷，低频超声波可深入混凝土的深层结构，从而实现更全面的质量评估。通过这些多角度、多频率的检测手段，超声波检测技术能提供比单一频率检测更为详细和完整的检测结果，帮助技术人员更好地评估构件整体质量。

超声波检测技术不仅在尺寸精度和内部缺陷检测方面表现出色，在构件的长期监测中也发挥了重要作用。通过定期的超声波检测，技术人员可以跟踪混凝土构件的退化过程，评估构件在长期使用中的表现。例如，在桥梁、隧道等大型基础设施中，预制钢筋混凝土构件往往会受到各种应力、振动以及环境因素的影响，导致内部结构逐渐退化。超声波检测技术可以定期采集这些构件的内部结构信息，帮助工程管理人员预测构件的使用寿命，并制定维护或修复计划，以确保基础设施的安全性和稳定性。

与传统破坏性检测方法相比，超声波检测技术的无损特性显得尤为重要。由于超声波检测不会对混凝土构件造成任何物理损伤，因此非常适合已经投入使用或即将投入使用的重要结构。技术人员可在不影响构件正常使用的情况下进行检测，大大减少了因检测过程导致的施工延误或额外成本。

实际应用中，超声波检测技术已经广泛用于各种混凝土结构质量控制中，尤其是预制钢筋混凝土构件的检测。这种技术不仅提高了构件生产的质量控制水平，还有效降低了工程返工率和事故发生的风险。超声波检测技术的不断发展，也推动了检测设备的智能化升级。随着人工智能和自动化技术的结合，未来的超声波检测设备有望进一步提高检测精度和效率，成为混凝土构件质量监测领域中不可或缺的工具。

3. 无人机检测

无人机搭载的视频系统结合人工智能(AI)图像处理技术，为检测钢筋混凝土结构中外露钢筋提供了一种高效、非侵入式的方法。这种技术通过卷积神经网络(CNN)处理从无人机拍摄的图像，能准确识别并定位外露钢筋的位置。该系统的优势在于能在大面积结构上快速进行检测，特别适用于难以到达或危险的环境，例如，高架桥梁、隧道或高层建筑。

如图 5-18 所示，无人机检测系统的工作原理基于其内置的全球定位系统(GPS)，使得从多个角度拍摄的图像能被精确地地理参考。为提高定位的准确性，如果需要，还可以引入实时动态位置校正系统(RTK)，以进一步修正地理信息，确保外露钢筋的精确位置记录。这种地理参考图像可以用于生成正射影像镶嵌图，它将多个图像合并成一个完整的高精度二维地图，便于进一步分析与测量。

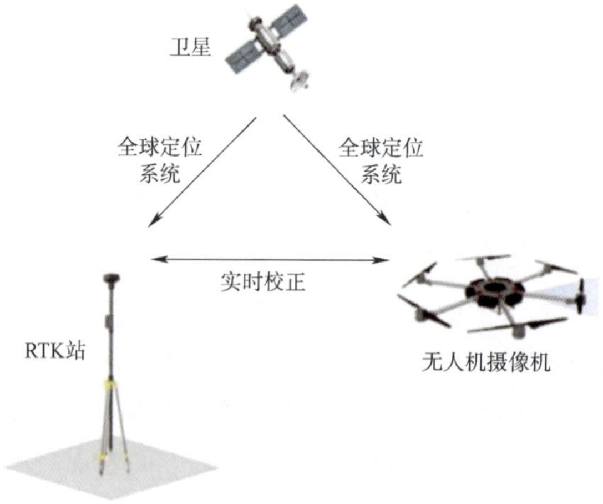

图 5-18 无人机检测系统

卷积神经网络(CNN)是无人机检测系统的核心，它通过层级化的特征提取和模式识别，自动识别图像中的钢筋。CNN 经过大量外露钢筋图像的训练，能有效地在不同光照条件和复杂背景下进行检测。这种基于深度学习的技术不仅提高了检测的速度，还能降低误报率，使系统具有较高的鲁棒性。此外，CNN 技术的不断优化使系统在不同外部环境条件下，例如低至中等风速和光线变化（包括阴影），依然能提供稳定可靠的检测结果。

该系统另一个显著特点是其高效的图像采集能力。无人机能在较短的时间内覆盖广泛的检测区域，显著降低了人工检查的时间和成本。这种方法也避免了传统检测中可能对结构造成的损伤，具有无损检测的优势。在实际应用中，无人机结合 AI 图像处理的方式，不仅能提高检测效率，还能在短时间内提供详细的报告，帮助工程师迅速做出维护或修复决策。

4. 机器视觉

钢筋骨架质量检测可采用基于机器视觉的自动化方法，机器视觉自动检测方法硬件系统主要由 CCD 摄像机和钢骨架组成。CCD 摄像机安装在龙门架的顶部位置，能实现对钢骨架的自动无接触检测，如图 5-19 所示。该系统可以对钢筋骨架的尺寸和位置进行实时监控，并在发生偏差时进行自动报警，以有效避免混凝土浇筑过程中可能出现的重大浪费。

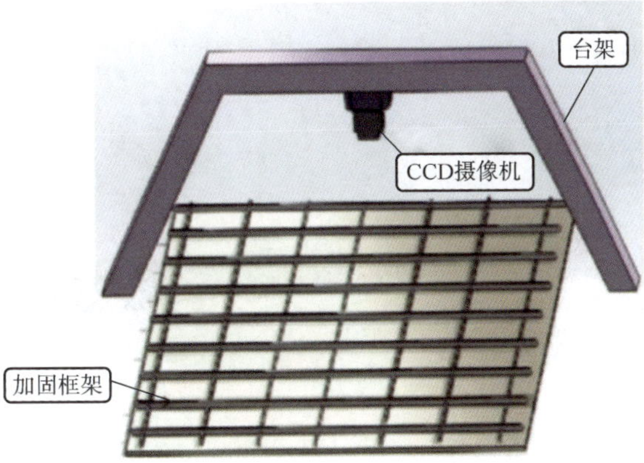

图 5-19　钢骨架测量系统示意

同时，该模型可使用工业相机捕获钢筋骨架的整体图像信息。由于机器视觉系统的核心功能依赖图像处理技术，因此采集的彩色图像需要进行灰度化和二值化处理，将该区域内的所有灰度值统一为白色，这样可以清晰地提取钢筋骨架图像特征。在图像处理后续步骤中，边缘特征提取是检测系统的关键部分。边缘通常表示图像中局部不连续的地方，即信号发生剧烈变化的区域。在钢筋骨架的检测过程中，系统通过对图像中边缘的识别，获取钢筋骨架的边缘特征。

在检测过程中，CCD 摄像机捕捉到的图像信息被传输到图像采集系统中进行实时分析和处理，自动化检测软件利用这些数据来比较钢筋骨架的实际尺寸与标准值的差异。特别是，如果检测到钢筋骨架的尺寸或位置误差超过了设定的阈值（通常为 0.5 cm），系统会自动触发报警，并在显示屏上标记出偏差位置。这种自动化报警机制有助于在生产过程中及时纠正问题，避免钢筋骨架偏差而导致混凝土浇筑的质量问题和材料浪费。

在完成边缘特征提取和尺寸测量后，检测系统还会进行目标校准。这一步骤主要用于进一步精确地调整摄像机与钢筋骨架之间的相对位置，确保图像采集的准确性。校准完成后，系统会生成一份包含所有检测结果的报告，帮助技术人员快速了解钢筋骨架的生产质量，并及时做出相应调整。

5. 点云扫描

钢筋骨架的质量检测可通过点云扫描技术实现，该方法主要利用激光扫描仪采集预制混凝土构件的表面数据，生成高精度的几何信息，用于评估构件的关键尺寸特征，如图 5-20 所示。检测过程从激光扫描仪的设置开始，通常将扫描仪放置在预制混凝土构件的中心正上方，确保能在单次扫描中覆盖整个构件的表面。这一配置可以有效减少扫描死角，并确保捕捉到的点云数据能全面、准确地反映构件的几何形状。

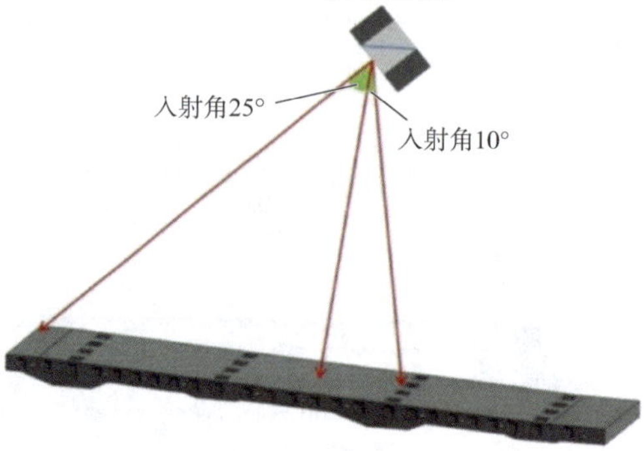

图 5-20 激光扫描示意

当扫描完成后，激光扫描仪会生成一组点云数据，这些数据记录了预制构件表面各点的空间坐标。扫描数据的初始坐标系通常是相对激光扫描仪本身的，因此必须进行坐标变换，以将其转换到与预制混凝土构件相对应的新坐标系中。这个步骤非常关键，可使后续数据处理工作实现自动化，并使技术人员能在构件的实际空间坐标系下进行分析，而不是依赖扫描仪的位置。通过坐标变换，系统能确保点云数据的准确性和可用性，为后续的尺寸测量奠定基础。

在完成坐标变换后，系统会对点云数据进行关键尺寸特征的提取，主要包括边缘和角点的识别。边缘提取是一个至关重要的步骤，直接关系到钢筋骨架尺寸的准确测量。为精确提取这些边缘特征，系统应用了一种名为"矢量和"的算法，这是一种常用于点云数据处理的边缘提取算法。该算法能从大量点云数据中识别出构件的边缘点，进而通过拟合算法将这些边缘点连接成直线，并找到直线的交点来确定角点的位置。边缘和角点的精确提取，是后续计算构件几何尺寸的关键。

在获得预制混凝土构件的角点后，系统开始计算构件的尺寸特性，如长度、宽度和高度等。然而，由于激光扫描过程中的某些物理现象，如混合像素现象，初始的尺寸估计值往往小于实际值。混合像素现象发生在激光束同时照射到两个相距不同的表面时，会导致测量误差，使得捕捉到的边缘数据并不能完全反映构件的真实尺寸。这一现象常见于复杂几何形状的扫描过程中，尤其是在边缘和曲面交界处。

为补偿混合像素现象带来的尺寸误差，系统引入一种边缘损失模型。该模型能根据激光束在边缘处的扩散程度计算出相应的尺寸损失值，并将该校正值添加到初始的尺寸计算中。通过这一补偿过程，系统可以更准确地反映预制构件的真实尺寸，从而提高检测结果的精度。

在完成尺寸补偿后，系统将预制构件的最终尺寸与设计尺寸进行比较。这一比较过程不仅帮助技术人员验证构件是否符合设计要求，还能评估生产过程中是否存在偏差或错误。在实际应用中，尺寸误差的计算结果与规定的公差值进行对比，确定构件是否符合生产质量标准。如果尺寸误差在允许的公差范围内，系统将确认构件的合格性；如果超出公差范围，系统会标记出误差的具体位置，以便进行必要的修正和调整。

第6章 高速铁路简支箱梁钢筋骨架智能化生产协同与管控

为满足钢筋骨架智能建造，从设计-生产数据转化方法、生产加工管理系统与数字化孪生平台等方面进一步研究箱梁结构钢筋骨架智能化生产与管理平台。通过设计-生产数据转化软件，实现设计数据的自动提取与转化。通过人工智能算法对钢筋骨架的加工过程进行管理，实现钢筋原材数量的智能化统计以及钢筋原材生产过程溯源管理。基于钢筋生产数字孪生管控平台实现加工设备状态监测及加工人员安全监测，并对设备进行智能预测性维护。这些技术的应用，显著提升了钢筋骨架生产的自动化程度与精确度，确保了生产的高效性和产品质量的稳定性。

6.1 设计-生产数据转化方法

钢筋骨架生产过程中，设计数据的有效转化是确保生产精度和效率的关键。传统的钢筋骨架生产通常依赖人工从设计图纸中提取数据，不仅效率低下，而且容易出现人为错误，导致生产过程中出现偏差，影响产品质量。通过引入智能化的设计-生产数据转化软件，三维模型数据被精确转化为生产所需的指令，提高了数据处理的效率和准确性，减少了人为干预的风险，确保了钢筋骨架的高精度制造。

在高速铁路简支箱梁的钢筋骨架生产中，钢筋部品形式决定了三维数据的提取与转化流程是否能有效支持生产、采购和施工管理。这一复杂的过程不仅需要保证钢筋骨架在设计、生产和安装中的精确性，还要考虑钢筋部品在不同阶段的具体需求，从原材料准备到最终施工的每一步都必须实现数据化、精准化和自动化。

6.1.1 钢筋部品形式及其三维建模

钢筋部品是指根据设计要求预先加工、制作好的钢筋制品，常见的形式包括钢筋直条、弯曲钢筋、箍筋、绑扎成型的钢筋笼等。钢筋骨架生产过程中，不同部品形态决定了三维建模的复杂性。例如，钢筋直条和标准长度的钢筋比较容易进行建模和管理，但对复杂形态的钢筋笼或螺旋钢筋等，建模需要考虑更多的几何信息，如弯曲半径、角度和空间位置等。

三维建模过程中，系统首先根据设计图纸建立起钢筋部品虚拟模型。模型不仅要包含钢筋的几何信息，还必须包括钢筋的材质、直径、长度等物理属性。对钢筋骨架中的复杂结构部分，三维建模软件需要具备识别不同钢筋之间的连接关系和空间布局的能力。比如，在钢筋笼的建模中，不仅要考虑每根钢筋的形态，还要分析它们之间的交叉、捆扎和固定点。

建模过程中，自动化系统能根据设计要求，将钢筋部品各个细节信息（如弯曲角度、绑扎点、重叠区域等）精准化为三维模型数据，如图 6-1 所示。

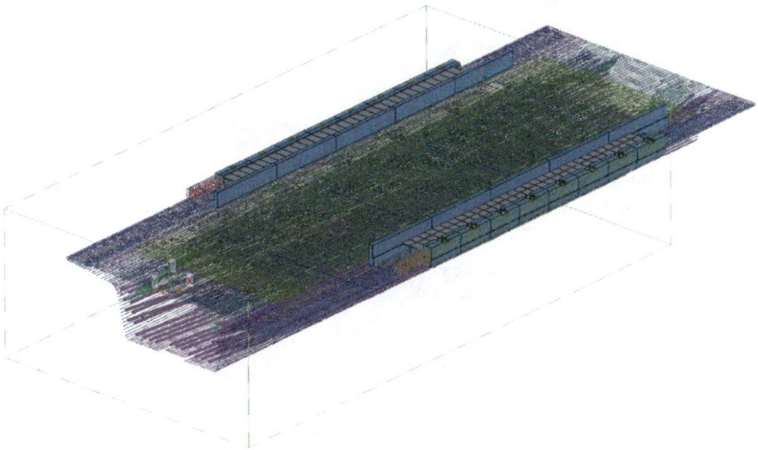

图 6-1　钢筋骨架三维模型

这一过程是后续数据提取与转化的基础，确保每个钢筋部品几何形态和空间位置都可以在生产和安装中准确实现。钢筋部品形式决定了建模的复杂程度，也影响了后续生产和安装难度。

6.1.2　三维数据的自动化提取与转化

在高速铁路简支箱梁钢筋骨架的生产管理中，三维数据的自动化提取是确保钢筋部品生产与施工有效衔接的关键步骤，其处理流程如图 6-2 所示。钢筋部品在虚拟环境中完成建模后，系统会自动提取这些三维数据，并将其转化为实际生产和管理所需的格式。这一过程需要高度自动化的算法和流程支持，以减少人工操作的误差，并提高数据转化的效率。

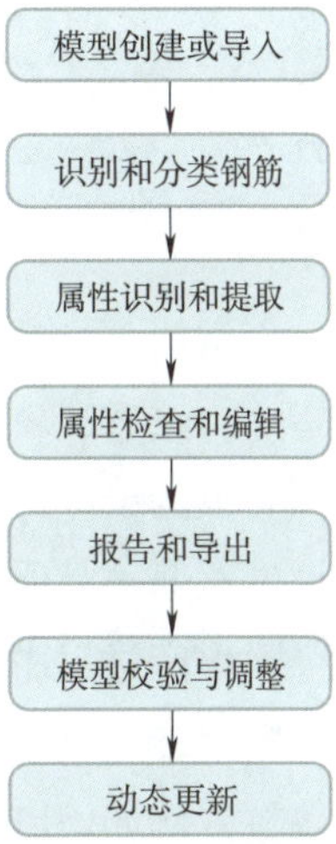

图 6-2　三维模型属性自动识别流程

系统会通过预设的算法识别并提取钢筋部品核心数据，如钢筋的长度、直径、形态（直线、弯曲、螺旋等），以及其在骨架结构中的空间位置。这些数据随后会被转化为不同的格式，以便于生产、管理和施工环节使用。常见的数据转化格式包括 JSON、XML、Excel 等，单钢筋的所有信息及提取后的 JSON 数据见表 6-1 和表 6-2，它们能确保数据的高度兼容性和通用性，方便与其他管理系统、库存系统、采购系统对接。

表 6-1　单钢筋的所有信息

//单根钢筋的所有信息		
输入：三维模型文件		
输出：BOM 清单		
1：	Public string Size { get ; set;}	//钢筋直径(Size)
2：	Public string meshNo { get ; set;}	//网片编号
3：	Public double StartAngle { get ; set;}	//起点弯钩角度
4：	Public double StartLength { get ; set;}	//起点弯钩长度
5：	Public double StartRadius { get ; set;}	//起点弯钩半径
6：	Public double EndAngle { get ; set;}	//终点弯钩角度
7：	Public double EndLength { get ; set;}	//终点弯钩长度
8：	Public double EndRadius { get ; set;}	//终点弯钩半径
9：	Public List<double> BendingRadiuses { get ; set;}	//弯曲半径
10：	Public String meshNo{ get ; set;}	//段坐标

表 6-2　输出 JSON 数据

//输出 JSON 数据		
1：	meshNo	//网片编号(Size)
1：	planNum	//网片计划量
2：	finishNum	//网片完成量
3：	zdiameter	//纵筋直径
4：	angle01	//弯曲角度 1
5：	lengh01	//弯曲长度 1
6：	angle02	//弯曲角度 2
7：	length02	//弯曲长度 2
8：	angle03	//弯曲角度 3
9：	length03	//弯曲长度 3
10：	angle04	//弯曲长度 4
11：	length04	//弯曲长度 4
12：	bendPosition01	//弯网位置 1
13：	bendPosition02	//弯网位置 2
14：	originpoint	//原点坐标

以钢筋部品生产为例，转化后的数据可直接用于钢筋切割机、弯曲机等自动化设备的控制指令。这意味着每根钢筋可以根据设计图纸中的三维数据进行精准的加工，减少了人为干预导致的误差。实际生产过程中，这种自动化的数据提取与转化不仅提高了生产效率，还保证了钢筋部品质量，尤其是在大批量生产时，这种精准的数据控制显得尤为重要。

除生产过程中的数据应用，三维数据的自动化转化对采购和施工管理具有重要意义。通过数据转化，项目管理者可实时跟踪每个钢筋部品生产进度，并根据施工现场需求进行动态调整。例如，管理人员根据生产计划的实时数据安排钢筋的运输和安装，确保施工现场的钢筋材料及时到位，避免材料过早或过迟到达导致的资源浪费或施工延误。

6.1.3 钢筋部品数据的精准管理与优化

在钢筋骨架生产管理中，三维数据的自动化提取与转化不仅是一个技术流程，其核心目的是实现对钢筋部品精准管理与优化。通过对每个钢筋部品数据进行精细化管理，系统能在整个生产周期中实现资源的最优配置。

三维数据可帮助生产管理人员优化原材料使用效率。每个钢筋部品长度和形态在设计图纸上都是严格规定的，通过自动化系统对这些数据进行优化分析，管理者可以根据实际情况减少钢筋的浪费。例如，通过对钢筋部品长度优化，系统可以调整切割和排布顺序，减少钢筋的剩余料。同时，数据系统可分析钢筋在不同施工阶段的使用情况，及时调整采购计划，避免因库存不足或过量而导致的资源浪费。

三维数据的管理还涉及对钢筋部品质量控制。通过对钢筋部品几何形态、物理属性等数据进行实时监控，系统能及时发现并修正潜在的质量问题。例如，如果在生产过程中发现某根钢筋的长度或弯曲角度与设计不符，系统会立即发出警报，要求重新加工或调整。此外，系统能通过历史数据的积累和分析，优化生产流程和工艺，确保未来的生产更加高效和稳定。

此外，三维数据的自动化管理还能支持钢筋部品在施工现场的高效安装。通过精确的数据支持，施工人员可以快速定位每根钢筋的位置，并根据系统提供的安装顺序进行作业。这种数据驱动的安装流程不仅提高了施工效率，还减少了施工现场的出错率，尤其是在处理复杂结构时，三维数据的引导作用更加显著。

6.1.4 钢筋部品生产管理的智能化升级

三维数据的自动化提取与转化不仅提升了钢筋部品生产管理的效率和质量，还推动了整个生产过程的智能化升级。传统的钢筋生产和管理方式主要依赖人工经验和手动操作，通过三维数据的精确控制，生产过程的自动化和智能化得以实现。

智能化系统可根据三维数据分析结果，自动生成生产计划和调度方案，优化生产流程。对不同类型的钢筋部品，系统能自动安排生产顺序，并根据生产线的负荷和效率进行动态调整。这不仅优化了生产资源的使用，还能根据实际情况灵活调整生产计划，确保生产线的高效运转。智能化系统还可实现对生产过程中各个环节的实时监控和管理。例如，系统可以对每台设备的运行状态进行监控，并通过分析设备的运行数据，预测设备的维护需求。通过这种智能化的设备管理方式，生产线的停机时间可以被有效减少，设备的使用寿命也能得到延长。

三维数据的智能化应用还支持钢筋部品全生命周期管理。从设计到生产，再到施工和维护，三维数据在每个环节中都扮演着关键角色。通过对数据的持续跟踪和优化，钢筋部品生产过程不仅更加高效，还能确保最终产品的质量符合设计要求，为高速铁路简支箱梁的顺利施工提供了有力保障。

综上所述，三维数据的自动化提取与转化在钢筋部品生产管理中起到了至关重要的作用。通过这种技术手段，生产过程变得更加高效、精准和智能化，为高铁建设项目的顺利推进提供了强大的技术支持。在未来的发展中，随着数据技术的不断进步，钢筋部品管理方式将进一步优化，实现更高效、更智能的生产流程。

6.2 钢筋骨架生产加工管理系统

随着高铁建设的不断推进，简支箱梁钢筋骨架的生产要求也在不断提升。传统的生产管理方式已无法满足日益增长的生产需求和质量标准，因此，构建一个高效的钢筋骨架生产加工管理系统显得尤为重要。通过这一系统，钢筋原材的智能统计与储存管理、材料溯源、原材优化断料、智能生产计划与动态调度等多个环节得以自动化和智能化管理。与此同时，制造执行系统（MES）的引入将极大地增强整体生产管理的透明度和可控性，确保各生产环节的无缝衔接。MES 系统不仅能实时监控生产状态，还能通过数据驱动的方式优化生产流程，减少浪费，提高生产效率，并确保产品质量的稳定性。这一系统的实施，旨在通过信息化与智能化手段，全面提升钢筋骨架生产的效率与质量，以满足高铁建设对钢筋骨架的严格要求。

6.2.1 钢筋原材数量智能统计

钢筋原材数量统计在现代建筑和工程施工中具有关键意义。随着工程项目规模的扩大和复杂程度的增加，准确统计钢筋原材的数量已成为提升施工管理水平的核心需求。在传统的施工管理中，钢筋数量统计主要依赖人工测量和手动记录，这种方式耗时耗力，容易出现误差，导致材料浪费或短缺，进而影响施工进度和工程质量。随着建筑行业向数字化、智能化转型，通过现代技术手段实现钢筋原材的精确统计，已成为提高工程效率、优化材料使用的重要课题。

准确的钢筋原材数量统计不仅有助于提高施工效率和质量，还能有效控制成本。通过精确统计，制定合理的采购计划，避免材料的过度采购和浪费，进而降低工程成本。此外，数字化和自动化技术的应用，使得钢筋数量统计更加实时化和自动化，助力建筑企业实现全面的数字化管理和可追溯性。通过与智能传感器、图像处理和数据分析技术的结合，钢筋数量统计数据还能为质量检测和审计提供可靠的依据。

当前主流的钢筋计数方法多种多样，各有优缺点和适用场景。称重计数法适合大批量钢筋的快速估算，但精度受限；传统图像处理法利用计算机视觉技术，精确度较高，适合自动化生产线，但对环境要求较高；激光扫描法提供高精度的三维数据，适用于复杂环境，但设备成本高昂；RFID 标签法通过射频识别实现自动计数，适合实时监控和溯源管理，但增加了物料成本；超声波计数法不受环境光线影响，适应性强，但在钢筋排列不规则时易产生误差。

随着卷积神经网络的发展，基于深度学习的钢筋数量智能计数算法为这一问题提供了一种高效、精准且可靠的解决方案，标志着钢筋库存管理进入智能化时代。

为开发适合钢筋计数的智能算法，研究团队首先在京津冀地区最大装配式预制构件厂采集了 450 幅钢筋端面图像，构建了专用数据集，为后续算法的开发和测试提供了坚实的基础。

1. 基础模型选择与优化

为在钢筋计数任务中兼顾模型的复杂性和准确性，研究团队选择了 YOLOv5l（you only look once version 5 large，YOLOv5l）作为基础模型。YOLOv5l 是一种单阶段目标检测算法，相比多阶段检测算法（如 Faster R-CNN），具有更高的检测速度，因为它在一次前向传播中就能完成目标的定位和分类，而不需要候选区域生成和后续精细处理。这一特性使 YOLOv5l 在实时性要求高的钢筋计数任务中表现尤为出色，尤其适用于工地现场或生产线上的实时监控场景。

与其他单阶段检测算法如 SSD（single shot multibox detector，SSD）相比，YOLOv5l 在精度和速度上找到了更优的平衡点。YOLOv5l 的改进不仅体现在引入了 CSPNet 结构以提升模型的检测精度和减少计算量，还通过更先进的数据增强策略和优化后的损失函数，在复杂背景和密集排列的钢筋场景中，依然能保持高效的检测性能。

在工程实际中，钢筋计数任务往往需要处理各种复杂的场景，例如，光照条件不佳、钢筋堆叠紧密或背景干扰较多等情况。YOLOv5l 的设计使其在面对这些挑战时仍能保持稳定的检测效果，避免了检测精度不足而导致的漏检或误检问题。此外，YOLOv5l 的轻量化设计使其能在嵌入式设备或移动终端上高效运行，这对工程现场的部署和使用极为有利，能适应资源受限的实际工作环境，提供及时、准确的钢筋计数结果，助力生产效率和质量的提升。

2. 网络结构优化与模块引入

为进一步提升模型的检测精度并减少计算量，研究团队对 YOLOv5l 模型进行多方面的优化。首先，在 YOLOv5l 的骨干网络（Backbone）部分引入 CBAM（卷积块注意力模块）注意力模块，增强了模型的特征提取能力，特别是在复杂场景下的钢筋计数精度。

此外，为在保证高精度的同时减少计算开销，在 YOLOv5l 的颈部网络（Neck）部分引入 GSconv 和 GSBottleNeck 模块。这些模块的引入旨在优化模型的参数数量和计算复杂度，使得模型在保持性能的前提下更加轻量化，改进后的结构如图 6-3 所示。

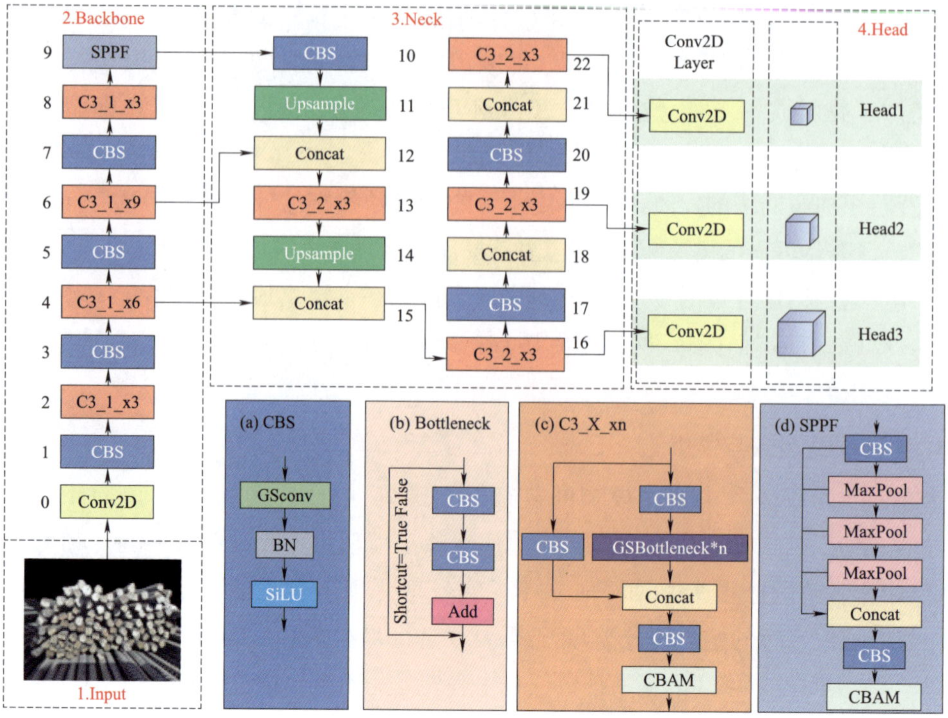

图 6-3　改进后的 YOLOv5l 网络结构

3. 数据增强与自适应处理

为进一步提升检测效果，YOLOv5l 模型在输入端（Input）采用了 Mosaic 数据增强、图像大小处理和自适应锚框计算三种技术。Mosaic 数据增强技术通过随机裁剪、缩放和拼接图像，增加了数据集中小对象的数量，从而提升模型对小尺寸钢筋的检测能力。图像大小处理技术确保输入图像经过标准化处理，以便模型可以稳定地进行后续的检测。自适应锚框计算则通过不断优化锚框的参数，提高了预测结果的准确性。

4. 改进模型的架构设计与应用

在提出的基于 YOLOv5l 的轻量化钢筋计数网络模型中，CBAM 模块嵌入 YOLOv5l 的主干网络中，旨在突出钢筋检测中的关键特征，提升复杂场景下的计数准确性。同时，GSconv 和 GSBottleNeck 模块则在保证模型性能的前提下进一步减少了参数数量和计算量。

施工现场检测结果如图 6-4 所示。该方法已成功用于多个高速铁路简支箱梁梁场，通过实际的生产数据测试，在施工现场实际应用中，平均识别准确率达到 99%以上，识别速度平均不足 1 s，显著超过人工计数方法。通过智能化的钢筋计数方法，各梁场的钢筋生产效率得到了显著提升，减少了人工操作的时间和人力成本，保证了钢筋数量统计的精确性和一致性，助力高铁建设项目的顺利推进。

图 6-4　钢筋端面识别结果

6.2.2　钢筋材料溯源过程管理

在高铁建设项目中，钢筋材料的质量直接关系到结构的安全性和耐久性。由于钢筋材料从采购、运输到加工和安装的过程涉及多个环节，如何确保每一批钢筋材料的质量稳定、来源清晰、加工过程可追溯，是保障工程质量的关键。传统的管理方式多依赖人工记录和手工管理，存在数据不一致、记录丢失、责任不清等问题，无法满足现代工程对高质量、高效率的管理需求。为此，钢筋材料的溯源过程管理显得尤为重要。通过引入先进的技术手段，能实现对钢筋材料从源头到成品全过程的追踪和管理，确保每根钢筋材料都有完整的质量和操作记录，从而大幅度提高工程质量。

钢筋材料溯源过程管理系统通过全生命周期的数据管理，能及时追溯每一根钢筋的来源和加工历史。当发生质量问题时，管理人员可以迅速找到问题根源，进行责任划分和质量追责。此外，该系统还可以帮助企业优化供应链管理，减少材料浪费，降低运营成本，同时提高施工过程中的透明度和可控性，为项目的顺利实施提供强有力的支持。

钢筋材料溯源过程中，采用的 RFID(射频识别)技术，是当前最先进和可靠的溯源方法之一。RFID 的最大优势在于其耐久性和高效性，RFID 标签不仅防水、防尘、防腐蚀，能在复杂和恶劣的施工环境中长期稳定工作，而且可以远距离自动识别钢筋材料，极大地减少了人工干预和识别错误的可能性。这使得 RFID 技术特别适用于大型工程项目，尤其是在像高铁建设这样的大规模、快速进展的项目中。

相比之下，传统的条形码和二维码溯源方法虽然成本低廉，但容易受到环境因素的影响，如标签磨损或丢失，导致数据无法读取或丢失。这些方法还需要人工扫描，效率较低且容易出现人为错误。区块链技术虽然提供了高度可信的溯源信息，但其实施复杂且成本高昂，且在实际工程中的应用还不成熟。云计算与物联网结合的溯源方法虽然可以实现数据的实时更新和远程管理，但对网络环境的高度依赖可能带来数据传输的瓶颈，同时存在数据安全和隐私保护的挑战。

因此，综合考虑 RFID 技术的高效性、耐用性和自动化管理优势，尤其是在需要高效管理和高度准确追溯的钢筋材料管理中，RFID 技术无疑是最优的选择。采用 RFID 技术的溯源过程管理功能模块如下所述。

1. 原材料入库管理:从源头确保质量

(1)标签绑定:在原材料入库阶段，系统将 RFID 标签与钢筋信息进行绑定，自动记录入库时间和其他相关信息，为后续加工流程奠定基础。

(2)质量检验:通过与质量检测设备集成，系统在入库时自动记录钢筋的质量检验数据，实现了高效的质量控制。

2. 加工过程追踪:实时监控与数据记录

(1)实时状态更新:系统通过 RFID 读写器实时记录钢筋在加工过程中每一步状态变化，包括切割、弯曲、焊接等，确保数据的即时更新。

(2)过程监控:管理人员可以通过平台实时监控加工的每一个环节，及时发现和处理异常情况，确保工艺的严格执行。

3. 出入库管理:精准高效的物流控制

(1)成品出库:在成品钢筋出库时，系统通过 RFID 读写器记录出库信息，并自动更新库存数据。系统还能生成详细的出库清单，确保物流数据的准确性。

(2)入库管理:对中间产品或半成品的入库，系统同样支持 RFID 识别和信息记录，实现了从生产到仓储的全流程管理。

4. 溯源管理:全生命周期透明化管理

全流程追溯:系统实现了从原材料采购、加工、存储到最终出库的全生命周期追溯，确保每根钢筋的所有数据都有据可查。

追溯查询:通过 RFID 标签号，用户可以迅速查询钢筋的详细加工历史和质量信息，支持产品质量跟踪与责任划分。关键技术与实现策略如下。

(1)RFID 技术的选型与配置

标签选择:根据不同应用场景，系统选择高频或超高频 RFID 标签，以确保在各种环境下均能实现高效的数据读取。高频标签适用于近距离读取，超高频标签适合远距离读取与批量识别。

读写器配置:根据钢筋加工场地的布局和工艺流程，合理配置 RFID 读写器的位置与数量，确保数据采集的全面性和准确性。

(2)数据集成与智能处理

数据接口：系统通过标准接口与企业的 ERP、MES 系统实现无缝对接，确保数据的及时共享与流程的无缝衔接。

数据分析：系统采用大数据分析技术，对采集的加工数据进行深入分析，挖掘潜在的质量问题与优化机会，助力企业提升生产效率与产品质量。

(3)系统安全与维护策略

访问控制：系统通过身份验证与权限管理控制系统的访问，确保只有授权人员才能访问敏感数据，提升数据的安全性。

系统维护：定期对系统进行检查与维护，及时更新 RFID 标签、读写器等硬件设备，确保系统的稳定运行与高效运作。

通过这些优化描述，RFID 技术在钢筋加工和溯源管理中的应用提升到战略层面，突出了系统在提高管理效率、保证产品质量以及支持企业智能决策方面的关键作用。

6.2.3　钢筋生产原材优化断料

随着社会的发展以及城市化的日渐推进，钢筋在城市建设、机械设备、器械工具等多个领域中广泛使用，例如，楼盘浇筑、箍筋网片等。通常原始生产的钢筋相对较长，在各个具体领域使用的钢筋需要特定的长度。因此需要对原始生产的钢筋进行切割，该过程称为钢筋优化断料。传统的钢筋优化断料方式为人工计算，但存在速度不够快，利用率不够高等缺点。随着学者们对组合优化问题的研究，使用计算机和进化计算进行钢筋优化断料成为主流。

进化计算方法如遗传算法、粒子群优化算法、差分进化算法等都可应用于钢筋优化断料问题的求解，缺点是这些算法需要进行大量的判断导致这些算法普遍运行时间长。为解决上述背景技术中存在的问题，基于选择重复的方法可求解钢筋优化断料问题。

该方法从宏观角度分为选择和重复两部分。选择特指从当前众多的候选解中选择最优解或者次优解，重复是指对最优解或者次优解进行复制。

基于选择重复的钢筋优化断料方法，如图 6-5 所示。

具体包括以下步骤：

(1)输入相关数据信息：输入原材料钢筋长度、需要的钢筋零件长度和对应的数量，另外输入一个给定比例值 Percentage，用于在最优解和次优解之间做出选择。

(2)按照条件随机组合：根据输入的钢筋零件信息，随机组合多个钢筋零件，使得组合中钢筋零件长度之和满足特定条件：小于等于材料长度且大于所有非零数量钢筋零件中的最小长度。重复生成多个这样的组合结果。

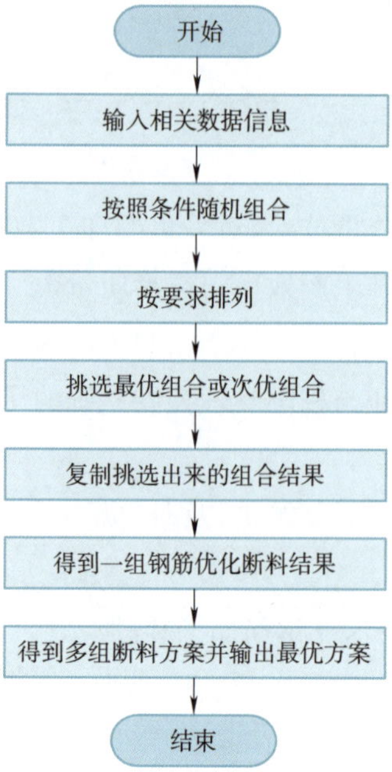

图 6-5　基于选择重复的钢筋优化断料方法流程

(3)组合结果排序:计算每个组合中钢筋零件长度之和,并按从大到小排序。若长度之和相同,则按组合中元素个数从少到多排序;若长度和与元素个数都相同,则按组合中元素的顺序逐个比较,较小的元素排在前面。

(4)挑选最优解或次优解:挑选出排序后的最优解(第 1 个组合)和次优解(第 2 个组合)。随机生成一个 0～1 之间的小数,若小于 Percentage,则选择最优解;否则选择次优解。

(5)复制挑选出来的组合结果:将选中的解对应的钢筋零件组合进行复制,复制数量为组合中钢筋零件长度的最少数量(若存在相同长度的零件,则均分数量并向下取整)。复制直到不能继续复制为止(即某种零件的数量用尽)。

(6)得到一组钢筋优化断料结果:重复执行步骤(2)～(5),直到所有长度的钢筋零件实时数量都变为 0。每次循环结束后,都会得到一组钢筋优化断料方案。

(7)得到多组断料方案并输出最优答案:将步骤(2)中的钢筋零件实时数量信息恢复为初始输入值,以探索不同的起始条件。重复执行步骤(2)～(6),生成多组钢筋优化断料方案。

最优断料方案的判断条件为:比较多组钢筋优化断料方案的总利用率,总利用率最高的钢筋优化断料方案被判定为最优断料方案;如果有多组相同最高总利用率的钢筋优化断料方案,则比较钢筋优化断料方案里的钢筋切割剩余值的最大值,认定最大的钢筋切割剩余值的方案为最优断料方案;如果总利用率和钢筋切割剩余都相同,则任意挑选其中 1 个钢筋优化断料方案输出。总利用率的计算方式为:每个钢筋优化断料方案获得的所有钢筋零件的长度之和/(所用原材料的数量×L)。

如图 6-6 所示,在案例中,以 10 根标准长度为 12 000 cm 的钢筋为例,需要切割出不同长度的零件的同时尽量减少废料。长度为 5 400 cm 的零件,需求数量为 3 根;长度为 4 800 cm 的零件,需求数量为 1 根;长度为 4 500 cm 的零件,需求数量为 1 根;长度为 4 200 cm 的零件,需求数量为4 根;长度为 3 900 cm 的零件,需求数量为 3 根;长度为 3 600 cm 的零件,需求数量为 2 根;长度为 2 700 cm 的零件,需求数量为 4 根。基于上述方法,根据材料利用率和剩余的钢筋长度,选择最优的组合方案,优先选择利用率高且剩余长度小的组合,最终选择一个最优方案,使得钢筋的利用率达到 100%,最大限度地减少了材料浪费,满足了项目对钢筋零件的需求。

原料长度×根数	12 m×10根
零件长度×根数	3 600×2 2 700×4 5 400×3 4 200×4 3 900×3 4 500×1 4 800×1
最优方案情况	(模式1:12 000=3 900+5 400+2 700)×3根 (模式2:12 000=4 200+4 200+3 600)×2根 (模式3:12 000=2 700+4 800+4 500)×1根
所用原料根数	6根
利用率	100%

图 6-6　优化断料实例

6.2.4　钢筋加工排产优化与动态调度

钢筋骨架加工排产优化是一项多目标、多任务、多工序、多机并行的任务,具有较高的复杂性。不同规格和型号的钢筋需要分别进行加工和存储,工艺流程复杂,要求严格的顺序和工艺时间安排。生产设备的容量限制和生产节奏的匹配性也是一大挑战,特别是在多任务并行时容易出现瓶颈。材料供应的及时性和库存管理也影响排产的顺利进行。此外,需考虑突发情况对计划的影响,如设备故障或人力资源调度问题如何在这些动态变化中保持生产效率是优化的难点之一。

当前行业中的钢筋排产仍存在诸多不足,主要表现为生产计划不够精准、资源分配不合理、对突发情况应对能力不足。这些问题导致材料浪费、施工延误、库存管理困难、整体成本的上升。例如,传统的排产方法难以动态调整生产计划,无法有效应对设计变更、工期调整或设备故障等突发情况,造成现场等待时间过长,影响施工进度。此外,钢筋规格复杂,排产过程中容易出现过量生产或尺寸不匹配的问题,进一步加剧资源浪费和质量控制难度。

钢筋骨架加工排产计划优化目标如图 6-7 所示。应用人工智能算法可有效解决这些问题，通过大数据分析和智能优化，显著提高排产的精确度和灵活性，智能排产优化流程如图 6-8 所示。利用相关的深度学习算法或组合优化算法能实时分析施工现场需求和进度数据，动态调整生产计划，确保资源的合理分配，最大限度减少材料浪费和库存压力。同时，可以预测可能的生产瓶颈，提前制定应对策略，提升对突发情况的应变能力。这不仅有助于提升施工效率，降低整体成本，还能提高项目的质量控制水平和客户满意度，为企业在竞争激烈的市场中赢得更大优势。

图 6-7　钢筋骨架加工排产计划优化目标

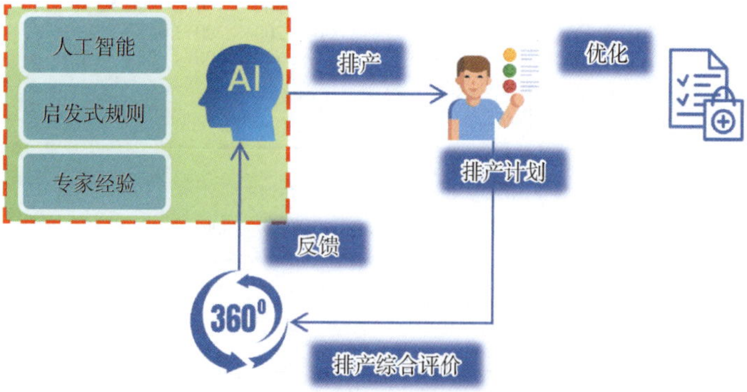

图 6-8　智能排产优化流程

以下是基于人工智能算法的钢筋骨架加工排产优化的一些关键技术和方法。

1. 蚁群算法(ant colony optimization，ACO)

蚁群算法是一种基于群体智能的优化算法，灵感来源于蚂蚁在寻找食物过程中所展现出的群体行为。蚁群算法在排产优化中具有重要的应用价值，尤其是在解决路径优化和组合优化问题上表现出色。

蚁群算法通过模拟蚂蚁在觅食过程中所展现的群体智能行为，在钢筋骨架加工排产优化中发挥了重要作用。每一只“蚂蚁”代表一种可能的加工路径或生产调度方案，它们在多次迭代过程中，根据路径上积累的信息素浓度和启发式信息，逐步选择和优化最佳路线。随着算法的进行，表现优异的方案会吸引更多“蚂蚁”沿着相同的路径前进，导致该路径上的信息素浓度增加，形成正反馈机制。最终，算法能找到加工时间最短、材料利用率最高的排产方案，实现资源的最佳分配和生产效率的最大化，减少加工中的浪费和延误，提升整体生产的精准度和灵活性。

2. 强化学习(reinforcement learning，RL)

强化学习是一种机器学习方法，通过与环境的交互来学习最优策略。系统在每一步选择一个动作并获得反馈(奖励或惩罚)，以优化长期收益。通过不断试错和调整策略，强化学习能找到在复杂环境中最大化预期回报的最佳行动方案，广泛应用于动态决策问题。

强化学习通过与环境的持续交互，在钢筋骨架加工排产优化中发挥了关键的动态调整和自适应优化作用。强化学习算法将排产优化视为一个序列决策过程，通过设定奖励机制来指导每一步的决策。具体来说，系统会在每一个时间步(如某一生产阶段)根据当前的排产状态和历史经验，选择一个排产策略(如工序顺序或资源分配方式)。执行该策略后，系统会根据结果(如生产效率、材料利用率、工期等)获得相应的奖励或惩罚。随着多次试探、反馈和调整，算法逐渐学习到哪些策略在特定条件下能带来最优的长期收益，从而优化整体的排产方案。例如，当某一生产环节出现延误或设备故障时，强化学习能迅速调整生产顺序或重新分配资源，以最小化对整体生产计划的影响。通过这种试错学习和奖励机制，算法能逐步找到能最大化加工效率和资源利用率的最优策略。

此外，强化学习的适应性使其在面对复杂和动态变化的环境时尤为有效。当需求波动、设计变更或其他不确定因素影响生产时，强化学习能迅速重新评估环境，并实时调整排产策略，从而保持生产的连贯性和最优性能。最终，算法通过反复的学习和优化，实现在复杂、多变条件下的排产优化，显著提高了生产效率，降低了运营成本，增强了系统的灵活性和应变能力，使得钢筋加工能更加精准、高效地进行。

3. 神经网络和深度学习(neural networks & deep learning，DL)

神经网络是一种模仿人脑结构和功能的机器学习模型，通过层级结构处理输入数据，进行模式识别和预测。深度学习则是神经网络的一种扩展，利用多层(深层)神经网络从数据中自动提取复杂特征，进行高效的学习和预测。

神经网络和深度学习通过自动学习和提取复杂数据中的特征，在钢筋骨架加工排产优化中发挥了至关重要的作用。神经网络，尤其是深度神经网络，通过构建多层次的网络结构，对大量历史数据进行深入分析。这些网络能有效地从数据中学习复杂的模式和关系，从而进行精准的需求预测、生产瓶颈识别和排产计划优化。例如，深度神经网络可以预测未来的加工需求，通过对历史生产数据的分析，识别出潜在的生产瓶颈和资源短缺，从而优化生产调度和资源分配。

深度学习模型在处理复杂数据时具有显著优势，能自动从数据中提取有用的特征，无需依赖人工特征工程。这种自动化特征提取不仅提升了预测的精度，还增强了决策的质量，使得模型能更好地适应不同的生产环境和条件。在钢筋加工中，深度学习可以应用于多方面，如需求预测、生产调度、故障检测等。通过精准的需求预测，企业可以优化原材料的采购和库存管理；通过智能生产调度，能提高生产线的利用率，减少生产等待时间；通过故障检测，及时发现和解决潜在的问题，从而减少停机时间和维护成本。最终，这些应用可以实现更高效的资源利用、减少材料浪费，并显著提升整体生产效率和经济效益，使得钢筋骨架加工过程更加智能化和高效化。

4. 生成对抗网络(generative adversarial networks，GANs)

生成对抗网络通过对抗训练生成高质量的数据模型，在钢筋骨架加工排产优化中具有独特的应用价值。GANs 由生成器(Generator)和判别器(Discriminator)两个神经网络组成。生成器负责生成模拟数据或方案，而判别器则评估生成的数据是否真实或符合优化要求。这种对抗过程使得生成器能不断改进，生成更符合实际需求的排产方案。

在钢筋骨架加工排产中，GANs 可以用于生成多种可能的生产场景和排产策略，通过模拟不同的生产条件和需求变化，帮助企业评估和优化排产计划。其中，生成器用来生成候选的排产方案，通过学习现有排产数据，生成新的排产计划，这些计划会符合一定的约束条件(如工序顺序、设备利用率、工期限制等)。判别器用于评估生成的排产方案是否可行，基于历史排产数据及优化目标，如生产效率最大化、资源平衡、工期最短等，评估生成的排产计划是否具有高质量，并给出反馈。具体结构如图 6-9 所示。

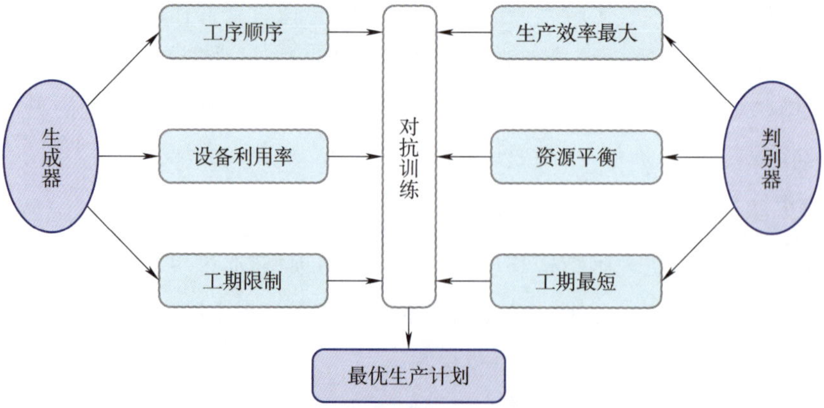

图 6-9　生成对抗网络结构示意

此外，GANs 还可以用于数据增强，为模型训练提供更多多样化的样本，从而改善预测精度和决策能力。在实际应用中，通过生成模拟的生产数据，GANs 可以帮助优化生产调度、需求预测和故障预警，从而减少实际生产中的不确定性和风险，提升整体生产效率和资源利用率。最终，GANs 的应用可以实现更智能化的排产优化，提高钢筋加工过程的效率和经济效益。

5. 钢筋生产调度优化

在生产调度优化领域，特别是钢筋生产调度方面，传统的调度方法存在效率低、资源利用不足等问题。传统固定生产计划调度方式常常采用静态的生产计划，提前确定每个工序的时间和资源分配。这样的计划在生产过程中无法动态调整，导致难以适应订单变动或生产中的不可预测事件。在钢筋生产范畴内，钢筋的加工与吊装涉及一系列复杂的工序和资源协调，而传统的静态调度方法难以灵活应对生产中的变化。因此，开发一种动态的、同时协调加工与吊装调度的方法非常重要。

目前，针对钢筋生产调度的优化方向主要集中于对生产步骤中单个加工过程以及过程间运输的优化。中国专利 CN202311037746.5 公开一种智能高效化生产水泥基钢筋桁架楼承板的生产线，该过程主要是对单个钢筋加工流水线的优化，实现自动化生产，但忽视了生产的并行性。中国专利 CN201911013331.8 公开一种钢筋混凝土构件预制场结构，该方法通过智能调度控制中心的控制，能将混凝土通过多个混凝土上料轨道运输至对应的生产预制区，将钢筋混凝土构件通过转运设备运输至养护存放区进行养护和临时存放等。该方法主要考虑钢筋构件在不同加工过程间的运输时间优化，但仍未考虑多条钢筋同时加工时资源的并行利用，使得部分加工仪器利用率较低。

针对现有技术不足，提出一种基于动态规划的多钢筋并行生产调度方法。

钢筋的生产主要需要经过加工与吊装两大阶段。钢筋在开始加工时需要占据一个工作台，在吊装完成后才将其释放。加工过程中，钢筋的加工生产存在若干阶段，且需严格按序执行，不可跳跃或换步执行。每一个加工生产阶段都需占有一台对应的加工生产仪器，且仪器不可并行占用。

采用离散事件仿真，考虑将加工和吊装分为两个阶段进行处理，在每次加工完成后，将每一根钢筋的不同工序统一加入待吊装的队列中，如果吊装设备处于空闲状态，则按照加工完成的顺序进行处理，并在加工完成后释放对应的生产设备，以便于下次加工。

该调度方式，能充分利用现存所有的加工仪器，在尽可能提高其利用率的同时降低物理成本(包括工作台的数量、生产占地面积等)。

假设此问题中共需加工 n 根钢筋，每一根钢筋拥有 m 步加工序列，共有 p 台对应的加工生产仪器。如果采用枚举法求解其最优解，时间复杂度将为 $o(n^m)$级别。但其确实存在最优解，因此此问题归为 NP 类问题。目前计算机行业中暂无对此问题的统一求解方式，此处所给出的方法也为其理论最优解。

由于钢筋加工生产系统中，单元生产过程拥有原子性，即单个生产过程不可被中断，因此考虑调度优化时，仅仅需要考虑时间的跳变以降低问题复杂度，因此选择采用离散事件仿真。在这种仿真中，系统的状态只在离散时间点发生变化，而不是连续变化。每个事件会引起系统状态的改变，从而触发可能发生的其他事件。在本方法中，任务的到达、吊装、加工等操作都被建模为事件。这些事件会导致系统状态的变化。不同的任务到达、吊装和加工事件会导致系统状态的变化，例如机器的空闲状态、任务的等待队列等。仿真中使用部分时间变量，它们在每个事件发生时被更新，代表仿真的时钟在推进。在任务序列发生变化时，任务的等待队列用于存储等待被处理的任务，这符合排队系统的建模。

通过这种方式，该方法模拟了任务在不同机器上的调度过程，以及吊装和加工等操作如何影响系统状态。最终，通过收集仿真结果，可以分析系统的性能指标，如任务的平均处理时间和最大同时进行任务量，以量化评估方法带来的性能优化能力。

确定建模方式为离散事件仿真建模后，需确定调度优化方式。动态规划是一种全局优化方法，适用于需要考虑整体最优解的问题。在钢筋生产任务调度中，不仅要关注当前时刻的任务分配，还要考虑未来的任务安排，以实现理论的最优调度方案。动态规划通过存储子问题的解，避免了对相同子问题的重复计算。在任务调度中，可能会出现类似的任务分配情况，通过动态规划，可以避免重复计算，提高计算效率。

由于吊装所需时间相比生产制作时间通常较短，因此可以考虑将加工和吊装分为两个阶段进行处理。需要考虑的是，由于吊装工序和加工工序同时进行，且吊装用时通常少于加工用时，因此应优先进行生产。同时，在生产过程中对吊装队列中的零件进行吊装处理。

值得注意的是，不同零件之间的加工时间（此时的加工时间不含吊装部分的时间）可能不同，因此不能简单地将重叠子问题定义为对生产设备任务队列的安排，而应该根据零件加工时间来动态调整子任务。在此处，子问题不是简单定义为一根钢筋的加工过程，需定义为方法，每一次所安排的一组加工过程为重叠子问题，重叠子问题即为子任务。

该方法的输入为一列零件生产列表，包括需要占用设备号与加工所需时间。为增强算法的通用性并减少数据的输入量，算法提供了多种输入方式，包括通过文本形式输入与表格形式输入等，并自动检测输入格式的正确性。

基于动态规划的钢筋生产调度优化方法的流程如图 6-10 所示。

首先，输入零件生产列表 Mn，设置同时需要加工梁根数、所需要使用的加工设备数目，初始化吊装列表 up_list；将零件生产列表（表示一根钢筋生产的顺序）Mn 进行输入，根据用户的输入需求确定文件格式，判断所输入内容的位置。其中，txt 等格式代表文本形式，xlsx 等格式代表表格形式等。读取成功后将其作为一个变量写入 Mn 中，便于下文的调用。之后获取用户对基本参数的设置，如同时需要加工钢筋根数（也为同时加工梁数 n）、所需要使用的加工仪器数目（表示零件数 m）等，并初始化相关变量：

Min：记录每个机器当前可以加工的任务的加工时间。

up_time：记录吊装结束后的时间，用于控制任务的加工开始时间。

up_list：存储待吊装的任务的列表，零件加工完后存入吊装列表。

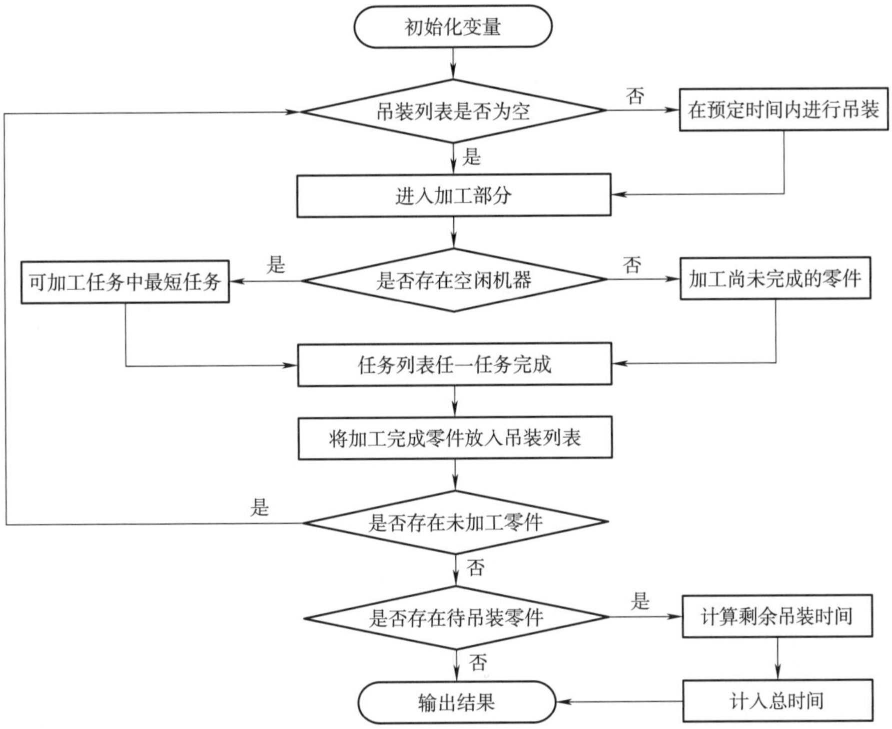

图 6-10　基于动态规划的钢筋生产调度优化方法

state：记录每个机器的空闲状态，0 表示空闲，1 表示忙碌。

lastime：记录每个机器当前任务的剩余加工时间。

lastime_task：记录每个机器当前任务的任务编号。

MAX：记录最大同时进行任务量。

其次，判断吊装列表是否为空，若不为空则在预定时间内进行吊装，吊装完成后执行步骤 3 进入加工部分；若为空，则直接执行步骤 3 进入加工部分。

再次，进入加工部分，使用动态规划选择每个机器当前可加工的任务中加工时间最短的任务，并记录在矩阵 Min 中：判断是否存在空闲机器，若存在，则在可加工的任务中找出加工时间最短的任务；若不存在空闲机器，则加工尚未完成的零件；找出矩阵 Min 中最短时间的任务，获得当前时刻最短任务的加工时间 Min；当所有加工任务都完成时，Mn 为空，此时不存在未加工的零件。

最后，继续判断是否存在待吊装零件。若不存在，直接输出调度方案及当前时间；如果加工部分完成后还存在待吊装零件，则计算剩余吊装时间，将剩余吊装时间计入总时间中，更新当前时间。最终输出的当前时间为此次多根梁同时加工所需时间以及相应的调度方案。

6.3 钢筋骨架生产数字孪生管控平台

随着物联网、人工智能和大数据技术的飞速发展,数字孪生技术在工业制造中的应用日益广泛。在钢筋骨架的生产中,构建一个数字孪生管控平台,不仅是生产智能化的必然要求,更是确保产品质量和生产效率的重要手段。通过数字孪生技术,我们可以在虚拟空间中实时映射和仿真钢筋骨架的生产过程,实现对设备状态、人员安全、生产流程等各方面的全方位监控和优化。

6.3.1 钢筋骨架自动化加工设备状态监测

随着中国高铁网络的快速扩展,钢筋骨架的生产规模和复杂性不断增加,自动化生产技术的广泛应用也带来了对设备实时监控的迫切需求。高负荷和高频次的生产环境中,设备故障如机械磨损或电气问题可能导致生产停滞,影响项目进度和质量,甚至带来安全隐患。因此,设备状态监测不仅可以及时发现和处理潜在故障,保持生产线的高效运转,确保钢筋骨架的加工精度和质量稳定性,还能实施预防性维护,降低维护成本和突发故障的修复费用。此外,通过实时监控设备运行状态,可以提升生产环境的安全性,并提供数据支持以优化资源管理。综上所述,设备状态监测在提高生产效率、保证产品质量、降低维护成本、提升安全性和优化资源管理方面具有重要意义,是确保高铁建设项目顺利进行的关键技术。

钢筋加工设备状态监测系统作为智能建造的重要基石,是钢筋产线智能化的关键组成部分,本系统不仅实现了对钢筋骨架物理世界动态与静态资产的全面感知和管理,还为数字孪生管控提供了全要素、多态化的数据支撑,进而助力用户构建高价值的数字孪生时空大数据资产,推动建筑行业迈向智能化、数字化的新高度。

1. 设备孪生数字模型的构建与动态管理

在钢筋加工设备状态监测系统中,设备孪生数字模型的构建是其核心内容之一,模型如图 6-11 所示。通过几何建模、物理属性建模和行为建模,系统能全面还原和模拟设备的实际状态与操作逻辑。在此过程中,传统的 3D 扫描与 CAD 软件被充分利用,同时融合了增强现实(AR)和虚拟现实(VR)技术。这不仅使工程师能在虚拟环境中直观地调整和优化模型,还提高了模型的精度和互动性。

随着工程进度的推进,设备布局和配置的动态变化需要得到实时更新。因此,数字模型必须支持动态更新功能,以确保模型与实际情况的同步。这种动态管理能力,使得设备孪生模型能不断适应现场的变化,为精准的状态监测和控制提供了基础保障。

图 6-11　钢筋加工设备孪生数字模型

2. 数据采集与实时监控:精准与全面的结合

数据采集与实时监控是设备状态监测的核心环节。通过在钢筋设备上部署多种传感器,系统能实时获取设备运行状态的数据,包括温度、压力、振动、应力等关键参数。基于工业互联网和无线通信技术,这些数据被迅速传输和实时更新,确保了数字孪生模型的动态准确性。

值得一提的是,系统采用了分布式智能传感器网络,这些传感器不仅能自主感知环境变化,还能根据需求动态调整采样频率和精度,从而提高数据采集的全面性和准确性。通过物联网技术,这些传感器之间能进行信息交互和协同工作,进一步优化数据采集质量。

在数据处理方面,系统引入了云计算与边缘计算的结合架构。边缘计算负责在数据源头进行初步处理和筛选,以减轻云端的负担;云计算则利用强大的计算能力进行复杂的数据分析与挖掘。这种双层计算架构不仅提升了数据处理的实时性,还确保了数据的安全性和可靠性。

3. 数据融合与智能分析:从监测到决策的全面转变

设备状态监测系统不仅依赖于数据的采集,更依赖于数据的融合与智能分析。通过先进的数据融合技术,将不同来源的数据进行整合,形成统一的数据视图,系统结构如图 6-12 所示。利用深度学习等高级算法,系统能挖掘数据背后的隐藏信息和关联关系,为设备孪生模型提供更加精准的数据支持。

在实时仿真与预测方面,系统基于实时数据和数字孪生模型,构建了高精度的仿真环境。通过模拟设备在不同工况下的行为表现,系统能提前发现潜在问题和故障隐患。结合时间序列分析与预测模型,系统还能对设备的未来状态进行精准预测,为预防性维护提供科学依据。

此外,系统通过人工智能与机器学习技术的应用,实现了设备运行状态的智能评估与优化。通过构建知识图谱和专家系统,系统为管理者提供了直观且高效的决策支持。更为重要的是,系统实现了设备的自主控制与调节功能,可根据实时数据和预测结果自动调整运行参数与工作流程,从而进一步提高设备运行效率和安全性。

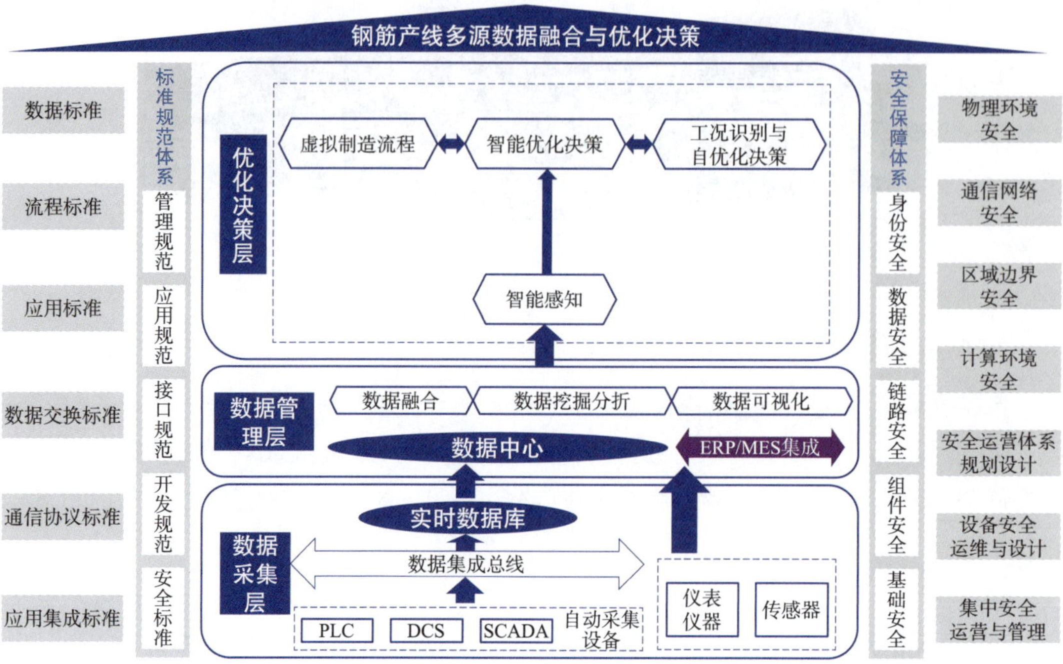

图 6-12　多源数据融合与优化决策

6.3.2　钢筋骨架加工设备智能预测性维护

随着高铁建设对钢筋骨架生产效率和质量要求的提升，自动化加工设备的使用越来越广泛。这些设备在高负荷和高频次的生产环境中，面临磨损和故障的风险。传统的维护方式往往依赖于定期检查或故障发生后的修复，这种事后维修策略不仅成本高，而且可能导致生产中断，影响工程进度。智能预测性维护通过应用先进的传感器技术、数据分析和机器学习算法，可以实时监测设备的运行状态，预测潜在故障，及时进行维护。这种方法能大幅降低突发故障的风险，提高设备的可靠性和使用寿命，从而减少维修成本和生产停机时间。通过智能预测性维护，生产过程可以保持高效稳定，产品质量得到保障，同时提升了资源利用率和生产安全性。总之，智能预测性维护在钢筋骨架加工中的应用，代表了维护管理的未来发展方向，是确保设备长期稳定运行和高效生产的关键措施。

数字孪生技术是智能预测性维护的核心技术之一。它通过构建物理设备的虚拟数字化模型，并将设备的实时运行数据同步到虚拟模型中，从而实现对设备运行状态的全方位感知、预测和管理。在钢筋骨架加工的生产环境中，设备的运行状态往往受到多种因素的影响，例如，生产负荷、操作温度、环境湿度等。通过数字孪生技术，这些因素都可以被实时捕捉并反映到虚拟模型中，使得系统能更精准地分析设备的运行状态，及时发现潜在的故障风险。

数字孪生不仅是对物理设备的镜像，它通过工业物联网（IIoT）技术将设备的运行数据与虚拟模型进行实时同步，并通过数据分析和机器学习技术，对设备的故障模式和寿命进行预测。数据的传输过程中，系统采用了边缘计算技术进行初步处理，例如数据过滤、压缩和异常检测等。这些操作不仅确保了数据传输的实时性和完整性，还减少了数据传输的延迟和对网络带宽的占用。最终，这些数据被存储到云端的大数据平台中，供后续的深度分析和优化使用。

1. 数据预处理与特征提取

在预测性维护中，数据预处理和特征提取是预测模型准确性的基础。通过数字孪生技术，系统可以从设备的运行过程中采集到大量的传感器数据，例如振动、温度、压力等参数。然而，这些原始数据通常包含噪声和异常值，需要经过预处理来提升数据的质量。数据预处理包括去噪、平滑处理、归一化和异常检测等步骤。为更好地分析振动信号，系统会应用快速傅里叶变换（FFT），将振动信号从时域转换到频域，从而识别设备运行中的隐患。

同时，系统还会应用小波变换等方法来捕捉信号中的突变点，以发现潜在的故障征兆。预处理后的数据会进一步通过特征提取算法进行处理，提取出如均值、方差、峰值等统计特征，以及频域内的特征频率成分。这些特征为后续的预测模型提供了关键的输入信息，是预测设备健康状态和故障类型的重要依据。

2. 故障预测模型

数字孪生技术的引入为故障预测模型提供了更多的实时数据支持。系统基于预处理后的数据，使用了多种先进的预测模型来分析设备的运行状态。首先，时间序列分析方法用于预测设备参数的未来趋势。其次，系统通过支持向量机（SVM）和随机森林等机器学习算法来识别故障模式。这些算法经过大量历史数据的训练，能有效地识别出设备的异常运行状态，预测可能出现的故障类型。

更进一步，深度学习模型如长短时记忆网络（LSTM）和卷积神经网络（CNN）能处理更加复杂的非线性和时变数据，尤其适用于设备运行过程中长时间累积的数据分析。通过数字孪生技术提供的大量实时数据支持，这些模型可以不断优化并适应不同的设备运行环境，从而提高预测的准确性和可靠性。基于此，系统能预测设备的剩余使用寿命（RUL），并及时发出维护预警，确保在设备发生故障前采取有效的预防措施。

3. 预测性维护决策支持

当预测出设备可能发生故障时，数字孪生系统会生成详细的维护建议。这些建议不仅限于设备的维护，还包括对设备操作参数的调整、部件的更换时间安排等。此外，系统还会通过模拟不同的维护策略，评估每种方案的效果，例如，对生产效率、维护成本和设备寿命的影响，从而帮助管理者做出最优决策。

数字孪生还具有动态协调能力，能将维护计划与生产计划无缝对接，确保生产过程的连续性。系统会根据设备的健康状态与生产任务，自动调整生产排程，避免因维护而导致生产延误。同时，系统支持自动生成维护计划，并将其整合到企业的生产管理系统中，确保维护操作的高效执行。

4. 智能反馈与优化

数字孪生技术的另一个重要优势在于它的智能反馈与自我优化功能。每次维护操作完成后，系统会记录维护过程中的所有数据，包括设备的恢复状态、部件更换情况和维护操作的具体效果等。通过对这些数据进行分析，系统进一步优化预测模型的参数，逐步提高故障预测的准确性。

这种闭环反馈机制使得预测性维护系统能不断自我学习和进化，从而在设备的整个生命周期内，逐步提升其维护效果。数字孪生技术通过对维护策略的持续优化，确保设备始终处于最佳运行状态，最大限度地延长设备的使用寿命，并减少不必要的维修成本。

5. 智能调度与资源管理

通过数字孪生系统，智能预测性维护不仅局限于故障的预测，还涉及生产任务的调度和维护资源的管理。系统通过实时监控设备的健康状态，动态调整生产计划，确保设备在临近故障时不会被过度使用。同时，系统还集成了智能资源管理功能，能根据维护需求提前准备好维护所需的资源，例如备件、工具和维护人员等。这种智能调度功能确保维护操作能与生产任务紧密结合，避免因维护操作而导致生产停机。同时，通过数字孪生技术，系统能在设备故障发生之前完成所有维护资源的准备工作，最大限度减少停机时间，并提高生产效率。

在钢筋骨架加工领域，数字孪生技术与智能预测性维护的结合，代表了设备管理和维护的未来发展方向。通过对设备运行状态的实时监控、故障预测和动态优化，数字孪生能为钢筋骨架的高效生产提供重要支持。未来，随着高铁建设的不断推进和设备复杂性的增加，数字孪生技术将在更广泛的领域中发挥其优势，帮助企业实现生产自动化、智能化和高效化。

总之，数字孪生技术通过智能预测性维护，为钢筋骨架加工设备提供了更高的可靠性和更长的使用寿命。在这个过程中，设备的故障风险得到了有效控制，生产效率大幅提升，为高铁建设的顺利推进提供了坚实保障。

6.3.3 钢筋骨架自动化加工人员安全监测

随着高铁建设规模的扩大和自动化技术的广泛应用，生产环境变得更加复杂。自动化设备的高负荷运行和高速加工带来了潜在的安全隐患，工人面临的风险也随之显著增加。因此，对加工人员进行安全监测不仅能实时跟踪工人的工作状态和位置，预防和减少事故的发生，还能通过智能化监测系统提高对危险行为和环境的警觉性。通过有效的安全监测措施，可以及时识别和应对潜在的安全威胁，保障工人的人身安全和生产环境稳定可靠。此外，安全监测还能帮助企业符合法规要求，提升生产现场的安全管理水平，从而减少因安全事故引发的生产中断和经济损失。总之,钢筋骨架自动化加工人员安全监测在提升生产安全性、保障工人健康和减少安全事故方面具有重要意义,是实现高效、安全生产的关键环节。

在当前工业 4.0 浪潮下,传统的作业现场安全管理面临着技术革新的挑战与机遇。基于图像处理技术的安全规范智能检测算法,集成了计算机视觉、深度学习、物联网(IoT)等多项前沿技术,为作业现场的安全管理提供了一套智能化、实时化、精确化的解决方案。该系统不仅实现了对操作员行为和位置的全方位监控,还通过智能化手段自动识别并处理违规行为,显著提升了安全管理的效率和可靠性。

系统以模块化的设计思路,将图像处理技术应用于现场安全管理的各个环节。系统主要由五个模块构成:图像采集与预处理模块、安全帽检测模块、电子围栏检测模块、多目标跟踪与行为分析模块、警报与通知模块。

1. 图像采集与预处理模块

图像采集是智能检测算法的基础环节。通过高清摄像头设备,系统能实时采集作业现场的视频流或图像数据,确保监控的无死角覆盖。考虑到工业现场环境的复杂性,如光照变化、粉尘干扰等,图像预处理模块采用了一系列增强处理技术,包括噪声去除、亮度调节和边缘增强。这些技术操作不仅提高了图像质量,还为后续的图像分析奠定了坚实的基础。

2. 安全帽检测模块

安全帽检测是该系统保障操作员安全的核心功能之一。通过训练目标检测模型,系统能精准识别图像中的安全帽位置和状态,模型结构如图 6-13 所示。此外,系统还结合了颜色识别技术,能根据安全帽的颜色(如黄色、红色等)判断是否符合规范佩戴要求。这一模块的设计,确保了系统在复杂场景下也能保持高精度的检测能力。

3. 电子围栏检测模块

电子围栏检测模块通过定义特定的“电子围栏”区域,实现对危险区的有效管控。该模块首先通过图像标注设定禁止进入的区域,然后利用目标跟踪算法(如 KCF、MedianFlow),实时监控操作员的位置。一旦检测到操作员进入电子围栏区域,系统将立即触发预警,确保人员安全。

4. 多目标跟踪与行为分析模块

在复杂的作业现场,往往同时存在多名操作员,系统因此需要具备多目标跟踪能力。通过引入先进的跟踪算法,系统能在动态环境中同时跟踪多个目标,并记录操作员的行为轨迹。此外,行为分析功能能识别操作员的潜在危险行为,如频繁靠近机械设备或反复进入危险区域,从而提前预防事故的发生。

5. 警报与通知模块

警报与通知模块是系统响应机制的核心。当系统检测到未佩戴安全帽或进入电子围栏

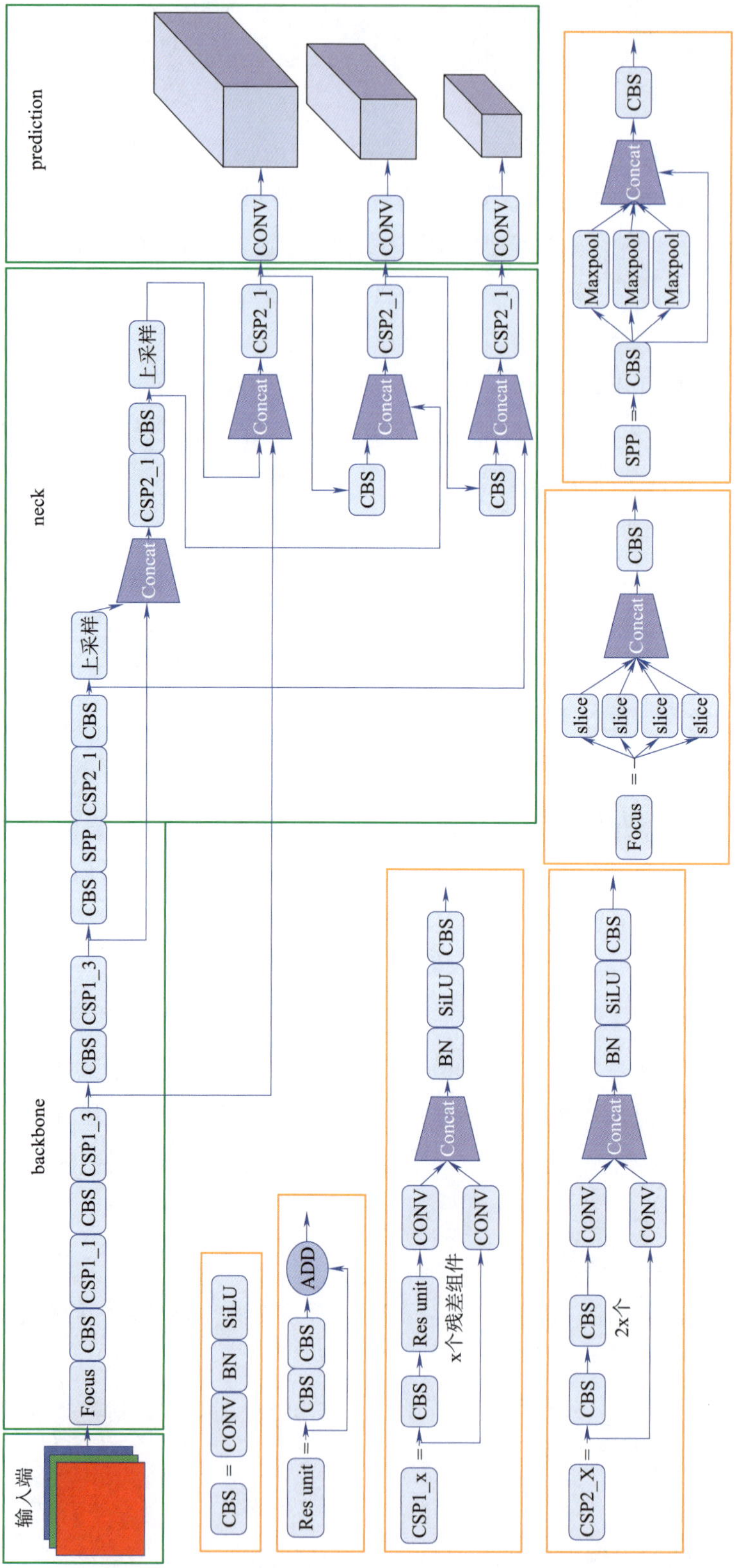

图 6-13 YOLOv5l 网络结构

等违规行为时，算法会立即触发警报。系统支持多种警报方式，包括声音、灯光提示，以及通过消息推送通知现场管理人员。同时，该模块具备数据记录功能，将违规行为的图像数据保存至数据库，自动生成安全报告，供管理层进行事后分析与改进。

基于图像处理技术的安全规范智能检测算法不仅为作业现场提供了即时响应机制，还为行业的安全管理带来了智能化变革。传统的人工监管模式，通常依赖于管理人员的经验和现场巡视，这不仅存在效率低下的问题，还容易因人为因素导致漏检或误检。而智能检测算法则通过无间断的实时监控，实现了对作业现场的全覆盖和高效管理。

通过深度学习模型的应用，系统在复杂背景下仍能保持较高的检测准确率。这种技术优势，使得算法可以适应不同的现场环境和条件，具备极高的可靠性和灵活性。随着现场数据的不断积累和模型的持续优化，算法具备自学习能力，能不断提高检测精度和效率。

此外，智能检测算法还具有高度的可扩展性。根据不同的现场需求，系统可以轻松添加新的检测模块，如防护服检测、工作证识别等，进一步完善安全监控体系。这种模块化的设计，使得系统可以根据实际需要进行灵活配置，满足不同行业和场景的安全管理需求。

第7章　高速铁路简支箱梁钢筋骨架智能建造实践

基于高铁简支箱梁钢筋骨架一体化设计理论、自动化加工装备、装配拼装工艺、部品质量检测以及智能化生产协同管控等方面的研发成果，中国铁设依托广湛铁路 EPC 项目，充分发挥 EPC 模式整合智能建造产业链资源的优势，组织设计、施工、装备以及科研高校等产业链资源，完成茂名梁场钢筋骨架智能生产线建设，实现了钢筋骨架智能建造相关研发成果的落地应用和技术优化。高速铁路简支箱梁钢筋骨架智能建造工程应用实践不仅为钢筋骨架智能建造理论化、标准化、规范化提供了经验积累，也为我国高速铁路建造向工业化、智能化转型升级奠定基础。

7.1　战 略 规 划

7.1.1　EPC 模式整合产业链资源

EPC 工程总承包模式是指工程总承包商受建设单位(业主)委托，按照合同约定对工程建设的勘察、设计、采购、施工、试运行等实行全过程或若干阶段的承包，并对建设工程的质量、安全、工期、造价等全面负责，最终向建设单位提交一个符合合同约定、满足使用功能、具备达产条件并经竣工验收合格的建设工程。

2016 年 7 月 15 日，中国铁路总公司发布《中国铁路总公司关于开展铁路建设项目工程总承包试点工作的通知》(铁总建设〔2016〕169 号)，授权中国铁设作为唯一企业，开展铁路大型 EPC 项目探索，选取克拉玛依至塔城铁路铁厂沟至塔城段和盐城至南通铁路作为项目试点，铁路工程总承包 EPC 模式由此开始推行。截至目前，已实施的铁路 EPC 建设项目主要有：杭绍台高铁、汕头至汕尾高铁、南昌至景德镇至黄山高铁、宣城至绩溪高铁、龙岩至龙川高铁、广州至湛江高铁等项目，铁路 EPC 模式已进入快速推广阶段。

中国铁设是中国国家铁路集团有限公司直属的大型铁路工程设计院，也是唯一试点大型铁路 EPC 模式的企业，从风险源头管控、重难点工程施工、关键技术攻关和总承包管理体系等方面，可以发挥中国铁设在风险管控、设计引领、技术服务和管理增值等方面的独特优势，提高工程建设质量和品质，优化建设投资，提高管理成效。

桥梁工程在高铁线路结构物中占比在60%以上，简支箱梁作为桥梁的主要结构形式，其建造过程涉及多个环节的紧密配合。钢筋工程作为其中的关键环节，其质量和精确性对整个桥梁的性能具有至关重要的影响。如果能发挥EPC综合优势，对高速铁路箱梁钢筋工程进行创新，实现自动化、智能化生产，其深远意义不言而喻。

1. 前期调研

中国铁设瞄准“高铁简支梁钢筋骨架智能建造”这一技术目标后，开展了充分的准备工作，并以实现现场应用为目标，对涉及钢筋骨架智造的设计、装备、施工、检验各个环节进行充分调研。

一体化设计方法、自动化加工与装备、信息化管理系统等多个生产链条，均为关键工程，且建设、设计、施工、装备以及高校、科研机构等多个单位部门关于钢筋骨架智能建造项目需求均各有侧重，其涉及的具体环节、任务配合单位以及具体任务见表7-1。要推动简支箱梁钢筋骨架智能建造实践应用，需调动铁路建设产业链内诸多环节的积极参与。

表7-1 任务分配

环节	任务	单位
结构设计环节	结构方案设计	设计院
	理论与规范检验	高校、科研机构
	设计方案审查	行业主管部门
装备制造环节	装备方案设计	装备设计单位
	装备实体制造	装备制造单位
	理论与规范检验	高校、科研机构
结构生产环节	配套方案设计	施工单位
	配套装备开发	高校、科研机构
	规范、规章检验	安全质量主管单位

如何充分有效地调动拥有不同资源和优势参与单位的积极性与主动性，是促成简支箱梁钢筋骨架智能建造实践应用与推广的关键。

简支箱梁钢筋骨架智能建造项目立项初期，高校、设备制造商、施工单位对智能建造的研发兴趣是该项目能顺利启动的重要因素。但是，兴趣并不能决定项目的长期生命力，具体实施过程中，参与各方更为关注自身投入成本、失败风险、业界认可度、未来市场以及未来的社会、经济效益。因此，只有认真协调各方诉求，理顺各方关切的核心利益点，把参与各方有机组织起来形成合力，才能最终实现简支箱梁钢筋骨架智能建造项目的最终目标。

基于上述分析，为保证简支箱梁钢筋骨架智能建造项目的顺利推进，必须具有强有力的组织架构体系。换言之，也就是需要一套行之有效的建设模式将建设单位、设计单位、高校、设备制造商、施工单位融合起来，充分发挥参与各方的技术优势形成研发合力，共同开展简支箱梁钢筋骨架智能建造的协同攻关。

2. 发挥 EPC 资源整合优势

EPC 工程总承包模式主要特点是能充分调动优化设计的积极性，发挥总承包商设计的主导作用和技术优势，通过持续优化设计降低工程成本，有效避免其他建设模式中因政策、机制等原因造成的成本增加。同时，EPC 工程总承包模式也具有打通依托实际工程开展科技创新过程中参与各方的沟通壁垒，有助于落地应用型创新项目的技术革新，推动智能建造新兴行业的发展。

中国铁设拥有的 EPC 资质，对简支箱梁钢筋骨架智能建造的项目研发与应用推广具有天然优势，主要体现在以下四个方面。

（1）对设计方

传统建设模式中，设计人员往往仅考虑设计资料的准确性和完整性，对配合多链条、综合性的科技创新而开展设计优化的积极性不高；另一方面受制于设计单位本身属性的限制，对具有“实施性、推广性”的科技创新组织能力欠佳，往往难以达到预期效果。中国铁设作为设计牵头的总承包单位，在加强设计技术服务质量的同时，对科技创新的定位也在不断提升，对融合设计、施工等多环节的创新，日益重视。依托自身强大的设计技术力量，将“工程总承包平台”作为统一融合各方力量、协调各方资源是设计再创新的重大利好。

（2）对施工方

中国铁设利用设计优势从产业端头开展科技创新，可有效弥补施工单位长期试图突破但受制于设计能力短缺、程序沟通等困难而无法开展的技术创新短板，为施工单位在激烈市场竞争中的核心竞争力提升提供了新的着力点。中国铁设作为工程总承包单位，在同施工单位领导层沟通以及资源协调等方面具有先天优势，通过共同研究解决铁路行业建设过程中的难点和痛点问题，施工单位和总承包方共同建立战略合作关系，能更好开展市场合作。基于上述原因，简支箱梁钢筋骨架智能建造项目合作过程中，施工单位各级领导和现场施工项目部人员积极参与，为简支箱梁钢筋骨架智能建造项目的成功实施提供了基础条件。

（3）对建设方

随着社会发展力的不断进步，建设单位对科技创新的需求越来越多，但受制于专业研究技术人才短缺和对行业痛点难点问题把控的不足，难以开展重大技术革新研究，而工程总承包建设模式为其参与科技创新提供了新的途径。建设单位依托中国铁设工程总承包方，投入较少资源即可建立涵盖勘察、设计、施工、设备厂家等全产业链的沟通机制，达到共享研究成果、建立人才培育体制机制的效果，过程中获益颇丰。

（4）对设备制造商

工程总承包建设模式为设备研发及应用提供了广阔的应用实施场景，降低了设备制造商与建设、设计、施工等单位的沟通强度，破除了多方沟通协调壁垒。设备制造商也依靠工程总承包方平衡了各方利益，通过“利益共享”等模式，减少了设备制造商前期研发费用投入，增强了参与创新研发的积极性。同时，依靠工程总承包方对设备的推广应用以及相互之间的紧密合作，不仅增强了设备制造商在铁路领域的知名度和影响力，也为新市场开发创造了优势条件。

虽然中国铁设拥有 EPC 平台优势，但距离项目落地开展，还有较大距离，因此以务实的姿态做好每一步工作项目团队的是必由之路。

7.1.2　制定实践方案

简支箱梁钢筋骨架智能建造项目具有合作单位多、工程应用环境复杂、各方利益诉求存在差异等特点，如何充分发挥工程总承包建设模式优势，充分协调各方资源与利益，为世界首条高速铁路简支箱梁钢筋骨架自动化生产线的研发和应用提供广阔平台则尤为重要。基于此，开展了简支箱梁钢筋骨架智能建造项目实施周期内的实践方案总体策略与相关组织推进管理策略研究。

1. 各方协调

EPC 模式的核心在于其高度的集成性和协调性。在传统模式下，设计、施工和采购等环节往往相互独立，容易造成信息不对称和资源浪费。中国铁设在 EPC 模式下，通过总承包平台统一协调这些环节，打破了多元壁垒，实现了多方资源的无缝对接。这不仅缩短了建设周期，还提高了工程质量和成本效益。

发挥 EPC 优势的关键在于整合设计、施工、建设方及装备制造商等多方资源。在 EPC 模式下，中国铁设具备了强大的技术协调能力和资金实力，以便在项目初期就能全面考虑设计、采购、装备制造、施工的各个环节。通过与设计部门、优秀的装备制造商和施工队伍的紧密合作，EPC 总承包商能确保项目从设计到实施的全过程高效推进。

简支箱梁钢筋骨架智能建造项目中，设计部门依托总承包平台，结合施工中标单位实力开展评估，对其中创新意愿强烈，有风险承担能力的施工单位进行选择，最后选择优胜者达成合作意愿，有力保证了项目头尾两端的顺利实施。

装备制造商作为箱梁钢筋骨架智能建造的关键环节，在施工和试运行阶段也能发挥重要作用。在施工过程中，装备制造商可以提供专业的技术支持，确保设备的正确安装和调试。在试运行阶段，装备制造商的参与则有助于及时发现和解决可能出现的问题，保证项目能按期投产并稳定运行。但对铁路建设行业来讲，其位于产业链末端，资金风险大，尤其对研发性质的资金投入，其风险性更大，要充分发挥装备制造商的资源优势，需要中国铁设 EPC 总承包平台具备强大的协调和管理能力。这不仅包括在项目初期与装备制造商建立良好的合作关系，还需要在项目实施过程中不断沟通和协调，确保各方利益得到平衡，使得真正有实力的装备制造商能脱颖而出，不仅项目目标得以实现，也为项目带来更高的附加值。

中国铁设 EPC 模式的优势还体现在风险控制方面。由于总承包平台对项目的质量、安全、工期和造价全面负责，中国铁设通过专业的风险管理措施，能有效应对项目执行过程中的各种不确定因素，确保项目顺利进行，建设方的风险被大大降低。技术方面打消了建设方的疑虑，责任权属方面降低了建设方的风险，协助建设方实现了社会对其科技创新的诉求，选择中国铁设 EPC 意味着更短的建设周期、更低的风险和更高的投资回报，建设方也乐于参与其中。

总之，中国铁设通过 EPC 模式整合设计、施工、建设方和装备制造商等多方资源，实现了项目高效建设。在这一模式下，各方优势互补，协同作战，共同推动项目成功实施。未来，随着 EPC 模式的不断成熟和完善，其在建筑行业中的应用将更加广泛，为工程建设带来更多的机遇和挑战。

2. 管理策略

根据简支箱梁钢筋骨架智能建造项目总体研究目标，中国铁设将管理内容分为统筹管理、设计管理、进度管理、科研管理、设施管理、目标管理六大部分，并针对不同部分分别设置了专项负责人，确保每项研究内容均有直接对接人沟通协调联系。

(1)统筹管理

中国铁设充分利用向上沟通建设单位、向内有设计图纸优化调整、向下组织施工单位的多重能力，采用简支箱梁钢筋骨架智能建造研发团队成员长期“驻场”模式，建立问题反馈机制，及时协调沟通参与各方之间的问题与矛盾，确保钢筋骨架智能建造现场应用研究目标的实现。

(2)设计管理

简支箱梁钢筋骨架智能建造项目实施前期，充分发挥中国铁设作为设计单位的自身优势，通过整合内部资源，完成高速铁路简支箱梁钢筋骨架图纸优化，顺利通过路内单位评审。实施中期，建立设计专线与“驻场”人员单线对接机制，适时解决不适宜采用自动化实现的钢筋优化问题，为钢筋骨架智能建造项目顺利开展提供了基础条件。

(3)进度管理

为及时掌握现场建设进度、解决钢筋骨架智能建造项目推进滞后的关键问题，及时调整研究方向及目标，研究成立钢筋骨架智能建造项目推进核心小组，采用定期周例会及非定期的“专项问题会议”的双重管控模式，保障“驻场”人员无法解决问题的及时沟通，确保了进度目标的实现。

(4)科研管理

钢筋骨架智能建造项目实施前期，中国铁设依托粤港澳大湾区院士专家工作室等科研创新平台，多次邀请相关专家开展了专利、论文、案例、软著等知识产权规划，以及重大科技创新点、国家及省部级奖项挖掘工作。推进过程中，通过设立节点考核目标，建立由工作室专人负责科技创新台账管理及相关检查的工作机制，实现了“项目”层面科技创新的重大改革及实践。

(5)设施管理

新型设备设施的研发作为简支箱梁钢筋骨架智能建造项目研究重点，是钢筋骨架智能建造目标能否实现的关键点。为更好参与设备设施研发管理，采用团队成员定期“进场”检查的管理模式，针对研发中的关键难点，充分发挥设计牵头的工程总承包建设模式的优势，结合其他单位相关经验调研成果，及时解决了设备设施研发过程中的诸多难题，确保了设备设施研发目标的实现。

（6）目标管理

为实现钢筋骨架智能建造项目总体研发目标，制定专项负责人定期向项目负责人汇报研究进展和研究成果以及项目负责人非定期参加重大决策会议的沟通机制，建立阶段目标考核机制，确保钢筋骨架智能建造项目总体研究目标实现。

3. 组织推进

好的组织制度是好方案的必要保证，中国铁设结合设计方案、装备制造进度、现场施工管理，将项目目标细分，按照不同阶段、不同专业进行综合考量，制定了合理的制度，有力保证钢筋骨架智能建造项目实施落地。

（1）任务细化

经前期调研分析，在完成任务初步分工的基础上，中国铁设组织参与各方细化各自负责的工序内容，按照每道工序中各方参与程度进行“★”级评价，计算各方负责研发内容的等级分，各方细化任务分布的参与程度以及研发内容的等级见表 7-2。表 7-2 中，★★★★★为牵头负责单位，其余单位按不同数量的★表明其参与度。

表 7-2 高速铁路钢筋骨架智造项目任务概述

序号	工作内容	设计单位（甲方）	施工单位（乙方）	装备厂商 1（丙方）	装备厂商 2（丁方）	科研机构（戊方）
1	整体策划及组织	★★★★★				
2	整体技术方案编制	★★★★★		★★★		
3	整体系统规划设计	★★★	★★★	★★★	★★	★★★★★
4	钢筋网片设计研究	★★★★★	★★★	★★★		
5	焊接与绑扎疲劳性能研究	★★★		★★		★★★★★
6	钢筋骨架局部仿真分析及试验	★★★	★★★★	★★★★★		
7	基全过程仿真的钢筋网片搭建研究	★★★				★★★★★
8	数控钢筋网焊接设备研发设计及生产	★★★		★★★★★		
9	数控钢带网焊接设备研发设计及生产	★★★		★★★★★		
10	U 形钢筋翻转运输及入模工具研发设计及生产	★★★		★★★★★		
11	定位网片运输工具研发及生产	★★★	★★★★★	★★★		
12	钢带网转运及铺设设备研发设计及生产	★★★	★★★	★★★★★		
13	经济效益分析报告	★★	★★★★	★★★★★		

续表

序号	工作内容	设计单位（甲方）	施工单位（乙方）	装备厂商1（丙方）	装备厂商2（丁方）	科研机构（戊方）
14	梁场扩建设计及实施	★★★	★★★★★	★★★		
15	钢筋骨架整体搭建及绑焊一体化设计	★★★	★★★★★	★★★	★★	
16	吊具、龙门专项研究	★★★★★	★★★	★★★		
17	网片过程或成品检测系统设计	★★★		★★★		★★★★★
18	钢筋骨架智造 MES 系统设计	★★★	★★	★★★★★	★★★★★	★★
19	设备智能化与数字化提升	★★★		★★★	★★★★★	★★★★★
20	钢筋骨架现场整体试验	★★★	★★★★★	★★★		
21	课题策划及申报	★★★★	★★★★	★★★★	★★★★	★★★★★
22	成果归集	★★★★★	★★★★	★★★★	★★★★	★★★★★
统计	★★★★★	5	4	6	2	7
	★★★★	1	4	3	2	0
	★★★	15	4	10	0	0
	★★	1	1	1	2	1
	★	0	0	0	0	0
	★总计	76	50	74	22	37

（2）例会制度

自简支箱梁钢筋骨架智能建造项目立项以来，按照周例会、月例会制度开展工作，由中国铁设粤港澳大湾区院士工作室具体组织实施。其中，周例会不定期开展，会前调研征集各方意见，组织相关人员参会，具体讨论本周及下周项目实施中遇到的或者可能出现的各类问题；月例会定于每月下旬召开，各方课题负责人必须参加，主要回顾本月任务完成情况，讨论制定下月工作计划。

简支箱梁钢筋骨架智能建造项目实施过程中，共召开周例会 97 次，月度例会 40 次，梳理各类技术问题 200 余项，同时建立问题解决台账，及时督办滞后问题，例会制度保证了简支箱梁钢筋骨架智能建造项目顺利推进。

7.2　广湛高铁实践应用过程

7.2.1　广湛高铁概况

1. 线路概况

新建广州至湛江铁路位于广东省境内，是我国八纵八横中沿海铁路客运大通道的重要组成部分，建成后既可完善广州机场集散交通体系，扩大机场客流吸引范围，构建航铁运输大通道，同时又可以大力促进粤西地区经济发展、实现广东沿海经济带、新型城镇化发展，是广东省在节约资源、保护环境、发展绿色经济，实现生态可持续发展的重要举措，在发挥粤港澳大湾区辐射带动作用、扩大海南岛经济腹地，落实“一核一带一区”发展格局等方面有重要意义。

全线正线长度 401.30 km。其中，EPC 范围正线长度 376.6 km，桥隧比 78.4%。设珠三角枢纽机场、新兴南、阳春东、阳江北、马踏（与既有站并站）、茂名南、吴川、湛江北站 8 个车站。

2. 茂名梁场工程概况

广湛高铁茂名制梁厂位于广东省茂名市电白区大章班村，占地 263 亩，承担 16 座特大桥、8 座大桥、5 座中桥的 1 202 榀双线简支箱梁的预制架设任务，是国内目前最大的高速铁路梁场。梁场用地计划征用两年。

制梁场内设置制梁区、存梁区、钢筋加工区、拌和站、办公区及民工生活区。制梁区共计 13 个制梁台座（预留 3 个制梁台座）。双线钢筋绑扎胎具 5 个，2 个钢筋吊具，4 个活动雨棚。4 个布料机，存梁区共计 109 个双层存梁台座（预留双层存梁台座 20 个），洒水养护台座共计 11 个（预留洒水养护台座 1 个）；梁场最大生产能力 60 榀/月，最大存梁能力 190 榀。

箱梁预制在制梁区完成，采用两台 HZS180 型拌和站集中拌制混凝土，地泵＋布料机的方式完成混凝土的浇筑作业；梁体在制梁台座上初张后，由一台 1 000 t 轮胎式搬梁机移至存梁区存放。

梁场产品为时速 350 km 高速铁路预制无砟轨道后张法预应力混凝土简支箱梁，箱梁桥面构造采用三列排水方式，轨道结构形式采用 CRTS 型板式无砟轨道。

3. 茂名梁场建设方案

茂名制梁场占地 228 亩，生活区和试验室占地约 11 亩，拌和站占地 24.2 亩，制梁区占地 30 亩，存梁区占地约 100 亩，1 000 t 搬梁机转向大道和场内道路共 32.8 亩，钢筋加工厂及民工生活区占地约 30 亩。

制梁区采用 4 台 75 t 龙门吊进行钢筋笼整体骨架吊装作业，制、存梁区采用 1 台 1 000 t 轮胎式搬梁机，进行起、移梁作业。根据 MDEL1000 轮胎式搬梁机的工作效率（理论循环时间，运距 100 m）1.5 h/每个作业循环，整机行走速度 0～15 m/min（重载），按梁场最远运距 540 m 计算，每作业循环 3.6 h，满足白天架梁 3 片，制梁 2 片的需求。

钢筋加工区采用全封闭式钢筋加工厂，钢筋厂配套数控弯曲中心、数控自动切断机等数控设备、电焊机等设备，可生产 32 m/24 m 双线箱梁半成品钢筋。

混凝土拌和区设 2 台 HZS180 型拌和机；梁场试验室配备各种检验设备，满足检测需要。制梁场驻地按要求配备工程部、安质部、物资设备部、综合办公室、试验室等职能部门，并配有标准会议室和自选餐厅，满足需要。

根据临建数量和工期计算机械设备需用数量，选用性能好效率高的机械设备。具体机械设备配置见表7-3，部分茂名制梁厂建设图片如图7-1～图7-4所示。

表7-3 预制梁场主要设备配置

序号	名　称	规格型号	数　量	备　注
1	轮胎式搬梁机	1 000 t	1台	新购
2	40 m跨门吊	75 t	4台	调拨
3	桁吊	10 t	3台	新购
4	智能压浆设备	6 MPa	1套	新购
5	拌和站	HZS120	2台	调拨
6	拌和站	HZS180	2台	新购
7	混凝土输送泵	HBT80	3台	新购
8	混凝土布料机(二维)	HGY19/2	4台	新购
9	变压器	1 000 kW	1台	新购
10	变压器	1 000 kW	1台	新购
11	发电机	500 kW	2台	调拨
12	双线箱梁模板	(2016)2322A-Ⅱ	13套	调拨
13	低位架桥机	900 t	1台	调拨
14	筛沙机	LU2	1套	新购
15	洗石机	XS1554	1套	新购
16	静载试验系统	—	1套	新购
17	反力架	900	1套	新购
18	预应力张拉设备	300 t	2套	新购
19	数控钢筋剪切线	KZQ300型	1台	新购
20	数控钢筋弯曲中心(四机头)	KZ4L32	2台	新购
21	智能五机头弯箍机	KZSW-12	1台	新购
22	数控钢筋弯箍机	KZ12B	1台	新购
23	钢筋切断机	50加重	2台	新购
24	钢筋调直机	ϕ14	2台	新购
25	套丝机	TS50	1台	新购
26	弯曲机	WQ50	4台	新购
27	扬尘监控系统	—	2套	新购
28	信息化管理系统	—	2套	新购

续表

序号	名　称	规格型号	数　量	备　注
29	监控设备	—	2 套	新购
30	电子汽车衡	200 t	1 套	调拨
31	卫生清扫车	—	1 套	新购
32	混凝土提浆整平机	XHTZ-194	2 台	新购
33	雾泡	—	10 台	新购
34	洒水车	12 000 L	1 辆	租赁
35	卷扬机	JM-5T	2 台	新购
36	穿棒机	—	1 台	新购
37	拨棒机	—	1 台	新购
38	叉车	CPC30	3 辆	新购

图 7-1　粉料罐体设置

图 7-2　钢筋加工与存放

图 7-3　钢筋骨架吊具与内模

图 7-4　简支箱梁移动式及固定式智能喷淋系统

7.2.2　钢筋骨架智能生产线建设及智能拼装实施

简支箱梁钢筋骨架智能建造项目依托新建广州至湛江高速铁路茂名梁场开展钢筋骨架自动化生产线研发，共新征用地 10 350 m^2。其中，钢筋骨架自动化生产线总体布局如图 7-5 所示。

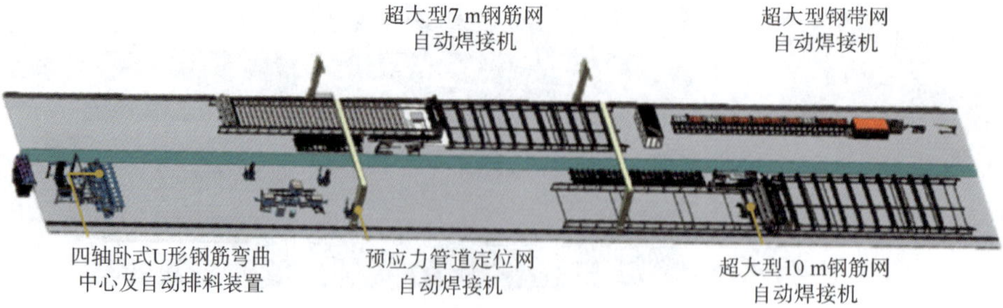

图 7-5　新建钢筋骨架生产线厂房设备总体布置

简支箱梁钢筋骨架生产线设备主要包括钢带网设备、7 m 钢筋网设备、10 m 钢筋网设备、大 U 形筋设备、梁场 U 形钢筋搬运排料系统及预应力管道定位网自动焊接机，完成了各生产装备的工艺性调试。其中，生产线相关装备图片如图 7-6 所示。

(a) 超大型钢带网自动焊接机

(b) 超大型10 m钢筋网焊接机

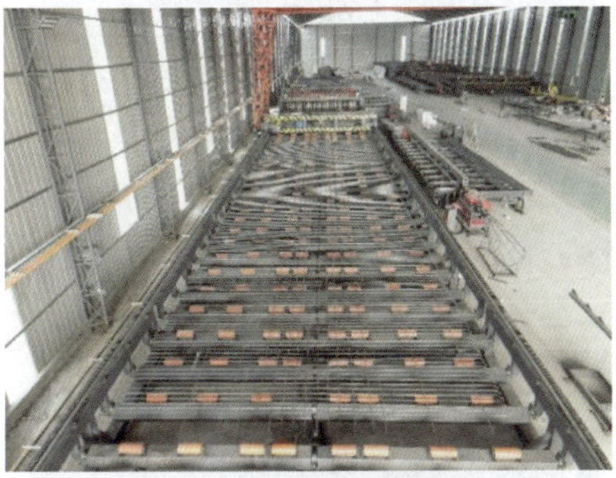

(c) 超大型7 m钢筋网焊接机

(d) 大U形钢筋弯曲及排料中心

(e) 大U形钢筋排布吊装系统

(f) 预应力管道定位网自动焊接机

图 7-6　箱梁钢筋骨架自动化生产线设备

针对钢筋网、钢带网智能化拼装实施流程，根据茂名梁场简支箱梁钢筋骨架智能化生产线生产运行现状，进一步提出 7 m/10 m 钢筋网设备及钢带网设备分别生产的钢筋网片智能化拼装过程中的相关作业要点，保证了简支箱梁钢筋骨架的顺利加工与拼装。其中，部分钢筋网片加工与吊装如图 7-7 所示。

图 7-7　钢筋骨架成型与吊装

7.2.3　劳动力及材料设备组织

简支箱梁钢筋骨架自动化加工与智能拼装过程中，各生产环节需要的劳动力按工艺流程和生产进度要求合理配置，根据现场生产组织情况，每榀箱梁钢筋绑扎作业人员配置见表 7-4。

表 7-4　每榀箱梁钢筋绑扎作业人员配置

序号	作业人员	数量/人	作业内容
1	钢筋生产运输人员	12	部品加工装配生产线钢筋骨架生产，按箱梁钢筋骨架绑扎顺序号从钢筋加工配送中心分时运输到钢筋绑扎胎具附近或利于钢筋绑扎人员作业的位置，并生产部分变截面钢筋

续表

序号	作业人员	数量/人	作业内容
2	钢筋安装人员	15	按箱梁钢筋骨架绑扎顺序号分区、分头进行作业，进行骨架安装，变截面钢筋绑扎，穿设橡胶棒
3	钢筋骨架吊装人员	6	2 台龙门吊开机 2 人、指挥 1 人、吊具挂卸 3 人

每榀梁按梁长 32.6 m 为例，主要材料和机具设备见表 7-5。

表 7-5　每榀梁(32.6 m)主要材料和机具设备

序号	名　称	规格型号	单　位	数　量
1	钢筋	HRB400、HPB300	t	55
2	泄水孔	ϕ160 PVC 管	个	18
3	橡胶棒	ϕ90/ϕ80	根	54
4	钢筋绑扎胎具	箱梁内外胎具	套	1
5	超大型钢筋网自动焊接机	32 m×10 m	套	1
6	超大型钢带网自动焊接机	32 m×5.5 m	套	1
7	四轴卧式 U 形钢筋弯曲中心及自动排料装置	GW42	套	1
8	预应力孔道定位网自动焊接机	XLW12AA	套	1
9	双翼展翅型吊	32 m	套	1
10	橡胶棒穿管机	ZCG-90 型	台	1
11	一体化棚吊	装配式遮雨遮阳棚	个	1
12	龙门吊	轨道式	台	2

7.2.4　钢筋骨架生产过程安全管理

1. 生产管理措施

高速铁路简支箱梁钢筋骨架智能建造项目实施过程中，成立装配法简支箱梁钢筋骨架拼装工艺科研管理安全生产管理小组见表 7-6。专职开展钢筋骨架智能生产线的生产过程管理，保证了箱梁钢筋骨架装配法拼装作业安全进行。

表 7-6　钢筋骨架安全生产管理小组职责分工

职　务	职　责
组　长	全面负责协调现场安全管理工作
技术总工	监控现场作业是否按照装配法简支箱梁钢筋骨架拼装工艺要求进行，并现场技术指导；负责作业人员的安全技术交底工作
安全员	负责对现场箱梁钢筋骨架装配法拼装作业区域进行安全监控，对发现违规操作及时给予制止，管理钢筋设备、操作人员安全工作

广湛高铁茂名箱梁钢筋骨架智能建化生产如图 7-8 所示。广湛高铁茂名箱梁钢筋骨架智造厂建立了管理制度，明确岗位安全生产责任制，包括作业层人员的安全生产责任制。

(a) 茂名箱梁钢筋骨架智造厂外观

(b) 钢筋骨架智能加工生产线

图 7-8　广湛高铁茂名箱梁钢筋骨架智能建化生产

开展重点生产设备的专业化管理，在四轴卧式 U 形钢筋弯曲中心及自动排料装置、超大型钢筋网自动焊接机(7 m)、超大型钢筋网自动焊接机(10 m)、超大型钢带网自动焊接机、预应力管道定位网自动焊接机、专用吊具、两台 20 t 轨道式龙门吊等设备明显位置处明示操作规程，设备操作人员须熟悉设备操作规程安全注意事项。

保持环境卫生，在钢筋绑扎胎具上完成一孔箱梁钢筋骨架智能建造后及时清理施工场地，做到工完料净场地清，不得给周围环境遗留工程垃圾；在箱梁整体钢筋骨架吊入制梁台座外模板上、钢筋绑扎胎具上作业，每天完工后及时清扫工程垃圾并保持通往钢筋半成品存放地道路上的洁净。

2. 安全管理标准

针对高速铁路简支箱梁钢筋骨架智能建造项目，制定的钢筋骨架智能化生产线安全管理标准如下。

(1)按照箱梁底板底层和底板顶层、腹板、顶板底层和顶板顶层、钢筋骨架吊装入模、梁面竖墙和防护墙顺序一步一清的原则依次作业。

(2)梁场轨道式龙门吊吊装箱梁钢筋骨架时，严禁在轨道上、制梁台座外模板上、钢筋绑扎胎具上、箱梁钢筋骨架内或龙门吊吊装箱梁钢筋骨架运行下站人。

(3)使用箱梁钢筋网钢带网智能吊具和一体化棚吊时，链条式吊具全部均匀受力，确保简支箱梁钢筋骨架吊装过程中安全稳定的效果。

(4)箱梁顶板竖墙、防护墙、接触网及下拉锚线钢筋绑扎时，交叉安装箱梁内模作业人员要戴安全帽并上下错位，防止箱梁顶面小工具、小构件、小钢筋坠落伤人。

(5)钢筋焊接时，要注意用电安全。

7.2.5　钢筋骨架质量管理与验收标准

1. 钢筋骨架加工质量管理与验收标准

简支箱梁钢筋骨架绑扎、焊接或装配施工中，严格按照有关技术要求进行操作，允许误差控制在规范范围内，具体质量控制标准见表 7-7。

表 7-7　钢筋骨架生产加工质量控制标准

序号	质量控制类型	要求/mm
1	预应力管道在任何方向与设计位置偏差	±4
2	桥面主筋间距及位置偏差(拼装后检查)	±15
3	底板钢筋间距与设计位置偏差	±8
4	箍筋间距及位置偏差	±15
5	腹板箍筋的不垂直度(偏离垂直位置)	±15
6	混凝土保护层厚度与设计值偏差	0～5
7	其他钢筋偏差	⩽20

钢筋骨架智能化拼装验收流程及相关标准如下所述：

(1)箱梁钢筋骨架验收分两次进行，先底板和腹板验收、后钢筋骨架整体验收。

(2)同一榀梁、同一厂家、同一钢筋来源的部品钢筋应按规定的设计量进行装配式组装前一次检验合格。

(3)钢筋平直、无损伤，表面无裂纹、油污、颗粒状或鱼鳞片状锈片，且钢筋锈蚀不能影响钢筋截面面积。

(4)绑扎垫块和钢筋的镀丝扎丝应绑扎结实，相邻绑扎点的扎丝应成八字形，扎丝扣头应弯向内侧，不应伸入混凝土保护层内。

(5)钢筋保护层垫块位置、数量及紧固程度应仔细检查。保护层垫块的尺寸应保证钢筋混凝土保护层厚度的准确性，其形状(宜为工字形或锥形)应有利于钢筋的定位，不应使用普通砂浆垫块和塑料垫块，宜采用细石混凝土垫块，其各项性能不应低于梁体混凝土。

(6)底腹板钢带网、钢筋网、定位网和 U 形筋部品组成的钢筋品种、等级、规格和部品数量应符合设计要求。

(7)底腹板钢筋组装完成，仔细检查钢筋编号、位置、数量、间距等，验收合格后方可进行下一道工序。

(8)顶板钢带网、钢筋网部品组成的钢筋品种、等级、规格和部品数量等均应符合设计要求。

2. 钢筋骨架装配式组装质量保证措施

高速铁路简支箱梁钢筋骨架智能建造项目实施过程中，采用的钢筋骨架组装质量保证措施如：

(1)适用于智能建造的钢筋骨架成型方案，形成网片式部品装配设计工艺，将单榀箱梁拆分为超大型钢筋网片、超大型钢带网、大U形钢筋及定位网片等部品，通过路内专业专家评审并形成图纸，时速350 km高速铁路《预制无砟轨道后张法预应力混凝土简支箱梁(双线)跨度31.15 m(直、曲线)钢筋骨架智能建造设计图》(图号：广湛桥通-Ⅰ-51)从设计端优化，符合箱梁钢筋骨架智能建造要求。

(2)部品加工装配生产线主要包括超大型钢筋网焊接机、超大型钢带网焊接机、U形钢筋弯曲中心及自动排料装置、预应力孔道定位网焊接机以及装配化组装生产线满足工艺需求，质量及精度可靠，加工半成品箱梁钢筋大样、原材直径和规格均在箱梁钢筋骨架智能建造前验收，避免箱梁钢筋验收时出现返工的情况。

(3)防雨质量措施：雨季安装铁路简支混凝土箱梁钢筋时，采用两台轨道门吊在其上空吊装着“一体化棚吊”结构措施，确保箱梁钢筋绑扎防雨淋和人性化作业要求。

(4)使用接触网预埋件加工胎具，确保预埋件位置、尺寸精准定位。

(5)使用吊装孔定位架，确保吊装孔几何尺寸与提梁机和架桥机的吊具相吻合，吊装时，箱梁重心平稳。

(6)使用橡胶棒穿管机，确保橡胶棒精确定位和操作工效。

(7)采用“一体化棚吊”结构进行整体吊装，确保简支箱梁钢筋骨架吊装过程中无变形的效果。

7.2.6 广湛高铁简支箱梁钢筋骨架智能建造应用情况

简支箱梁钢筋骨架智能建造项目依托新建广州至湛江高速铁路茂名梁场开展，采用智能建造的钢筋骨架成型方案，由中国国家铁路集团有限公司指导，建设、设计、施工等多家单位联合研发的世界首套钢筋骨架智能建造生产线，完成了钢筋骨架网片部品化设计及加工、自动化装配工艺等系列创新，解决了钢筋骨架搭建采用人搬、肩扛、手绑等难题，形成集技术、工艺工法、装备及管理标准等为一体的成套自主知识产权，创新钢筋骨架网片部品化加工、自动化拼装设计工艺，最终实现了少人化作业、高质量生产目标。

广湛茂名制梁场首榀箱梁于2023年2月10日开始生产，已完成100榀箱梁的预制，广湛高铁部分简支箱梁的架设现场如图7-9所示。

广湛高铁桥梁工程建设中，采用高铁双线简支箱梁钢筋骨架智能建造施工工艺，应用高铁双线后张法预应力混凝土简支箱梁钢筋骨架智能建造施工技术，1个作业队伍每天能保证1榀箱梁钢筋骨架安装，解决了钢筋骨架搭建采用人搬肩扛劳动强度大的问题，改变了传统一根一根生产钢筋、绑扎钢筋的方式，实现机械化换人，自动化减人，其经济效益明显，降低了劳动强度，实现快速操作和精确安装定位。

图 7-9　广湛高铁简支箱梁架设现场

7.3　工程应用总结

7.3.1　存在问题及优化措施

1. 网片生产问题及优化措施

简支箱梁钢筋骨架智能建造项目实施过程中，按照前述工艺流程生产了大 U 形钢筋、钢带网、钢筋网及定位网等钢筋网片，基本生产工效如：7 m 焊网机横筋焊接速度为 0.27 m/s；7 m 焊网机纵筋上料速度为 0.52 m/s；10 m 焊网机横筋焊接速度为 0.21 m/s；7 m 焊网机纵筋上料速度为 0.55 m/s；钢带网平均焊接速度为 60 s/根；大 U 形钢筋平均生产速度为 40 s/根。其中，钢筋网片生产过程中主要存在网片弯钩起弯位置定位不准、横筋上料装置存在冗余动作、网片类型转换所需时间较长等技术问题。部分网片生产情况如图 7-10 所示。

针对上述问题，箱梁钢筋骨架生产任务需进行合理的优化调整，主要包含以下内容：

(1)B1 钢带网长 32.53 m，宽 5.42 m，因宽度太长，受龙门架高度限制，决定将 B1 生产任务分为 B1 和 B1′，每片钢带网宽度为 2.71 m。

(a) B1钢带网生产　(b) A1钢筋网生产

图 7-10　钢筋网片生产

(2)B3 钢带网因内支撑架设后，单独铺装时较为困难，因此决定采用人工绑扎。

(3)B4 钢带网受钢带网设备限制，无法实现反向打卷，正向打卷后钢带网摊铺时钢带在钢筋下方(无法实现反向摊铺)，且同时考虑龙门架高速限制，无法采用不打卷吊装，因此决定采用人工绑扎。

(4)B1、B1′和 B2、B2′钢带网均采用不打卷吊装。

(5)A3、A3′、AX1、AX1′及 AX2、AX2′等梗斜钢筋网加工相比于人工绑扎所用时间较长且拼装定位较为困难，因此决定采用人工绑扎的方式实现。

(6)大 U 形钢筋完成生产任务并完成吊装，所用时间大约 6 h，人工铺装仅需 1.5～2 h，因此决定采用机械加工、人工铺装方式进行。

通过以上调整，后续需要加工生产并吊装的钢筋网和钢带网为：A1、A2(A2′)、A4(A4′)、A5(A5′)、A6、A7、A8(A8′)、A9(A9′)以及 B1(B1′)、B2(B2′)，总计 13 张钢筋网片，4 张钢带网片。

2. 网片吊装问题及优化措施

钢筋网片及钢带网采用研发的专用吊具进行吊装，吊具整体由两台 20 t 轨道式门吊进行起吊。吊具由上吊梁、两侧铰接翼梁的中吊梁、通过升降驱动件连接在上吊梁上的下吊梁、均匀分布于中下吊梁上的多个挂取钢筋网片钩爪组成。通过专用吊具的智能手柄将铁路预制箱梁钢筋骨架中的钢筋网、钢带网部品网片从部品网片自动化生产线转运箱梁钢筋胎具上进行机械化、自动化拼装，实现简支箱梁钢筋由人工绑扎生产工艺向机械化、自动化、智能化生产工艺转变。根据吊装实施过程，单个钢带网及小型钢筋网片吊装时间基本保持在 18 min，大型钢筋网吊装时间基本保持在 30 min。其中，钢筋网片吊装过程中主要的问题类型为：吊钩无法实现自动抓取、自动脱钩动作；吊钩前后无法活动，部分吊钩无法勾到网片；门吊行走较慢；吊装到位后细部定位需人为干预等。部分钢筋网片吊装情况如图 7-11 所示。

针对上述钢筋网片吊装过程中出现的各类问题，钢筋骨架智能建造工艺优化主要针对箱梁钢筋骨架的吊具进行更改和优化调整。具体包含以下内容：

(a) 现场吊装A1钢筋网片　(b) 现场吊装A9钢筋网片

图 7-11　钢筋网片吊装

(1)将专用吊具更换为液压吊钩并结合活动吊钩进行钢筋网吊装。

(2)采用工字形吊具配合活动吊钩进行钢带网的吊装。

受制于龙门架形式及吊具起始设计等原因，门吊行走较慢以及吊装到位后的细部定位需要人工干预等问题无法在当前改进措施中一并改进，暂定龙门架按照原行驶速度前进，细部定位仍采用人工辅助的手段进行。

改进后的两种吊具如图 7-12 所示。

(a) 钢筋网液压吊具吊装　(b) 钢筋网液压吊具详图

(c) 钢带网工字形吊具　(d) 可活动吊钩

图 7-12　优化调整后的钢筋网及钢带网吊具

3. 网片拼装问题及优化措施

钢筋网片拼装严格按照工艺流程以及预制无砟轨道后张法预应力混凝土简支箱梁(双线)(通桥(2016)2322A-Ⅱ-1)、新梁型图纸(茂名梁场钢筋骨架制造图纸)、高速铁路桥涵工程施工质量验收标准(TB 10752—2018)等规范及标准执行。通过试验拼装得到,单个钢带网及小型钢筋网片拼装时间基本保持在 12 min;大型钢筋网拼装时间基本保持在 20 min。钢筋网片拼装中存在以下问题:钢带网打卷吊装到位后均无法实现顺利摊铺,A3、A3′、AX1、AX1′及 AX2、AX2′等梗斜钢筋网现场定位较为困难等。部分网片拼装情况如图 7-13 所示。

(a) 底板顶A1钢筋网铺装　　(b) 顶板底A6钢筋网铺装

图 7-13　钢筋网片拼装

钢筋网片拼装中存在的问题主要通过网片生产改进建议解决,并结合生产线改进解决了全部生产问题。

4. 网片生产组织优化研究

根据钢筋网片生产数据统计结果,进一步分析箱梁钢筋骨架的准备、生产及拼装工效,充分考虑各工序之间的搭接时长,结果显示完成一孔箱梁钢筋骨架大约需要 27 h。具体分析结果见表 7-8。

表 7-8　钢筋骨架工效分析

网片编号	准备时长/min	加工时长/min	吊装时长/min	单个网片总时长/h	搭接时长/h	单个骨架总时长/h
A1	0	97	50	2.45	—	26.65
A2、A2′	60	97	100	4.29	0.83	
A3、A3′	—	—	—	0	—	
A4、A4′	0	53	100	2.55	—	
A5、A5′	60	55	100	3.59	1	
A6	60	95	50	3.41	1	

续表

网片编号	准备时长/min	加工时长/min	吊装时长/min	单个网片总时长/h	搭接时长/h	单个骨架总时长/h
A7	120	246	50	6.93	1.67	26.65
A8、A8′	60	39	60	2.65	0.83	
A9、A9′	60	96	60	3.6	1	
B1、B1′	—	49	60	1.82	—	
B2、B2′	—	34	60	1.57	—	
B3	—	—	—	0	—	
B4、B4′	—	—	—	0	—	
C1	—	—	90	1.5	—	
不同工序总时长/h	7	12.98	13	32.98	6.33	

考虑每种网片准备时间相对较长，严重影响了整体钢筋骨架的生产工效。因此，针对一种网片同时生产不同数量对钢筋骨架生产拼装总工效的影响情况进行分析，分析结果如图 7-14 所示。由图 7-14 可以看出，随着同时生产钢筋网片数量的增多，单个钢筋骨架生产拼装总时长越来越低，最低时可以达到 18 h/孔。

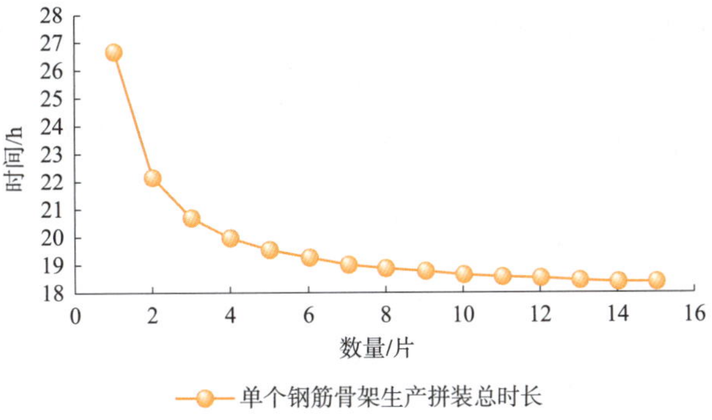

图 7-14　同时生产不同数量钢筋网片对钢筋骨架生产拼装总工效影响

鉴于目前钢筋网设备的工效具备一定的优化空间，进一步分析 7 m/10 m 钢筋网设备不同生产工效对单个钢筋骨架生产拼装总时长的影响情况，分析结果如图 7-15 所示。可以看出，无论 7 m 钢筋网设备或 10 m 钢筋网设备，横筋速度的提高均可以提升钢筋骨架的生产工效，而纵筋速度的提高对钢筋骨架生产工效的提升效果均不明显。同时，提高 10 m 钢筋网设备的横筋速度对提升钢筋骨架的生产拼装工效最为有效，当横筋速度为 0.6 m/s 时，可以达到 22 h/孔。

结合上述生产不同网片数量对单个钢筋骨架生产拼装工效影响的分析情况以及现场场地网片存放条件等实际情况，按照同时生产 3 片钢筋网片的施工组织方式进行现场生产。

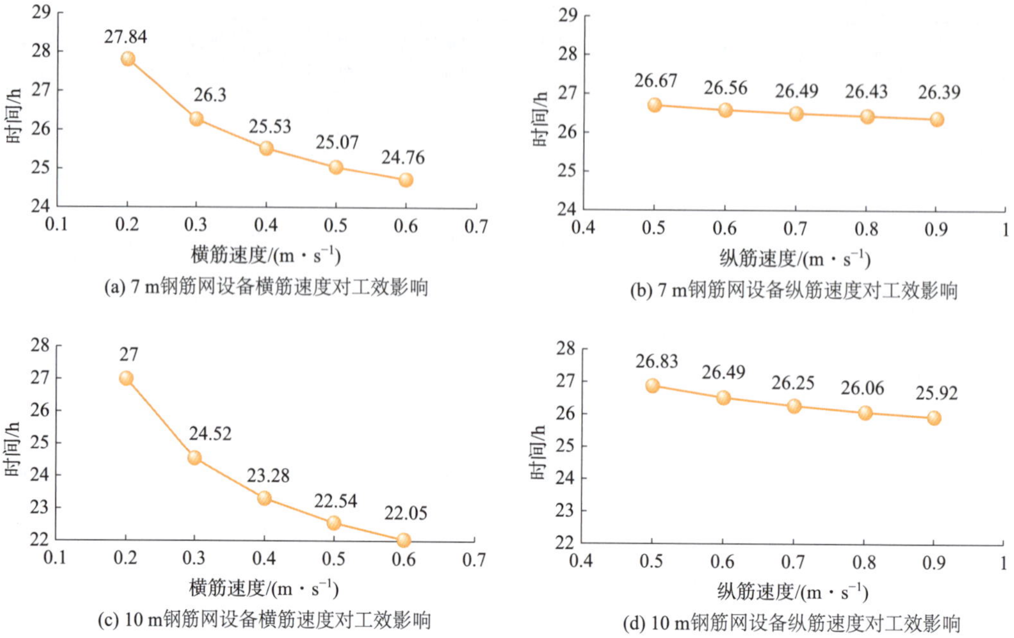

(a) 7 m钢筋网设备横筋速度对工效影响

(b) 7 m钢筋网设备纵筋速度对工效影响

(c) 10 m钢筋网设备横筋速度对工效影响

(d) 10 m钢筋网设备纵筋速度对工效影响

图 7-15　7 m/10 m 钢筋网设备不同速度对钢筋骨架生产拼装工效影响

同时，为得到最优状况下钢筋骨架的生产拼装工效，结合可以预见的横筋速度提升效果，按照同一规格网片同时生产 3 片、7 m/10 m 钢筋网设备横筋速度均为 0.4 m/s，纵筋速度均按照实际数据考虑，可以得到目前情况下，最优的箱梁钢筋骨架生产拼装工效为 17 h/孔。

7.3.2　工效分析与经济性对比

1. 钢筋骨架智能建造工效分析

针对预制梁钢筋数量多、类型多、节点多、高度密集、体型庞大及装配复杂的工况，将单榀箱梁拆分为大 U 形钢筋、超大型钢筋网片、超大型钢带网及定位网片等部品。形成网片式部品装配设计工艺，解决了钢筋绑扎人员多且人搬、肩扛、手绑工效低的难题。通过 U 形筋弯曲中心 1 台、专用操作手 1 名，钢筋网焊机 2 台、专用操作手 6 名，钢带网焊机 1 台、专用操作手 2 名，定位网焊机 1 台、专用操作手 2 名，专用吊具 1 台、操作手 1 名，5T 门吊 2 台和数控设备 5 台、专用操作手 6 名，顶、底板安装含运输 8，可实现箱梁部分钢筋全自动化作业。每天(10 h)高铁双线 32 m 箱梁钢筋绑扎 2 榀或加工安装 1 榀高铁双线 32 m 箱梁钢筋需要 5 h。

(1)自动化率：v=［自动化工作人数/(自动化工作人数＋手动工作人数)］×100%＝18/(18＋8) ×100%＝69.2%。

(2)工人减少率：P＝(原工艺总人数－智能建造生产线人数)/原工艺总人数×100%＝(41－26)/41×100% ＝36.5%。

(3)工效提高率:W=(原工艺单位产品时间－新工艺单位产品时间)/原工艺单位产品时间×100%=(8－5)/8×100% =37.5%。

基于上述对比,钢筋骨架智能建造工效较传统生产模式工效增长 37.5%,工人减少 36.5%,自动化率接近 70%,具有较好的技术优势。

2. 钢筋骨架智能建造经济性对比

从传统的施工设备、管理模式和施工工艺方面进行改革和创新,打造智慧化梁场。钢筋骨架智能建造经济性对比主要目的是通过采用实地调研、数理分析等研究方法,对传统梁场和智能梁场两种不同生产方式加工及安装钢筋网片的经济性进行对比分析,计算智能梁场劳务费用的节省情况、回收设备成本所需梁的数量及设备投资回收期。

新建广州至湛江铁路站前 GZZQ-8 标茂名梁场共有 1 201 榀梁,生产工期计划 20 个月,为方便计算,钢筋骨架智能建造中的钢筋数量均采用铁路工程建设通用参考图 31.5 m(双线)无砟轨道简支梁(通桥 2322A-Ⅱ-1)每榀箱梁钢筋数量 60 t 计算。传统和智能机械绑扎钢筋两种生产方式的经济性分析结果列于表 7-9～表 7-11。其中,钢筋骨架智能建造生产方式的经济性分析综合考虑设备优惠成本和实测成本两种模式。

表 7-9　传统生产方式经济分析

序号	名称	单价/(元/榀)	备　注
一	传统工艺	25 420	
1	劳务费用	24 600	
1.1	钢筋加工费	7 200	不含税单价 120 元/t,单价包含除钢筋主材、设计预埋件、门吊、电费以外全部费用。甲方提供智能钢筋加工设备一套用于科研,乙方无偿使用
1.2	钢筋安装费	17 400	不含税单价 290 元/t,单价包含除半成品钢筋主材、设计预埋件、门吊、钢筋加工费、电费以外的全部费用
2	电费	82	820(kW·h)/榀,1 元/(kW·h),820 元/榀
3	其他成本	0	其他成本已包含在劳务合同中,不计其他成本

表 7-10　设备优惠成本下的经济分析

序号	名　称	单价/(元/榀)	备　注
一	按 1 537 万元设备成本考虑	14 872	
1	人工费	4 850	
1.1	机械设备人员安装及调试费用	290	(348 000/1 201)元/榀=290 元/榀
1.2	机械设备人员操作费用	2 400	
1.3	无法完全替代的人工加工及安装费	2 160	(30%×120×60)元/榀=2 160 元/榀
2	机具使用费	9 744	
2.1	折旧摊销	0	
2.2	检修、维护费用	5 331	
2.3	设备进出场费用及安拆费	2 013	

续表

序号	名　称	单价/(元/榀)	备　注
2.4	(燃油动力费)电费	2 400	
3	材料费	120	
3.1	设备辅材	120	
4	其他	158	
4.1	公辅设施	158	190 000/(2×20×30)=158 元/榀,2 台冷水机 25 匹,1 台螺杆式空压机 6 m^3

表 7-11　设备实测成本下的经济分析

序号	名　称	单价/(元/榀)	备　注
一	按 2 074 万元设备成本考虑	17 288	
1	人工费	4 850	
2	机具使用费	12 160	
2.1	折旧摊销	0	
2.2	检修、维护费用	7 290	
2.3	设备进出场费用及安拆费	2 470	
2.4	电费	2 400	
3	材料费	120	
4	其他	158	

综合简支箱梁钢筋骨架采用传统生产模式以及考虑设备优惠和实测成本的智能化生产模式经济性对比,钢筋骨架智能化拼装生产模式的整体成本约为传统模式的 58%～68%,具有更为突出的技术经济优势。

7.3.3　工程技术

高速铁路箱梁钢筋骨架生产线是智能高速铁路的重大实践,在前期工作基础上,进一步开展以下关键技术的联合攻关,为推广高铁智能梁场做好服务。

全面提升钢筋骨架生产效率,真正实现 2 孔/d 的生产加工目标。受钢筋网片系统设计与不同钢筋网片生产设备之间的协调性、吊装拼装设备效率、产业工人成熟度等限制,钢筋骨架智能建造实践中未能达到预期的加工生产效率。在后续推广应用中,应当注意以下内容:

(1) 钢筋骨架网片拆分设计中要考虑不同网片的加工生产效率并与不同设备加工不同网片尺寸的限制性相结合,充分考虑生产设备在加工中的连续性及高效性,最大限度发挥设备的生产能力。

(2) 针对不同钢筋网、钢带网、大 U 形钢筋研发更加智能的吊装设备,促使挂钩、脱钩、定位以及吊装稳定性方面能实现大幅度提升,同步考虑门吊自身的稳定性对吊装设备的影响。

(3) 针对钢筋原材与钢筋网片吊装时间和空间位置的冲突，要从前期厂房设计及吊车设计中统筹解决。

(4) 形成《箱梁钢筋骨架自动化生产、拼装施工作业指导书》，用于培训产业工人及指导钢筋骨架生产和拼装实践，提高工人的工作效率。

全面实现高速铁路简支箱梁钢筋骨架自动化生产。受制于生产效率以及顶层设计的部分欠缺，钢筋骨架智能建造实践中未能实现定位网及端头钢筋的自动化生产，后续实践中应充分考虑箱梁端头钢筋的拆分及自动化生产拼装，并引入定位网的自动化加工设备，全面实现箱梁钢筋骨架的自动化生产。

全面形成钢筋骨架自动化生产线的标准化建设模式。钢筋骨架智能建造实践为高速铁路箱梁钢筋骨架自动化生产的重大探索，无法在生产线及厂房建设中依据梁场规模提炼适应性的建设方案，后续需通过系列试验，依据经济效益指标以及建设需求，探索出适用于满足不同建设方需求及梁场规模的标准化建设方案，并系统形成指导性施工组织设计及技术标准，促使得钢筋骨架生产厂标准化。

持续探索形成高速铁路箱梁钢筋骨架生产供应新模式。依托钢筋骨架自动化设备研究的不断深入及专业化队伍的形成，可在铁路建设过程中探索形成质量可控、资源集中、经济节约、自动化水平极高的专业化新型钢筋骨架生产供应模式，助力铁路事业高质量发展。

7.3.4　管理制度

简支箱梁钢筋骨架智能建造项目实施过程中，中国铁设作为主导单位，充分发挥工程总承包建设模式优势，充分调动内部资源完成图纸优化，积极对接施工单位创造应用场景，对接利益共享单位完成设备研发、试验研究及落地应用。围绕各参与方在不同阶段中面临的风险及应用前景中存的不同程度疑虑，中国铁设从多方位、多角度给予利益协调与保证。参与各方在充分了解中国铁设拥有的独特 EPC 优势，深刻认识到简支箱梁钢筋骨架智能建造应用场景后，均提升了科技创新信心和参与积极性。

简支箱梁钢筋骨架智能建造项目的成功实施，为利用工程总承包建设模式开展科技创新提供了模板，为工程总承包平台作用发挥贡献了力量。通过简支箱梁钢筋骨架智能建造项目实施过程中工程总承包优势作用的发挥，促进了不同利益主体之间的协同合作，成功落地世界首条高速铁路简支箱梁钢筋骨架自动化生产线，探索出不同单位依托工程总承包方开展科技创新的利益诉求。

对建设单位，在简支箱梁钢筋骨架智能建造项目合作过程中，依靠中国铁设的技术优势，高效完成图纸优化、试验研究、设备研发、现场实施等多项工作。此外，各单位知识产权共享数量 10 余项，为建设单位完成考核指标、提升行业知名度创造了有利条件，建设单位参与人员满意度、获得感较高。

对施工单位，在简支箱梁钢筋骨架智能建造项目合作过程中，依靠中国铁设掌握了先进的技术和管理方法，以及必要的技术指导和培训。这对施工单位提升自身技术水平和施工效率具有重要意义。特别是在创新性强、技术密集型工程中，先进的技术支持更是保证施工质量和安全的关键。资金方面，中国铁设具有更强的融资能力和信用等级，能为施工单位提供及时的工程款支付和资金支持。这有助于解决施工单位在项目执行过程中的资金周转问题，降低其财务风险。同时，总承包方还可以通过合理的资金调配，帮助施工单位优化资金使用效率，提高项目整体的经济效益。

对设备制造厂商，从表面看，其和总承包方直接关系貌似不高，主要通过总承包方在行业内的影响力和话语权而获取利益。但实际工程中，中国铁设对设备商在技术和设备方面提出了极高要求，这促使设备制造商不断进行技术创新和升级。设备制造商为满足这些要求，必须不断投入研发，提升自身的技术水平。这些技术创新不仅有助于设备制造商在高铁市场中保持竞争力，也为其在其他领域的应用奠定了基础。同时，在与中国铁设在项目中的合作中显著提升了品牌影响力，以及其在公众和行业中的知名度，树立了良好的品牌形象。

在创新型项目中，设备制造商与总承包方之间存在一定的风险共担和利益共享机制。中国铁设通过承担项目整体管理和协调职责，设备制造商则负责提供符合要求的设备和系统顺利应用于生产实践中。这种合作关系使得双方能在项目中共同承担风险，并在项目成功后共享收益。此外，通过合作，双方还能共同应对市场变化和技术挑战，提高整体竞争力。

对高校等相关研究机构，则更加关注总承包方能提供的资源优势。通过与总承包方的合作，高校可以将其科研成果直接应用于实际工程中，从而加速技术的研发和创新。参与高铁建设这样的国家重大工程项目，可以显著提升高校科研机构的社会影响力。这种影响力不仅有助于高校在学术领域获得更多的认可，也有利于其在未来争取更多的科研项目和合作机会。

其中，不同利益主体下的工程总承包建设优势如图 7-16 所示。因此，后续依托中国铁设工程总承包平台作用开展科技创新时，更应关注不同单位的诉求差异，做出更准确的谈判策略，建立更恰当的合作机制，最终实现参与各方的互赢共利。

图 7-16　中国铁设 EPC 与不同利益主体的关系

高速铁路简支箱梁钢筋骨架智能化建造项目是对铁路领域钢筋骨架智能建造的初次尝试，需开展多项重大加工制造装备的改进、生产工艺的创新优化，实施过程中也面临着可参照经验少、工程管理经验相对不足等问题。钢筋骨架智能建造实施过程中，主要形成了以下管理制度，可为钢筋骨架智能建造的生产管理提供借鉴参考。

(1)制定专项负责人定期向项目负责人汇报研究进展和研究成果以及项目负责人非定期参加重大决策会议的沟通机制，建立了阶段目标考核机制。

(2)形成制度化的课题组周例会、月例会汇报交流制度，由中国铁设粤港澳大湾区院士工作室具体组织实施，充分发挥以工程院院士为核心高层次专家的高端咨询作用，保证钢筋骨架智能建造研发的顺利推进。

(3)形成EPC模式下高速铁路简支箱梁智能建造“建设-设计-施工-厂家-高校”全产业链资源整合协同创新新模式，充分发挥了设计集团在EPC模式下全产业链协同创新的引领作用。

(4)建立广湛高铁茂名箱梁钢筋骨架智造厂生产管理制度。

(5)形成科研人员岗位安全生产责任制。

(6)实行作业层人员的安全生产责任制。

第 8 章　高速铁路简支箱梁钢筋骨架智能建造技术总结与展望

8.1　技术总结

随着全球建筑业的快速发展，智能建造作为新兴生产力，正深刻改变传统建造模式。智能建造不仅包括智能化建造手段，还涵盖了更高效的资源配置与管理。通过融合 BIM、物联网、大数据及人工智能技术，智能建造覆盖设计、生产到施工的全生命周期管理。

传统高速铁路箱梁钢筋骨架的制造依赖人工绑扎，存在效率低、质量不稳定等问题。尽管市政和公路行业已开发简易钢筋绑扎或焊接机器人，但由于高速铁路箱梁钢筋骨架结构复杂、装配难度大，智能化绑扎和焊接技术在实际应用中仍面临诸多挑战。

为解决这些难题，本书以高速铁路箱梁钢筋骨架智能建造为核心，提出一体化设计理论与方法、自动化加工装备、装配式拼装工艺、全品质量检测与管理、智能化生产协同等内容，并以广湛高铁茂名梁场为依托，介绍了相关应用实践。

8.1.1　优化模型设计

从一体化设计理论和方法的角度分析，简支箱梁钢筋骨架的设计由于钢筋数量多、分布密集且装配复杂，面临加工、运输、铺设和绑扎等诸多挑战。传统的设计方式主要依赖人工，重点在满足规范的受力要求，导致设计周期长、易受人为因素干扰，且未能全面考虑设计、制造与施工的整体协调。因此，现代高铁建设迫切需要一种更加智能化和一体化的设计方法。结合钢筋骨架一体化设计理论，BIM 精细化建模技术、机械化及信息化手段，通过图纸、加工和施工环节的误差信息反馈，优化模型设计，不仅提升了生产效率，降低了人工成本，还提高了工程质量与安全性。具体内容包括以下三点：

(1)介绍了自动化绑扎、节段装配式组合、横向骨架串联和网片拼接式四种钢筋骨架一体化设计方案，并详细分析了各方案的实施流程及其优缺点，最终选择了符合当下技术水平的网片拼接式方案，最符合当前技术水平。

(2)深入介绍了网片拼接式钢筋骨架一体化设计的实现流程，涵盖精细化、适应性、部分化及装配式设计的技术细节。

(3)设计并开展了静力、疲劳和节段拼装试验,结果显示该方案在性能上完全满足要求,具备实际可行性。总的来看,这一创新设计理论不仅填补了高速铁路简支箱梁钢筋骨架智能设计方法的空白,也为未来铁路基础设施建设提供了宝贵参考。

8.1.2　自动化加工工艺与装备

从自动化加工装备与验证的角度来看,传统的成型钢筋加工大多依赖半自动化设备,生产过程中需大量人工频繁调整钢筋的长度、角度等参数。这种方式不仅导致钢筋加工精度难以控制,还因设备功能单一而难以满足部品化生产需求,自动化与信息化水平亟待提升。为提升高速铁路箱梁钢筋骨架生产的自动化水平、质量与效率,本章提出了自动化加工工艺与装备的研发,主要内容包括以下三点:

(1)针对钢筋骨架部品化自动化加工,分析了现有钢筋加工设备的不足之处,如精度较差、功能单一、自动化程度不高等问题,导致其无法适应钢筋骨架部品化加工的要求。

(2)基于划分的各类成型部品,共设计了四大类加工设备,每类设备针对不同的部品形式,执行相应的自动化加工任务。详细介绍了每类设备可加工的部品、技术参数及核心部件等信息,并通过三维模型或部件实体照片详细解析了设备的结构和功能。

(3)为便于读者理解四类设备的应用场景,提供了每类设备的占地面积、电源、水源及气源等核心需求,帮助在不同加工场地准备设备的安装和运行条件。这一自动化工艺与装备的研发,不仅提高了生产效率和产品质量,还实现了钢筋骨架加工的全自动化与部品化,大幅减少了人工干预,降低了劳动强度,展现了智能制造技术在高铁建设中的广阔应用前景。

8.1.3　设计针对性的拼装工艺和装置

从装配式拼装工艺与装置的角度来看,传统钢筋骨架拼装主要依赖人工,通常采用单根钢筋的线式组合,导致拼装效率低、质量稳定性差。为与一体化设计理论和自动化加工装备相适应,拼装需依赖设备,并以二维部品面式组合为主,因此需要设计针对性的拼装工艺和装置。具体内容包含以下三点:

(1)针对钢筋骨架各部位的结构特点,采用专用吊具进行装配式组装,实现主体钢筋(不包括梁端变截面钢筋)的整体成型。对无法形成网片的梁端变截面钢筋、架立筋、三墙钢筋和接触网预埋底座钢筋等,采用常规自动化加工方式,并在梁体钢筋骨架全部拼装完成后,人工辅助安装。整体钢筋骨架拼装完成后,整体吊装入模。

(2)开展物料智能转运研究,实现钢筋部品机械化运输,构建模块化生产与装配式拼装体系。通过高精度自动化吊具设计,实现部品化构件在空间中的平移与旋转定位,以确保部品拼装的准确性。

(3)结合网片整体拼装工艺,优化钢筋绑扎胎具的适用性研究。根据底板钢带网铺装的要求优化内支架立柱设计,以避免与钢筋网片铺装设计。根据底板钢筋网片的铺装要求调整内支架立柱结构,避免施工干扰。根据钢筋骨架智能建造设计,完成 U 形筋卡具设计，满足快速布置的需求；根据不同钢带网和钢筋网的定位要求，设置临时定位卡具和马凳筋等结构，确保部品高精度定位。通过对装配式拼装工艺与装置的研发，显著提高了拼装效率，降低了人工成本，并确保了钢筋骨架安装的精度和质量，推动了钢筋骨架智能化建造的发展。

8.1.4 钢筋部品检测

从全部品质量检测与管理的角度来看，钢筋部品质量直接关系到高速铁路箱梁的结构安全和使用寿命，因此钢筋部品检测是交付使用前至关重要的一环。目前，钢筋部品检测仍主要依赖人工尺量，导致劳动强度大、效率低且易出错。为此，提出了一套科学、有效的全部品质量检测与管理方案，具体内容包括以下三点：

(1)钢筋原材检测：重点关注化学成分分析、力学性能评估、尺寸偏差测量和表面质量检查四个方面，以确保钢筋原材料符合高标准要求，保证其在后续制造中的可靠性和耐久性。

(2)钢筋部品检测：提出适用于 32 m×10 m 超大型钢筋网片的实时全检方法。该方法通过将钢筋网片划分为多个子区域，并利用 FS-DETR 目标检测算法识别关键交叉点，借助改进的 ORB 图像拼接算法重构钢筋网片整体外形，从而实现尺寸与设计尺寸的实时比对，确保产品合格率。此外，开发了钢筋部品检测管控平台，提供实时监控、日志分析、历史数据管理等功能，能动态展示检测结果并设置分级预警机制。

(3)钢筋骨架检测：围绕焊接质量评估、尺寸精准测量和安装过程中的技术要求展开，采用了探地雷达、无人机、激光扫描等先进检测技术，确保钢筋骨架的安装精度和焊接质量达到预期标准。通过明确高速铁路简支箱梁钢筋骨架的全品质量检测与管理的要求与手段，建立了一套完整的检测体系，有效替代了传统的人工尺量方式，为提升钢筋骨架整体质量水平提供了强有力的技术支持。

8.1.5 整体协同优化

从智能化生产协同与管控的角度来看，钢筋骨架的设计、加工、装配和质检是一个相互贯通的整体，仅对某个单一环节进行智能化升级，难以充分发挥其整体效益。为此，着重将各个环节有机整合，打通数据传输通道，提升数据的利用效率，实现智能化生产的整体协同优化。具体内容包含以下三点：

(1)通过引入智能识别和数据转化技术，实现二维图纸与三维模型的无缝对接，确保设计数据能精准传递到生产环节。该技术贯穿钢筋骨架的设计、加工和管理全过程，为智能化生产提供坚实的理论基础和实践指导。

(2)研发的自动化加工生产管理平台，集成原材料统计、溯源管理、断料优化和动态调度功能，显著提升生产效率、降低成本。该平台不仅能实现对原材料的智能化管理，还能通过优化排产和调度提高生产线的柔性和响应速度。

(3)借助数字孪生技术，钢筋骨架生产的每一个环节都能在虚拟环境中进行精确模拟和预测。这一技术使得潜在问题在实际生产前就能得到有效预防和解决，并支持生产流程的动态调整，从而提升了生产的灵活性和安全性。此外，数字孪生还能通过虚拟试验和优化，帮助设计更高效的生产系统和维护策略，进一步降低成本、提高生产质量。

综上所述，通过智能化生产的协同与管控，打通了从设计到质检的全流程数据链，实现了各环节的协同优化和智能化升级，充分发挥了智能建造在钢筋骨架生产中的整体优势。

8.1.6　实际效能

从智能建造工程应用实践来看，旨在验证前述高速铁路箱梁钢筋骨架智能建造方案的实际效能，具体内容包含以下四点：

(1)项目背景与方案构建：响应《智能高速铁路 2.0 科技攻关方案》中关于“高铁梁场智能建造”的要求，建设了 EPC 模式下的简支箱梁钢筋骨架智能建造项目。通过构建基于信息模型的预制梁钢筋骨架制造体系，形成了铁路预制梁钢筋骨架自动化成型智能建造的全套工艺标准，开创了高速铁路箱梁钢筋骨架智能建造领域的生产变革。

(2)实际应用与验证：为提升钢筋骨架制造全过程的自动化与智能化水平，结合广湛铁路的建设实际，在茂名梁场建设了钢筋骨架智能生产线。通过实地检验、应用和优化，进一步验证了钢筋骨架智能建造相关成果，为高速铁路简支箱梁的智能建造提供了理论依据和实践经验。

(3)装配化组装生产线研发：研发了涵盖超大型钢筋网焊接机、超大型钢带网焊接机、U 形钢筋弯曲中心、自动排料装置、双翼展翅型吊具等系列成套装备，使得智能建造方案成功落地。

(4)成果与效益：广湛高铁茂名梁场通过线性建设和示范生产，实现了钢筋骨架的精细化设计、智能化生产和部品化安装，达到了自动化减人、机械化换人的目标。项目数据显示，自动化率提升至 70%以上，工人减少 30%，劳动强度降低 80%。总之，高速铁路箱梁钢筋骨架智能建造项目的成功实践为类似工程提供了重要参考，并推动我国高速铁路建设朝着更加高效、安全、智能的方向迈进，对我国基础设施的智能化发展具有重要推动作用。

总的来说，提出的高速铁路箱梁钢筋骨架智能建造工艺，能显著提升钢筋骨架制造的自动化水平和加工效率，同时确保产品的可靠、稳定和高质量标准。通过对高速铁路箱梁钢筋骨架智能建造方法与实践的梳理和总结，旨在形成高铁智能建造范式，推动高铁智能化发展，是新质生产力理论创新和实践应用的重要体现。

8.2　技 术 展 望

未来，高速铁路简支箱梁钢筋骨架的智能建造技术不仅将继续在设计、生产、施工和监控等环节发挥重要作用，还将逐步扩展到更广泛的基础设施领域。随着技术的不断进步，这些智能建造方法将被应用于桥梁、隧道以及大型建筑等更复杂的工程项目。这种扩展将促进建筑行业从传统施工模式向全面自动化、智能化的全生命周期管理模式转变。这种转变不仅能提升施工效率和质量控制水平，还能显著改善运营和维护阶段的智能水平，从而带来更高的整体效益。智能建造技术将使建筑工程更加精准、高效，满足现代工程对高质量和高效率的需求。

8.2.1 技术更新

在技术更新方面，未来的人工智能、物联网和自动化技术将是推动智能建造持续进步的核心力量。人工智能将通过深度学习算法和数据分析，更加精准地优化设计和施工流程，提升结构的受力表现和整体稳定性。AI技术能处理和分析大量历史工程数据，提出最优设计方案，减少人为干预，确保设计的科学性和可靠性。物联网技术的普及将使施工现场实现全面的实时监控，使得生产和施工的每一个环节都能得到智能化管理。传感器和智能设备的广泛应用将实时获取施工过程中的各类数据，从而进行动态调整。自动化设备和机器人技术的不断进步将在生产和施工过程中扮演越来越重要的角色，通过减少人工干预，进一步提高操作的精度和效率。这些技术的协同发展将使智能建造技术逐步成熟，推动建筑行业向智能化、高效化的方向迈进。

8.2.2 产业融合

智能建造技术的发展不仅促进了建筑业内部的技术革新，还推动了建筑行业与其他高科技产业的深度融合，形成新的产业生态。建筑行业与大数据、云计算、人工智能等数字科技的跨领域合作，将加速建筑行业的数字化转型。智能建造技术的引入使得建筑项目能实现更加精细化的管理和优化，从而提升整体效率。生产制造业与智能装备行业的结合，不仅提升了钢筋骨架生产的效率和质量，还加快了从设计到施工的全链条智能化进程。这种跨行业融合的模式将推动建筑业从传统的工程导向转型为服务导向，实现更高效的项目管理和决策优化。数据驱动的智能建造将促进建筑行业的全面升级，提高整体运营水平和经济效益。

展望未来，混凝土的智能建造工艺也是智能建造技术的重要方向之一。作者团队将深入研究混凝土智能建造工艺，包括智能搅拌、振捣和养护等关键环节。通过智能系统对搅拌过程进行实时监控和调整，可以确保混凝土的搅拌均匀性和质量稳定性。智能振捣系统将通过实时检测混凝土的密实度和均匀性，自动调整振捣频率和力度，从而确保混凝土在浇筑过程中的质量。智能养护系统将对混凝土的温度、湿度和硬化状态进行实时监控，并自动进行相应的养护操作，以提升混凝土的最终强度。这些智能化的技术手段不仅有助于提升混凝土施工质量，还将广泛应用于高速铁路简支箱梁等大型基础设施项目中，进一步推动建筑业的智能化进程，为未来的建筑项目提供更加先进和可靠的解决方案。

参考文献

[1] 郑贺民，牛远志，殷爱国，等. 高铁简支梁钢筋骨架智能建造关键技术及成套装备研究 [J]. 中国铁路，2023(3)：45-51.

[2] 刘占省，孙啸涛，史国梁. 智能建造在土木工程施工中的应用综述 [J]. 施工技术，2021，50(13)：40-53.

[3] 刘占省，刘子圣，孙佳佳，等. 基于数字孪生的智能建造方法及模型试验 [J]. 建筑结构学报，2021，42(6)：26-36.

[4] 蔡超勋，卢春房，李克冰. 既有高速铁路简支梁桥提速适应性研究与技术发展展望 [J]. 东南大学学报(自然科学版)，2024，54(4)：799-806.

[5] 肖绪文. 智能建造：是什么、为什么、做什么、怎么做？[J]. 施工企业管理，2022(12)：29-31.

[6] 王继军，韩自力，江成，等. 中国高速铁路线路工程技术发展现状与展望 [J]. 铁道建筑，2023，63(5)：1-6.

[7] 项贻强，竺盛，赵阳. 快速施工桥梁的研究进展 [J]. 中国公路学报，2018，31(12)：1-27.

[8] 余祖俊，唐涛，李开成，等. 智慧高速铁路运行控制系统发展趋势综述 [J]. 铁道学报，2024，46(1)：1-12.

[9] 王同军. 中国智能高铁发展战略研究 [J]. 中国铁路，2019(1)：9-14.

[10] 仓天佑. 面向智能加工的钢筋工程优化方法研究 [D]. 西安：西安理工大学，2021.

[11] WANG D J，HU Y Y. Research on the intelligent construction of the rebar project based on BIM [J]. Applied Sciences，2022，12(11)：5596.

[12] 李艳茹. 预制梁场建设规模优化与内部布局问题研究 [D]. 成都：西南交通大学，2013.

[13] 冯福庆，原群英，王秋生，等. 一种高铁现浇无砟轨道智能振捣车[P]. 河南省：CN201811124204. 0，2019-01-01.

[14] 郭健，秦杰，高豪杰. 一种基于 BIM 的机器人自主导航方法[P]. 江苏省：CN202111540986. 8，2023-09-01.

[15] 蒋涛涛，唐爱华，刘建鹏，等. 预制混凝土箱梁自动抹面装置的开发与应用 [J]. 混凝土与水泥制品，2023(9)：54-57.

[16] 禚一. 铁路预应力混凝土梁智能张拉系统 BPS 研究 [J]. 高速铁路技术，2018，9(3)：1-7.

[17] 董国梁. 基于深度学习的钢筋绑扎机器人视觉系统研究 [D]. 北京：北京建筑大学，2022.

[18] JIN J H，ZHANG W M，LI F X，et al. Robotic binding of rebar based on active perception and planning [J]. Automation in Construction，2021，132：103939.

[19] AMES A L，HINMAN-SWEENEY E M，SIZEMORE J M. Automated generation of weld path trajectories [C]//(ISATP 2005). The 6th IEEE International Symposium on Assembly and Task Planning：From Nano to Macro Assembly and Manufacturing，2005. July 19-21，2005，Montreal，QC，Canada. Piscataway，NJ，USA：IEEE，2005：182-187.

[20] 孙树杰，林浒，于东，等. 一种高速高精的路径动态前瞻规划算法 [J]. 机械工程学报，2016，52(11)：170-176.

[21] 王斌锐,王涛,李正刚,等. 多路径段平滑过渡的自适应前瞻位姿插补算法 [J]. 控制与决策,2019,34(6):1211-1218.

[22] 梁艳阳,吴伟,姚超智. 多轴联动动态前瞻轨迹规划 [J]. 机床与液压,2021,49(21):22-27.

[23] ZOU Y B,LI J C,CHEN X Z,et al. Learning siamese networks for laser vision seam tracking [J]. Journal of the Optical Society of America. A, Optics, Image Science, and Vision, 2018, 35 (11): 1805-1813.

[24] 刘美菊,运勃. 深度卷积网络压缩算法在焊缝识别中的应用 [J]. 激光与光电子学进展,2019,56(5):051004.

[25] 张永帅,杨国威,王琦琦,等. 基于全卷积神经网络的焊缝特征提取 [J]. 中国激光,2019,46(3):36-43.

[26] ZOU Y B,ZHOU W L,CHEN X Z. Research of laser vision seam detection and tracking system based on depth hierarchical feature [J]. Chinese Journal of Lasers,2017,44(4):0402009.

[27] XIAO R Q,XU Y L,HOU Z,et al. An adaptive feature extraction algorithm for multiple typical seam tracking based on vision sensor in robotic arc welding [J]. Sensors and Actuators A:Physical,2019,297:111533.

[28] ZHAO Z,LUO J,WANG Y Y,et al. Additive seam tracking technology based on laser vision [J]. The International Journal of Advanced Manufacturing Technology,2021,116(1):197-211.

[29] ROMERA E,ÁLVAREZ J M,BERGASA L M,et al. ERFNet:Efficient residual factorized convnet for real-time semantic segmentation [J]. IEEE Transactions on Intelligent Transportation Systems,2018,19(1):263-272.

[30] HE K M,ZHANG X Y,REN S Q,et al. Spatial pyramid pooling in deep convolutional networks for visual recognition [J]. IEEE Transactions on Pattern Analysis and Machine Intelligence,2015,37(9):1904-1916.

[31] 马世超. 基于视觉检测的机器人抓取系统研究 [D]. 天津:天津理工大学,2020.

[32] LI H Z,LE M D,GONG Z M,et al. Motion profile design to reduce residual vibration of high-speed positioning stages [J]. ASME Transactions on Mechatronics,14(2):264-269.

[33] XIE Y L,ZHANG X L,MENG W,et al. Coupled fractional-order sliding mode control and obstacle avoidance of a four-wheeled steerable mobile robot [J]. ISA Transactions,2021,108:282-294.

[34] ZHANG X L,XIE Y L,JIANG L Q,et al. Trajectory tracking of a 4wis4wid robot using adaptive receding horizon control based on neurodynamics optimization [C]//2019 IEEE/ASME International Conference on Advanced Intelligent Mechatronics (AIM). July 8-12, 2019, Hong Kong, China. Piscataway,NJ,USA:IEEE,2019:565-570.

[35] HE N,QI L P,LI R X,et al. Design of a model predictive trajectory tracking controller for mobile robot based on the event-triggering mechanism [J]. Mathematical Problems in Engineering, 2021, 2021:5573467.

[36] WANG Y,BOYD S. Fast model predictive control using online optimization [J]. IEEE Transactions on Control Systems Technology,2010,18(2):267-278.

[37] SANTOSH V,RAO V R,VASANTH KUMAR C H. Design and fabrication of friction stir welding end-effector for an abb irb1410 robot [J]. Indian Journal of Science and Technology,2017,10(18):1-5.

[38] CHOI W P,LAM K M,SIU W C. An efficient and accurate algorithm for extracting a skeleton [C]//

Proceedings 15th International Conference on Pattern Recognition. ICPR-2000. September 3-7,2000, Barcelona,Spain. Piscataway,NJ,USA:IEEE,2002:742-745.

[39] NAGATA F,YAMANE Y,OKADA Y,et al. Development of post-processor approach for an industrial robot FANUC R2000iC [J]. Artificial Life and Robotics,2018,23(2):186-191.

[40] 李久林,徐浩,何辉斌,等.空间弯扭钢桥数字化建造关键技术分析 [J]. 测绘通报,2022(9):1-5.

[41] 邢天明.高速铁路简支箱梁预制工艺及其关键技术研究 [D]. 石家庄:石家庄铁道大学,2015.

[42] 周文.铁路简支箱梁移动模架建造关键技术与动载试验研究 [D]. 成都:西南交通大学,2012.

[43] 李莉. BIM 技术在光伏建筑一体化设计中的应用 [J]. 电池,2023,53(4):477-478.

[44] 孙浩,姜安庆,缪仁卿,等.基于 EPC 的 BIM 技术在设计-施工一体化中的综合应用 [J]. 建筑结构,2024,54(8):152-158,151.

[45] 徐杰.铁路既有线一体化重构平纵协同处理技术研究 [J]. 铁道工程学报,2023,40(8):50-55.

[46] ARIONO B,WASESA M,DHEWANTO W. The drivers,barriers,and enablers of building information modeling (BIM) innovation in developing countries: insights from systematic literature review and comparative analysis [J]. Buildings,2022,12(11):1912.

[47] CAO Y,KAMARUZZAMAN S,AZIZ N. Green building construction: a systematic review of BIM utilization [J]. Buildings,2022,12(8):1205.

[48] 黄明,余瀚汉,杨震卿.点云和 BIM 的钢筋骨架质量自动检测方法 [J]. 测绘科学,2023,48(10):116-125.

[49] PEZESHKI Z,ALI SOLEIMANI IVARI S. Applications of BIM: a brief review and future outline [J]. Archives of Computational Methods in Engineering,2018,25(2):273-312.

[50] SHIN M H,KIM H Y. Facilitators and barriers in applying building information modeling (BIM) for construction industry [J]. Applied Sciences,2021,11(19):8983.

[51] SHOU W C,WANG J,WANG X Y,et al. A Comparative review of building information modelling implementation in building and infrastructure industries [J]. Archives of Computational Methods in Engineering,2015,22(2):291-308.

[52] HARAGUCHI H. A study on production scheduling in reinforcing bar manufacturing [J]. The Proceedings of Manufacturing Systems Division Conference,2019:211.

[53] MAKSIMOV S,BASHKOVA J,MAKSIMOVA A. Modernization of technology and equipment for glass fiber reinforced plastic rebar production [J]. Procedia Engineering,2017,206:1337-1341.

[54] AKHMETOV T A, RADJKOVA I N, LOKTIONOVA L V. Current trends in development of technology of the cold-deformed reinforcing steel production[J]. Litiyo i Metallurgiya (Foundry Production and Metallurgy), 2014 (2): 65-67.

[55] NÁPRSTKOVÁ N,KRUZEL R,DEMBICZAK T. Tribological studies of monolithic drawing dies for the production of reinforcing wires used in construction [J]. Budownictwo o Zoptymalizowanym Potencjale Energetycznym,2022(11):23-30.

[56] PATHAK H,LODHA Y,MAHAJAN Y Y,et al. A case study of bending of TMT steel bars [J]. International Journal of Engineering Research,2015,V4(5).

[57] TAO C Q, YU M X. Comparative analysis on the integration level of informatization and industrialization: evidence from China [J]. International Journal of Hybrid Information Technology,

2015,8(8):123-132.

[58] LI G, QIN Y, WANG M H. Theoretical analysis and technical application of mechanical intelligent manufacturing based on system digital-driven technology [J]. Journal of Engineering and Applied Science, 2024, 71(1):182.

[59] BECKER S, TSCHICKARDT T. BIMTakt-optimierung der produktionsplanung durch ganzheitliche integration von BIM und lean construction[J]. Bautechnik, 2023, 100(2): 75-85.

[60] LI M H, JIANG Y S, LIANG N. Research on evaluation system and method of MES system for intelligent manufacturing [J]. Applied Mathematics and Nonlinear Sciences, 2024, 9(1):20241469.

[61] AUTSOU S, KUDELINA K, VAIMANN T, et al. Principles and methods of servomotor control: comparative analysis and applications [J]. Applied Sciences, 2024, 14(6):2579.

[62] ZHANG Y T, LIU W S, KUANG W Y, et al. Mechanical behaviour analysis of steel strips reinforced thermoplastic pipe under torsion [J]. Ocean Engineering, 2024, 303:117655.

[63] BURGGRÄF P, ADLON T, HAHN V, et al. Fields of action towards automated facility layout design and optimization in factory planning-a systematic literature review [J]. CIRP Journal of Manufacturing Science and Technology, 2021(35):864-871.

[64] KLAR M, GLATT M, AURICH J C. Performance comparison of reinforcement learning and metaheuristics for factory layout planning [J]. CIRP Journal of Manufacturing Science and Technology, 2023(45):10-25.

[65] KLAR M, GLATT M, RAVANI B, et al. A Simulation-based factory layout planning approach using reinforcement learning [J]. Procedia CIRP, 2023(120):123-128.

[66] KLAR M, RUEDIGER P, SCHUERMANN M, et al. Explainable generative design in manufacturing for reinforcement learning based factory layout planning [J]. Journal of Manufacturing Systems, 2024 (72):74-92.

[67] KLAR M, SCHWORM P, WU X Q, et al. Transferable multi-objective factory layout planning using simulation-based deep reinforcement learning [J]. Journal of Manufacturing Systems, 2024 (74): 487-511.

[68] SALAIMANIMAGUDAM M P, JAYAPRAKASH J. Optimum selection of reinforcement, assembly, and formwork system for digital fabrication technique in construction industry-a critical review [J]. Structures, 2022(46):725-749.

[69] ZHANG W X, YAN B Q, WANG G J, et al. Effects of reinforcement connection types and loading angles on prefabricated concrete column seismic performance [J]. Structures, 2023(56):104861.

[70] 国家市场监督管理总局,国家标准化管理委员会. 钢筋混凝土用钢 第2部分:热轧带肋钢筋:GB 1499.2—2007 [S]. 北京:中国标准出版社,2007.

[71] 施荣. 建筑材料[M]. 重庆:重庆大学出版社,2016.

[72] 赵静梅. 钢筋化学分析试验准确性影响因素及改进措施 [J]. 四川建材,2022,48(4):44-45.

[73] SINGH M. Development of a portable universal testing machine (UTM) compatible with 3D Laser-confocal microscope for thin materials [J]. Advances in Industrial and Manufacturing Engineering, 2022(4):100069.

[74] 孙远翔,徐琳. 混凝土和钢筋混凝土冲击试验的数值模拟[C]//第22届全国结构工程学术会议,2013.

[75] XU F Y,ZHANG Z A,MENG X M,et al. Axial compressive performance of cruciform timber-encased steel composite columns:experimental investigation and buckling analysis through 3D laser scanning [J]. Thin-Walled Structures,2024,201:111968.

[76] LIU Z,XU Y Q,YANG H,et al. Relationship between surface morphology and wetting characteristics of coal based on optical profilometer and atomic force microscope [J]. Measurement, 2025, 239:115475.

[77] 中华人民共和国住房和城乡建设部. 装配式混凝土结构技术规程:JGJ 1—2014[S]. 北京:中国建筑工业出版社,2014.

[78] 田永林,王雨桐,王建功,等. 视觉 Transformer 研究的关键问题:现状及展望 [J]. 自动化学报,2022,48(4):957-979.

[79] 万国挺,王俊平,李锦,等. 图像拼接质量评价方法 [J]. 通信学报,2013,34(8):76-81.

[80] WU X,SUN C,CHEN L S,et al. Adaptive ORB feature detection with a variable extraction radius in RoI for complex illumination scenes [J]. Robotics and Autonomous Systems,2022,157:104248.

[81] 任书文. 钢筋骨架焊接成型工艺优化实验及模拟研究 [D]. 沈阳:沈阳建筑大学,2021.

[82] BUNGEY J H,MILLARD S G. Radar inspection of structures [J]. Proceedings of the Institution of Civil Engineers-Structures and Buildings,1993,99(2):173-186.

[83] KIM M K,SOHN H,CHANG C C. Automated dimensional quality assessment of precast concrete panels using terrestrial laser scanning [J]. Automation in Construction,2014(45):163-177.

[84] SHAW M R,MILLARD S G,MOLYNEAUX T C K,et al. Location of steel reinforcement in concrete using ground penetrating radar and neural networks [J]. NDT & E International, 2005, 38(3): 203-212.

[85] SANTOS R,RIBEIRO D,LOPES P,et al. Detection of exposed steel rebars based on deep-learning techniques and unmanned aerial vehicles [J]. Automation in Construction,2022,139:104324.

[86] CHAIYASARN K,SHARMA M, ALI L, et al. Crack detection in historical structures based on convolutional neural network [J]. International Journal of GEOMATE,2018,15(51):240-51.

[87] 刘世龙. 基于结构光相机和 BIM 的 PC 构件钢筋骨架质量检查方法 [D]. 北京:清华大学,2021.

[88] ZOTKIN S P, IGNATOVA E V, ZOTKINA I A. The organization of autodesk revit software interaction with applications for structural analysis [J]. Procedia Engineering,2016(153):915-919.

[89] HAMID M,TOLBA O,EL ANTABLY A. BIM semantics for digital fabrication:a knowledge-based approach [J]. Automation in Construction,2018(91):62-82.

[90] LIU Y H,LI M K,WONG B C L,et al. BIM-BVBS integration with openbim standards for automatic prefabrication of steel reinforcement [J]. Automation in Construction,2021(125):103654.

[91] MENG W,ZHANG H,AI Q S,et al. CBR-RBR fusion based parametric rapid construction method of bridge BIM model [J]. Advanced Engineering Informatics,2023(57):102086.

[92] CHOHAN B S,XU X,LU Y Q. MES dynamic interoperability for SMEs in the factory of the future perspective [J]. Procedia CIRP,2022(107):1329-1335.

[93] NEGRI E,BERARDI S,FUMAGALLI L,et al. MES-integrated digital twin frameworks [J]. Journal of Manufacturing Systems,2020(56):58-71.

[94] PERICO P,ARICA E,POWELL D J,et al. MES as an enabler of lean manufacturing [J]. IFAC-

PapersOnLine,2019,52(13):48-53.

[95] TABIM V M, AYALA N F, MARODIN G A, et al. Implementing manufacturing execution systems (MES) for industry 4. 0: overcoming buyer-provider information asymmetries through knowledge sharing dynamics [J]. Computers & Industrial Engineering,2024(196):110483.

[96] MANTRAVADI S, MØLLER C. An overview of next-generation manufacturing execution systems: how important Is MES for industry 4. 0? [J]. Procedia Manufacturing,2019(30):588-595.

[97] MANTRAVADI S, SRAI J S, MØLLER C. Application of MES/MOM for industry 4. 0 supply chains: a cross-case analysis [J]. Computers in Industry,2023(148):103907.

[98] REN S Q, HE K M, GIRSHICK R, et al. Faster R-CNN: towards real-time object detection with region proposal networks [J]. IEEE Transactions on Pattern Analysis and Machine Intelligence,2017,39(6): 1137-1149.

[99] LIU W, ANGUELOV D, ERHAN D, et al. SSD: single shot multibox detector [C]//European Conference on Computer Vision,2022.

[100] WOO S, PARK J, LEE J Y, et al. CBAM: convolutional block attention module [C]//Computer Vision-ECCV 2018. New York: ACM,2018:3-19.

[101] HAN K, WANG Y H, TIAN Q, et al. GhostNet: more features from cheap operations [C]//2020 IEEE/CVF conference on computer vision and pattern recognition (CVPR). Seattle, WA, USA. IEEE,2020.

[102] TONG X D, BAO J S, TAO F. Co-evolutionary digital twins: a multidimensional dynamic approach to digital engineering [J]. Advanced Engineering Informatics,2024(61):102554.

[103] SUN Z Y, ZHANG R T, ZHU X M. The progress and trend of digital twin research over the last 20 years: a bibliometrics-based visualization analysis [J]. Journal of Manufacturing Systems,2024(74): 1-15.

[104] TAO F, XIAO B, QI Q L, et al. Digital twin modeling [J]. Journal of Manufacturing Systems,2022 (64):372-389.

[105] HUANG J M, WU P, LI W X, et al. Exploring the applications of digital twin technology in enhancing sustainability in civil engineering: A review [J]. Structural Durability & Health Monitoring,2024, 18(5):577-598.

[106] JEREMIAH S R, EL AZZAOUI A, XIONG N N, et al. A comprehensive survey of digital twins: Applications, technologies and security challenges [J]. Journal of Systems Architecture, 2024 (151):103120.

[107] PREGNOLATO M, GUNNER S, VOYAGAKI E, et al. Towards civil engineering 4. 0: concept, workflow and application of digital twins for existing infrastructure [J]. Automation in Construction, 2022(141):104421.

高速铁路基础研究与技术创新丛书

第一期(16 册)

(一)基础理论与基础技术系列

高速铁路散体道床宏细观力学行为 赵春发　翟婉明　张　徐　著

ISBN 978-7-113-28857-0

高速铁路线路系统动力学 龙许友　时　瑾　王英杰　编著

ISBN 978-7-113-28997-3

高速铁路弓网关系研究 韩通新　著

ISBN 978-7-113-28941-6

(二)动车组系列

高速列车轻量化设计 李　明　伊召锋　米莉艳　等编著

ISBN 978-7-113-28972-0

(三)供电系列

高速铁路受电弓 韩通新　编著

ISBN 978-7-113-28975-1

高速铁路接触网检测技术 韩通新　著

ISBN 978-7-113-28961-4

(四)工程设计系列

高速铁路桥梁抗震设计 陈兴冲　张永亮　编著

ISBN 978-7-113-28964-5

高速铁路轨道工程 BIM 正向设计软件开发及实践 姚　力　刘大园　董凤翔　等编著

ISBN 978-7-113-28934-8

(五)工程施工与组织系列

高速铁路桥梁 BIM 技术研究与实践 盛黎明　苏　伟　刘延宏　宋树峰　编著

ISBN 978-7-113-28938-6

高速铁路岩溶路基边坡变形与稳定 白明洲　师　海　田　岗　等编著

ISBN 978-7-113-28880-8

高速铁路工程地质灾害超前预报图形判别和解译　　李　忠　郝娜娜　等编著

ISBN 978-7-113-28935-5

(六)通信与列控系列

高速铁路宽带无线信道测量与建模技术　　周　涛　何睿斯　艾　渤　编著

ISBN 978-7-113-28930-0

(七)测量与检测系列

(八)高铁运营与经济系列

高速铁路社会效益研究——基于时空经济分析　　李红昌　夏璇璇　著

ISBN 978-7-113-28942-3

(九)现代信息技术系列

高速铁路物联网技术　　史天运　孙　鹏　张惟皎　陈瑞凤　编著

ISBN 978-7-113-29029-0

(十)安全·健康·维护系列

高速铁路道砟飞溅机理及防治　　高　亮　石顺伟　殷　浩　著

ISBN 978-7-113-28906-5

高速列车多目标均衡综合节能技术　　张　雷　李　明　司志强　等编著

ISBN 978-7-113-28976-8

第二期(23 册)

(一)基础理论与基础技术系列

高速列车空气动力学数值模拟——基于 STAR-CCM+软件

李　明　李　田　戴志远　等编著

ISBN 978-7-113-30059-3

高速铁路沿线地面沉降研究与防治　　李国和　黄大中　尚海敏　王少林　编著

ISBN 978-7-113-30176-7

高速铁路路基智能填筑技术　　王同军　闫宏业　杨　斌　尧俊凯　等著

ISBN 978-7-113-30047-0

季冻区高速铁路路基服役性能与孕灾风险研究

叶阳升　蔡德钩　毕宗琦　李善珍　等著

ISBN 978-7-113-29934-7

高速铁路隧道内附属设施气动效应及安全性研究

彭立敏　杨伟超　施成华　雷明锋　著

ISBN 978-7-113-30104-0

高速铁路钢轨打磨理论与技术　王文健　郭　俊　周　坤　著

ISBN 978-7-113-30061-6

高速列车动态性能正向设计　周劲松　宫　岛　孙文静　著

ISBN 978-7-113-30050-0

高速列车自动驾驶控制理论　宿　帅　李开成　唐　涛　袁　磊　等编著

ISBN 978-7-113-30147-7

高速铁路行车调度与控制一体化　唐　涛　宿　帅　孟令云　阴佳腾　编著

ISBN 978-7-113-30112-5

高速铁路无砟轨道结构水泥基材料理论与技术

龙广成　曾晓辉　马昆林　谢友均　著

ISBN 978-7-113-30056-2

(二)动车组系列

高速列车空气动力学设计技术　丁叁叁　著

ISBN 978-7-113-30055-5

(三)供电系列

高速铁路电力牵引供电工程智能建造技术

胡志华　陈建明　奚金柱　吴命利　等编著

ISBN 978-7-113-30205-4

(四)工程设计系列

现代铁路枢纽规划设计　许佑顶　高丰农　吴学全　李传勇　等编著

ISBN 978-7-113-27468-9

高速铁路隧道底部结构动力响应特性及设计方法

彭立敏　施成华　黄　娟　丁祖德　著

ISBN 978-7-113-30133-0

(五)工程施工与组织系列

高速铁路工程勘察技术创新与实践　陈则连　著

ISBN 978-7-113-30189-7

高速铁路工程质量系统管理(第2版) 卢春房 等著

ISBN 978-7-113-30108-8

高速铁路路基沉降分析与控制技术 宋绪国 郭帅杰 编著

ISBN 978-7-113-30154-5

深埋高速铁路地下车站施工关键技术 杨新安 马明杰 李路恒 罗 驰 编著

ISBN 978-7-113-30001-2

高速铁路施工组织创新与实践 魏 强 编著

ISBN 978-7-113-30136-1

高速铁路路基沥青混凝土防水封闭结构 蔡德钩 闫宏业 楼梁伟 石越峰 等著

ISBN 978-7-113-30033-3

(六)通信与列控系列

高速铁路信号系统雷电防护技术研究 向念文 徐宗奇 阳 晋 编著

ISBN 978-7-113-30135-4

(七)测量与检测系列

(八)高铁运营与经济系列

(九)现代信息技术系列

智能高速铁路图像大数据分析技术及应用 李 平 李 瑞 赵 冰 编著

ISBN 978-7-113-30134-7

(十)安全·健康·维护系列

高速列车横风效应及气动安全控制动力学 毛 军 柳润东 郗艳红 著

ISBN 978-7-113-30028-9

第三期(18册)

(一)基础理论与基础技术系列

高速铁路桥梁抗风技术 何旭辉 邹云峰 敬海泉 等著

ISBN 978-7-113-31329-6

高速铁路智能选线理论与方法 蒲 浩 宋陶然 李 伟 张 洪 著

ISBN 978-7-113-31670-9

(二)动车组系列

高速列车风阻制动技术 田 春 周嘉俊 马天和 吴萌岭 编著

ISBN 978-7-113-31648-8

高速列车制动防滑控制基础理论与试验技术 田　春　朱文良　马天和　吴萌岭　编著

ISBN 978-7-113-31585-6

高速铁路轮轨廓形设计及应用 沈　钢　陈迪来　编著

ISBN 978-7-113-31307-4

高速列车辅助供电系统 张立伟　姜东杰　徐海大　编著

ISBN 978-7-113-31574-0

高速列车被动安全系统技术理论 丁叁叁　编著

ISBN 978-7-113-31996-0

(三)供电系列

高速铁路供电系统电磁暂态分析与防护 刘明光　刘　铁　编著

ISBN 978-7-113-31249-7

(四)工程设计系列

(五)工程施工与组织系列

寒区高速铁路隧道低温影响与工程对策 马志富　田四明　杨昌贤　王志杰　等编著

ISBN 978-7-113-31456-9

高速铁路路基边坡生态防护技术与实践 叶阳升　蔡德钩　魏少伟　吕　宋　著

ISBN 978-7-113-31741-6

(六)通信与列控系列

真空管磁浮高速飞行列车车地无线通信技术 刘　留　艾　渤　编著

ISBN 978-7-113-31382-1

(七)测量与检测系列

高速铁路运营监测技术 赵　斗　张冠军　王长进　梁　永　编著

ISBN 978-7-113-31182-7

高速铁路精密工程测量技术 王长进　刘　成　张冠军　石德斌　编著

ISBN 978-7-113-31519-1

铁路工程地质遥感技术创新与应用 刘桂卫　著

ISBN 978-7-113-31354-8

(八)高铁运营与经济系列

高速铁路列车开行决策理论与技术 周文梁　史　峰　徐光明　等著

ISBN 978-7-113-31563-4

(九)现代信息技术系列

高速铁路数据中心设计技术 杨德修 樊 艳 赵 耀 崔校玉 编著

ISBN 978-7-113-31126-1

(十)安全·健康·维护系列

绿色高速铁路技术 蒋 辉 编著

ISBN 978-7-113-31460-6

高速列车驾驶人因安全保障理论及方法 方卫宁 唐 涛 等著

ISBN 978-7-113-31311-1